Vorwort

Die Recherchen zu diesem Buch haben mich an manch düsteren Ort geführt, haben mir die »irrlichternde, wispernde« Welt der Zauberer erschlossen, eine Welt der Kleingeisterei und der Engstirnigkeit, des Diabolismus und der Raserei, der Blasphemie und des Fanatismus. Die Suche nach ihrer Wirkichkeit hat vor mir eine erschreckende Dokumentation menschlicher Überheblichkeit und Arroganz, Schwäche und Ignoranz, Täuschung und Verblendung entstehen lassen.

Das vorliegende Ergebnis meiner Arbeit mag unterhaltend sein, diene aber auch der Aufklärung. Ich hoffe, es wird Sie auch zum Nachdenken anregen. Denn die geheiligten Glaubensgrundsätze und obsessiven Ambitionen eines Menschen mag ein anderer zwar – vor allem, wenn er in einer späteren, dem Anschein nach aufgeklärteren Zeit lebt – als nichtig, reaktionär, dumm und erschreckend abtun, doch es stände ihm gut an, die Exzesse einer früheren Zeit, die einhergehen mit Habsucht und Anmaßung, Bigotterie und Borniertheit, Bösartigkeit und Selbsttäuschung, im Spiegel der eigenen Zeit zu betrachten. Die offensichtliche Bereitschaft des Menschen, den Teufel oder irgendeine andere übernatürliche Instanz für die niedrigen, verabscheuungswürdigen, menschenverachtenden, irrationalen Facetten der menschlichen Natur verantwortlich zu machen, sollte uns eine Lektion sein.

Die Erforschung dieser geheimnisumwitterten Welt ist oft schockierend und hält manch eine Überraschung bereit, denn es hat den Anschein, daß nichts so töricht oder so niederträchtig sein kann, als daß es nicht schon einmal irgend jemand irgendwo, irgendwann versucht hätte. Peiniger und gepeinigte Opfer geben sich dort ein Stelldichein. Da gibt es den Hexenjäger, der sich auf verwirrte alte Frauen und unschuldige junge Menschen stürzte und zwanzig Schillinge pro Kopf dafür kassierte, sie auf barbarische Weise in den Tod zu schicken. Da gibt es den Richter, der neunhundert arme Seelen wegen Hexerei zu einem grausamen Tod verurteilte, und das aufgrund von Beweisen, die er sich durch entstzliche Folter beschafft hatte. (Die Familien bzw. Erben des Opfers hatten die Kosten für die Folter zu tragen.) Da gibt es die primitiven und harmlosen abergläubischen Vorstellungen – die auf Unwissenheit beruhen und die Karl Marx Idiotie des Landlebens nannte – neben schrecklichen Verbrechen und Verfolgungen, die von gebildeten Leuten im Namen des Glaubens veranlaßt wurden. Da gibt es Heilige und Dämonen, Betrug und Wunder. Da gibt es auf der einen Seite die überzeugten Anhänger der vorchristlichen Religion, der sogenannten alten Religion, und auf der anderen Seite die Eiferer, die mit der Bibel unter dem Arm verkündeten: »Die Zauberinnen sollst du nicht leben lassen.« Da gibt es die Scharlatane und die Betrogenen, die Magier und die Alchimisten, die Propheten und die Geistlichen, die Männer, die bereit waren, den Geist um teuflischer Macht willen zu zerstören, und die Männer, die bereit waren, den Körper um der Rettung der Seele willen zu zerstören.

»Ich bin ein Mensch«, schrieb Terenz im 2. Jahrhundert vor Christus, »und nichts Menschliches ist mir fremd«, nicht einmal das Bedürfnis des Menschen nach einer Begegnung mit dem Unmenschlichen oder die Unmenschlichkeit des Menschen gegenüber dem Menschen. Die Geschichte der Magie und des Hexenwesens ist eine schillernde Komponente des Spektrums menschlichen Verhaltens. Etwas von dem Schrecken und auch der Komik, die sie in sich birgt, soll mit diesem Buch vermittelt werden.

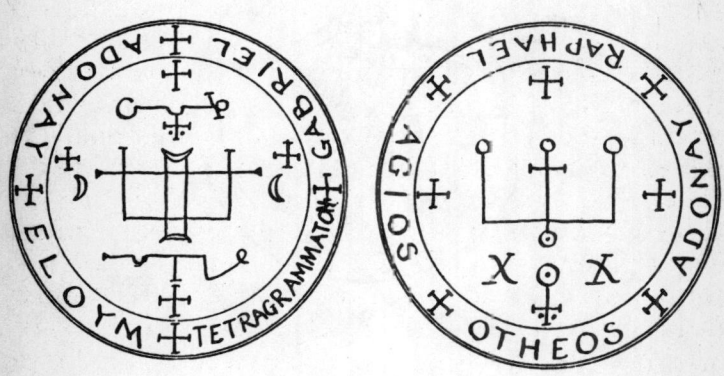

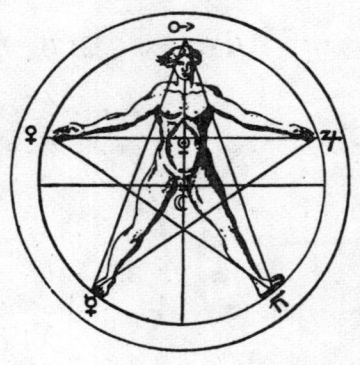

1

Magie und Zauberei

Magie läßt sich nur schwer genau definieren. Aber wenn man ihre verschiedenen Aspekte auf einen gemeinsamen Nenner bringen will, kann man sagen, daß Magie das Bestreben ist, die Wirklichkeit in die Bahnen des eigenen Willens zu zwingen. Sie versucht, durch die Beschwörung übersinnlicher Mächte und die Einbeziehung okkulter Naturkräfte auf den Lauf der Dinge Einfluß zu nehmen und Wunder zu wirken. Sie belohnt diejenigen, die in die Geheimnisse eingedrungen sind, indem sie sie befähigt, sich die Geister untertan zu machen.

Es sei daran erinnert, daß »okkult« nichts anderes als »versteckt« bedeutet. Deshalb versteht man unter Magie auch nicht nur die Verbindung mit dem Übernatürlichen, sie befaßt sich auch mit dem Arkanam, den Geheimnissen also, die dem gewöhnlich Sterblichen bzw. dem ungebildeten Menschen unbekannt sind, mit dem Mysteriösen. Für manche Menschen vollbringen die modernen Computer magische Operationen. Für andere sind Telefon und Fernsehen – im Grunde nichts weiter als einfacher Strom – dunkle Geheimnisse. Der Durchschnittsmensch glaubt einfach an sie, benutzt sie, kann sie aber nicht erklären.

Bis zur Renaissance und auch noch während dieser Epoche gehörten die Magier – nach unserem heutigen Sprachgebrauch – zur Klasse der Intellektuellen. Sie waren gebildete Leute, die mit den alten Lehren und Sprachen vertraut waren und auch die geheime Symbolik von Zeichen und Zahlen zu deuten wußten. Sie lasen in den Sternen und befaßten sich mit den Geheimnissen der Alchimie. Sie genossen hohes Ansehen. In den ersten Jahrhunderten des Christentums haftete der Magie keineswegs der Geruch des Bösen an. In einer Welt, die nach dem damaligen Verständnis nicht nur von Menschen, sondern auch von Engeln und Teufeln bewohnt war, glaubten die Menschen auch an Geister, die a priori weder gut noch schlecht waren, an die Geister der Luft, des Feuers, des Meeres, der Wälder, der Berge und der Winde. Man glaubte, daß jemand, der in der Kunst der Magie hinreichend bewandert war, diese Mächte auch rufen und lenken, sie unter seinen Willen zwingen konnte. Ariel in Shakespeares »Der Sturm« war ein solcher Geist; und Prospero war ein solcher Magier.

Mit dem Ende des Mittelalters und insbesondere mit dem Aufblühen der Renaissance wurde der Animismus zusehends aus dem menschlichen Bewußtsein verdrängt. Damals lehrte die Religion, daß alle Geister, sofern sie nicht Engel waren, die dem Willen Gottes gehorchten, böse sein mußten und nur dem Gebot seines Gegenspielers, dem Satan, gehorchten. Die Kirche entschied, daß alle, die sich der Magie verschrieben, auch mit dem Teufel im Bunde sein mußten.

Aber selbst zu dieser Zeit – und das ist bemerkenswert – wurden weniger Magier als Hexen verfolgt – sofern sie nicht irgendwelche sexuellen Delikte begangen hatten. Hexen waren in der Hauptsache die Armen, die Außenseiter, die Schwachen, während Magier als feine Herren und Gelehrte galten und – egal ob sie nun mit dem Teufel im Bunde standen oder nicht – alle Privilegien der oberen Schicht genossen.

Die Magie von Abramelin

Abraham der Jude (1362-1460), besser bekannt als Abramelin der Magier, lebte vorwiegend in Würzburg, hatte aber bedeutende Kunden in ganz Europa. Man vertraute ihm, weil er angeblich Friedrich, dem Kurfürsten von Sachsen, durch die Aufstellung eines 2000 Geister starken Reiterheers zur Hilfe gekommen war, und weil er auch Papst Johannes XXIII. beigestanden haben soll. (Es handelt sich hier natürlich nicht um den Papst, an den Sie gleich denken, sondern um einen Gegenpapst, der von 1410-1415 regierte.) Alle Welt glaubte, daß Abramelin es war, der Johannes – gegen eine Belohnung, versteht sich – vor dem Zugriff des Konstanzer Konzils, das ihn festgenommen und abgesetzt hatte, rettete. Abramelin soll auch einem gewissen Herzog von Warwick zur Flucht aus dem Kerker verholfen haben.

Abramelin versicherte, daß Engel ihm beigebracht hätten, wie man sich Teufel nutzbar macht, wie man bewaffnete Männer erscheinen lassen kann, wie man Gewitter heraufziehen läßt, wie man einen Dämon zu seinem persönlichen Diener zähmt und so weiter. Er hinterließ seine magischen Rezepte dem einen Sohn und sein kabbalistisches Wissen dem anderen. Er schrieb (wahrscheinlich in hebräisch) ein Buch über Magie, das von S. L. MacGregor Mathers aus einer französischen Version, die sich in der Nationalbibliothek von Paris befindet, ins Englische übersetzt wurde. Dieses Buch hat die modernen Magier sehr beeinflußt.

Magie im christlichen Gedankengut

Hrabanus Maurus, ein Enzyklopädist des 9. Jahrhunderts, wies mit Nachdruck darauf hin, daß Magier sich nicht über die Gesetze des Universums hinwegsetzen könnten: »Es gibt keinen Grund, der irgend jemanden glauben machen könnte, daß bestimmte Leute magische Handlungen ohne die Erlaubnis Gottes vollbringen könnten.«

Die Legende von der Christchurch-Abtei sei ein kleines Beispiel für Magie im christlichen Glaubensbereich, für Magie, die offensichtlich mit »Gottes Erlaubnis« stattfand: Die Abtei liegt in Dorset in England. Nach der Legende sollte die Kirche auf einem Hügel erbaut werden, mit Blick auf ein weites Tal, das früher einmal den Sachsen gehört hatte. Jeden Morgen wurde das Baumaterial auf den Hügel geschafft, doch am nächsten Morgen fand man es wieder unten am Fuße des Hügels. Die Baumeister sahen den Tatsachen schließlich ins Auge und begannen, die Kirche im Tal zu errichten.

Während der Bauarbeiten gesellte sich ein hilfsbereiter, aber schweigsamer Zimmermann zu ihnen, der weder Geld noch Essen wollte, aber jeden Tag neben ihnen arbeitete. Eines Tages unterlief den Leuten ein Fehler. Sie hatten einen Balken zu kurz abgeschnitten, um von einer Mauer zur anderen zu reichen. Sie dachten schon, sie hätten den Balken ruiniert, doch am nächsten Morgen war der Balken genau auf die richtige Länge gewachsen, und der geheimnisvolle Fremde war für immer verschwunden. Daraufhin benannten sie den Platz nach ihm: Christchurch.

Die Namen Gottes

Einige meiner jüdischen Studenten bestehen darauf, den Titel eines Schauspiels von Eugene O'Neill nur in der Form *The Great G-d Brown* [deutscher Titel *Der große Gott Brown*] zu schreiben. Dahinter verbirgt sich die uralte Angst vor dem Namen Gottes. Eine fromme Einstellung, denn Gottes Name soll nicht nur nicht leichtfertig als leere Worthülse verwendet werden, er soll auch nicht einem Stück Papier anvertraut werden, das hinterher vielleicht verschandelt oder besudelt wird. Gottes Name ist Macht.

Aber ihre Fucht ist eigentlich unbegründet. Denn die Buchstaben, G, O und D oder G, O, T und T subsumieren sich genauso wenig zu den Namen Gottes, wie die bloßen Buchstaben, D, O, G bzw. H, U, N, D etwas über den Namen meines Hundes aussagen. Gott sagte nämlich lediglich zu den Juden: »Ich bin«, was gleichbedeutend mit *Jahwe* und dem daraus fälschlicherweise abgeleiteten *Jehova* ist. Dabei ließ er es bewenden.

In Ehrerbietung und Hochachtung vor dem unaussprechlichen Namen der Gottheit entwickelten sich in der jüdischen Tradition eine Reihe von Ersatznamen:

EHEDEH	EL	EL ADONAI TZABAOTH
IOD	ELOHIM GIBER	ELOHIM TZABAOTH
TETRA GRAMMATON ELOHIM	ELOAH VA-DAATH	SHADDAI

Diese Namen haben in die Magie Eingang gefunden. Mit den neun Namen Gottes kann man Wunder wirken, wird behauptet, d. h., zumindest kleinere Wunder. Für die echten magischen Effekte auf der Basis der göttlichen Schöpferkraft braucht man schon den genauen Namen Gottes.

Aber der geheime Name Gottes ist uns Kabbalisten bekannt. Meine eigene Religion findet nichts dabei, ihn zu offenbaren. Sind Sie bereit? Hier ist er. (Wenn Sie ihn allerdings nicht wissen wollen, dann überspringen Sie einfach die nächste Zeile.) Der geheime Name von Gott ist *Emeth.*

Mit diesem geheimen Namen kann man also Wunder wirken. Man kann zum Beispiel einen Golem herstellen, einen künstlichen Menschen. Rabbi Jehuda Löw ben Besalel tat das im 16. Jahrhundert, und man konnte mir auch sein Grab zeigen – das des Rabbis, nicht das des Golems –, als ich Prag besuchte. Der Legende nach kommt der Golem alle 33 Jahre wieder, selbst, wenn man ihn zerstört.

Schon im 11. Jahrhundert gab ein gewisser Eleasar von Worms die genauen Anweisungen für den Zusammenbau eines Menschen aus den Einzelteilen von Leichen. Aber sein Monster wurde nicht zum Leben erweckt (weil ihm natürlich das Wesentliche, der Name, fehlte, den ich Ihnen gerade verraten habe). Rabbi Elijah von Chelm aus dem 16. Jahrhundert hingegen kannte den Namen; sein Golem funktionierte, aber er mußte zerstört werden, weil er Amok lief (wie Dr. Frankensteins Monster). Der Prager Golem war in Toledo wie auch in allen anderen europäischen Magiermetropolen bekannt. Prag war wegen Rabbi Löw und anderer jüdischer Zauberer berühmt, hatte aber auch sein Kontingent an christlichen Magiern. So bezeichnete zum Beispiel eine Säule den Platz, an dem ein Priester in große Bedrängnis kam, als er versuchte, seinen Pakt mit dem Teufel zu lösen. Die Juden hatten nicht nur einen Golem, sondern auch einen Dibbuk (ein Dämon, der seine Lieblingsbeschäftigung darin sah, über Studenten, die sich dem Studium der Thora widmeten, herzufallen). An-Ski und auch andere haben berühmte Stücke über den Dibbuk geschrieben.

Ein Dibbuk kann im Gegensatz zum Golem, der bei seinem Erscheinen auf einen Rhythmus von 33 Jahren festgelegt ist, jederzeit auftauchen.

Über die Festigkeit von Grundmauern

Ehemals gab es Leute, die glaubten, daß menschliches Blut, vermischt mit Mörtel, einem Gebäude mehr Festigkeit verleihe, und so wurden auf Betreiben der Magier Menschenopfer in Festungen eingemauert. Hieronymus von Oran am 18. September 1569 lebendig in den Mauern der Festung von Algier einzementiert. Am 27. Dezember 1853 entdeckte man sein Skelett, das heute in der dortigen Kathedrale besichtigt werden kann.

S. Baring Gould schreibt in *Strange Survivals* (1892):

Als im Jahre 1842 die Überreste des romanisch-batavischen Tempels in Stinvezand in der Nähe von Rysbergen [Rijsbergen, Niederlande] entdeckt wurden, fand man in den Grundmauern ein sonderbares, mumienartiges Objekt. Es handelte sich dabei zweifellos um einen Ersatz für ein menschliches Opfer.

Im allgemeinen bevorzugten Magier jedoch das echte Individuum, selbst bei christlichen Kirchen. Die Art und Weise, mit der Hexen und ähnliche Wesen persönliche Feinde unter dem Deckmantel der Magie verfolgt haben und am Tod vieler Menschen schuldig geworden sind, ist eine Geschichte für sich.

Die Magie und das Unbewußte

Der Romanschriftsteller Cole Wilson, der großes Interesse an allem Okkulten hatte, schrieb 1978 zu David Conways (ein Pseudonym) *Ritual Magic: An Occult Primer* ein Vorwort, in dem er folgende Theorie vertritt:

17

»Magische Kräfte« wurzeln im Unterbewußtsein, und unsere ganz natürliche Skepsis ihnen gegenüber liegt begründet in dem, was du »du« nennst und ich »ich« nenne, das heißt in unserem *bewußten* Ego. ... Bei den meisten von uns hat sich das Unbewußte der Routine des Alltags angepaßt und sieht keine Notwendigkeit, irgendwelche ungewöhnlichen Anstrengungen zu unternehmen. ...

Auch viele andere bestätigen, daß solche Kräfte ungenutzt in uns ruhen und daß sie diejenigen, die eben solche »ungewöhnlichen Anstrengungen« unternehmen, in die Lage versetzen, ganz außergewöhnliche Leistungen zu vollbringen. Jogi-Asketen sind nur ein Beispiel dafür.

Die Wunder der Heiligen

Die Hagiographie (idealisierende Biographie von Heiligen) ist voll von Wundergeschichten, die man den Heiligen zuschreibt. Die meisten dieser phantastischen Erzählungen sind Legenden, fromme Erfindungen, die man den einzelnen Heiligen meist erst lange nach ihrem Tode angedichtet hat. (Es ist sogar möglich, daß viele Heilige, einschließlich des geliebten Nikolaus, Christopherus und Georg, selbst fromme Erfindungen waren.) Interessant ist auch, wie sehr manche Wunder, die den Heiligen zugeschrieben werden, bestimmten Großtaten der Magierzunft gleichen. Daß es Magie wirklich gab, bestätigt uns sogar Thomas von Aquin:

Von den Hexen wissen wir, daß einige glauben, die Hexerei existiere gar nicht und daß sie aus Unglauben entspringt: Sie glauben auch, daß die Dämonen nur in der menschlichen Einbildung existieren. ...

Aber der katholische Glaube behauptet, daß die Dämonen existieren und mit Gottes Erlaubnis Macht über die leibliche Natur und die Einbildungen des Menschen haben.

Es ist zu bedenken, daß man notwendig einräumen muß, daß die Dämonen mit Gottes Erlaubnis Störungen in der Luft hervorrufen, Winde erregen und bewirken, daß Feuer vom Himmel falle.

Von Saint Colomba, einem irischen Missionar bei den wilden Pikten von Schottland, wird erzählt, er habe sich allein durch das Schlagen des Kreuzes Zutritt zu einem befestigten Fort eines heidnischen Königs verschafft. Der heilige Martin von Tours, ein römischer Soldat, gab die Hälfte seines Mantels einem Bettler. Am selben Abend erschien ihm Christus im Traum. Er trug den halben Mantel und sprach: »Martin hat mich mit diesem Umhang bedeckt.« Die heilige Elisabeth von Ungarn stand plötzlich ihrem Mann gegenüber, als sie an einem Wintertag gerade entgegen seinem Verbot Brot zu den Armen bringen wollte. Er fragte sie, was sie in ihrer Schürze trüge, und sie log: »Rosen.« Als er sie zwang, die Schürze zu öffnen, fielen tatsächlich Rosen heraus. Von einer Reihe von Heiligen wird auch berichtet, daß sie plötzlich zu schweben begannen, und zwar meist in der Entrückung inbrünstigen Betens. Dazu gehören Ignatius von Loyola, Teresa von Avila, Johannes vom Kreuze, Alphons di Liguori und viele mehr. Der bemerkenswerteste unter ihnen war Joseph von Copertino (1603-1663). Bei einer Christmette im Jahre 1627 verblüffte er seine Ordensbrüder dadurch, daß er sich plötzlich vom Boden abhob und durch die Luft schwebte. Er wurde der schwarzen Magie bezichtigt, kam aber wieder frei, als er Papst Urban VIII. tatsächlich noch einmal etwas vorflog. Selbst auf seinem Sterbebett – man schrieb das Jahr 1663 – schwebte Joseph über seinem Bett, bis sein Prior ihm schließlich befahl, sich niederzulassen.

Eines der seltsamsten Phänomene im Zusammenhang mit den Heiligen ist die Verflüssigung von längst einge- trocknetem Blut. Dies soll bei Blutfläschchen von ver- schiedenen Heiligen beobachtet worden sein, und zwar immer im südlichen Italien. Der heilige Januarius (gest. 305 n. Chr.) oder San Gennaro, wie die Italiener ihn nen- nen, war der berühmteste unter ihnen. Donald Attwater schreibt dazu in seinem Heiligenlexikon *The Penguin Dic- tionary of Saints* (1965) folgendes:

> In der Kathedrale von Neapel wird eine Glasphiole aufbewahrt, die eine Substanz enthält, die angeblich das getrocknete Blut des Heiligen Januarius sein soll. Diese Reliquie wird der Öffentlichkeit achtzehn Mal im Jahr gezeigt, und zwar, wenn sich die Substanz – in unterschiedlichen Zeitabständen – verflüssigt. Dieses Phänomen wurde sorgfältig geprüft und scheint frag- los auch stattzufinden, wenn auch noch keine befriedi- gende Erklärung dafür gefunden werden konnte.

Die Italo-Amerikaner in New York feiern das Fest des San Gennaro jedes Jahr am 19. September mit einem großartigen Straßenspektakel. Die Statue des Heiligen wird dann in einer Prozession durch die Straßen getra- gen. Auf einem Komplex, der etwa zehn Häuserblocks umfaßt, wird in der Mulberry Street gegessen, gespielt und sich amüsiert. Kein Blut verflüssigt sich, aber der Heilige gilt durch das Vergnügen, das ca. 300 000 Besu- cher dabei haben, als hinreichend geehrt.

Magie und Wissenschaft

So fließend wie die Übergänge zwischen Magie und Mord waren – (Mutter Lakeland hatte ihren Ehemann im Jahre 1645 in Ipswich wahrscheinlich vergiftet, verbrannt wurde sie aber, weil sie ihn durch Hexerei ums Leben gebracht haben soll.) –, so nahtlos ging die Magie auch in die Naturphilosophie über. Gelehrte konnten sich sowohl dem Studium der Magie, als auch gleichzeitig dem Studium der Wissenschaften widmen.

Arnaldus Villanovanus (1235-1312) wechselte beispielsweise vom Destillieren zur Alchimie und von der Medizin zur Magie. Er verteilte Amulette und Siegel als seriöse Heilmittel, sogar an den Papst. und würzte seine guten Ratschläge in bezug auf Hygiene mit einem Schuß schwarzer Magie. Dominikanermönche denunzierten ihn als Ketzer, und er konnte von Glück sagen, daß er dem Scheiterhaufen entging – ein Schicksal, das vielen seiner kostbaren Schriften leider beschieden war. Als gefürchteter Mann machte er Karriere und verschaffte sich Zugang zu den Herrscherhäusern. Er wurde Ratgeber bei Friedrich II., dem heiligen römischen Kaiser und König der beiden Sizilien, und bei Jaime di Aragon. Er war der Leibarzt von drei Päpsten: Bonifaz VIII., Benedikt XI. und Clemens V. Keinem seiner Herren schien seine Magie verwerflich.

Auch Raymond Lully (1235-1315), genannt *Doktor Illuminatus,* verband in sonderbarer Weise die Magie mit der Wissenschaft. In Palma di Mallorca geboren (wo er jetzt auch begraben liegt), wurde er an den besten Universitäten, die es auf dem Kontinent seinerzeit gab, erzogen: Montpellier, bekannt für seine medizinische Fakultät, Paris, Rom, Neapel und Palermo. Er war ein bekannter Alchimist, ein Magier, von dem man behauptete, daß er sich in einen roten Hahn verwandeln könne. Mit siebzig Jahren war er ein prominenter Mann am Hofe König Edwards II., für den er zweiundzwanzig Tonnen unedlen Metalls in Gold verwandelt haben soll. Beseelt von der Idee, die Muslims zu bekehren, lernte er mit einem maurischen Sklaven Arabisch und begab sich als Achtzigjähriger auf seine Missionsreise. Allerdings lebte er nur noch ein oder zwei Jahre. Die Legende, nach der er in Bougie, dem heutigen Bejaia in Algerien, zu Tode gesteinigt worden sein soll, läßt sich *leider* nicht beweisen.

Zu erwähnen ist auch Sir George Ripley, geboren in Ripley (Yorkshire), ein Augustiner-Mönch, der im 15. Jahrhundert Domherr von Bridlington war. Er starb in einem Kloster in der Nähe von Boston (England) um das Jahr 1490.

Ripley wurde allgemein nachgesagt, er habe für die Ritter des heiligen Johannes von Jerusalem mit Hilfe der Alchimie Gold hergestellt. Er war ein berühmter Mann seiner Zeit. Erst im Jahre 1678 wurden Ripleys Veröffentlichungen von »Eugenius Philalethes« (wahrscheinlich Thomas Vaughan, Bruder des Mystikers Henry Vaughan) neu entdeckt.

Soll man nun einen Mann, von dem es hieß, er habe aus unedlen Metallen Gold hergestellt, als Magier oder als Wissenschaftler ansehen? Oder soll man ihn zum Tode verurteilen, so wie man es mit Marc-Antoine Bragadin, einem venetianischen Alchimisten, gemacht hat, der von Wilhelm II., Herzog von Bayern, wegen Zauberei enthauptet wurde? Hätte man solche Leute ins Irrenhaus sperren müssen, oder hätte man sie mit akademischen Würden auszeichnen sollen?

Die frühen Wissenschaftler in ihren Laboratorien und die Magier in ihren magischen Zirkeln (mit ihren ungesäumten schwarzen Roben, einer Bleikrone mit den eingravierten Symbolen des Mondes, der Venus und des Saturn, einem Zauberstab, einem Schwert und einem Zauberbuch) ließen sich im Bewußtsein des Volkes kaum gegeneinander abgrenzen. Zudem überschnitten sich ihre Funktionen ja auch oftmals.

Elektromagnetismus

T. C. Lethbridge, ein Archäologe aus Cambridge und Autor einer Studie über antike Götter mit dem Titel »Gogmagog« in dem Buch *Ghost and Ghoul* (1961) vertritt die These, daß Magie mit dem Elektromagnetismus verwandt ist:

> Magie beruht auf dem Phänomen der Resonanz, egal in welcher Form sie angewendet wird, ob beim Gedankenlesen, beim Hellsehen, beim Wahrsagen, bei der Wunderheilung oder wenn ein Feind auf unerklärliche Weise zu Tode kommt oder sonst irgendein Unglück erleidet. ...
> Bei all diesen magischen Aktivitäten scheint es einen konstanten Faktor zu geben: Es muß auf irgendeiner Ebene ein Verbindungsglied zwischen zwei Menschen bestehen. Das kann ein Brief für den Psychometriker, ein Blutfleck für den Wunderheiler oder schwarzen Magier, ein Haselnußzweig für den Wünschelrutengänger oder ein fester Ort für den Spiritisten sein. Es muß zuerst eine Verbindung in irgendeiner Form hergestellt werden, bevor der Kraftstrom fließen kann und eine Resonanz entsteht.

Pico

Der Humanist Giovanni Pico della Mirandola (1463-1494) lud alle »Wissenschaftler der Welt« dazu ein, ihn in

Rom zu besuchen, um mit ihm irgendeine oder auch alle seiner neunhundert Thesen, von denen viele die Magie und Zauberkunst betrafen, zu diskutieren. Als Okkultist, der Lorenzo dem Prächtigen und anderen gedient hatte, war Pico der Meinung, daß Magie »der bemerkenswerteste Teil der Naturwissenschaften« ist. Deshalb verbot Papst Innozenz VIII. einfach die Diskussionen aus Gründen der Häresie und ließ gar nicht erst seine Ideen durch eine Kommission prüfen. Pico fiel in Ungnade und wurde erst 1493 von Papst Alexander VI., dem letzten der Scholastiker und einem in ganz Europa bekannten Philosophen, von dem Vorwurf der Häresie freigesprochen.

Alexander VI. war nicht nur einer der Borgia-Päpste, der für seine entsetzlichen privaten und politischen Machenschaften bekannt war (er war der Vater von Cesare und Lucretia Borgia), sondern soll auch selbst ein Magier gewesen sein. Wenn das zutraf, stand ihm jedoch das Glück nicht zur Seite. Viele sind der Meinung, daß der Tod ihn ereilte, als er den vergifteten Wein, der eigentlich für seinen Gast Cardinal da Corneto bestimmt war, selber trank. Ironie des Schicksals: Pico wurde auch vergiftet, und zwar von seinem Sekretär, aber nicht aus Versehen.

Saint-Secaire

In der Gascogne feierte man eine Art Travestie-Messe, die sogenannte Messe von Saint-Secaire. Dabei parodierte ein Schelmenpriester – assistiert von seiner Mätresse oder einem Günstling, die als Meßdiener fungierten – die Messe, wobei alles ins Gegenteil pervertiert wurde. Die Messe wurde nachts und nicht vormittags gelesen; es wurde eine dreieckige anstelle einer runden Hostie verwendet; es gab Wasser anstelle von Wein und so weiter. Das Zeichen des Kreuzes wurde nicht mit der rechten Hand, sondern mit dem linken Fuß geschlagen. Da der Sinn dieser Messe darin bestand, seinen Feinden den Tod zu bringen, wurde sie in der Gascogne, wo Hochmut, leicht verletzte Ehre und jähzornige Temperamentsausbrüche geradezu sprichwörtlich sind, regelmäßig abgehalten, so daß von der Kirche sogar eine Gegenmesse konzipiert wurde.

Geistertanz

Die Prärie-Indianer waren, was Nahrung, Kleidung und auch Obdach betraf, vom Büffel abhängig. Als der Büffel unter dem rücksichtsdlosen Ansturm der Weißen aus den Ebenen verschwand, kamen Hungersnöte und Elend über die Indianer. Im Januar 1889 verkündete nun ein Schamane vom Stamm der Piute mit Namen Wovoka, daß er gestorben sei, den Gott der Christen im Himmel besucht und erfahren habe, daß die Indianer durch Geistertänze gerettet werden würden. Wenn sie den Tanz tanzen und »niemandem ein Leides antun« würden, bekämen sie ihre Weidegründe zurück. Die Büffel würden wieder zum Leben erweckt werden, desgleichen ihre Vorfahren, die in den Kriegen mit den Weißen erschlagen worden waren, und weder Hunger noch Krankheit würde sie je wieder heimsuchen.

Der neue Kult breitete sich wie ein Lauffeuer aus, und erst als er die Sioux in Nebraska und Dakota erreichte, begannen neue Propheten auf Vergeltungsmaßnahmen gegen den weißen Mann zu drängen. Den Indianern wurde ein magisches »Geisterhemd« versprochen, das sie vor den Kugeln der Weißen schützen sollte.

Anstatt erst einmal abzuwarten und den Lauf der Dinge zu beobachten, riefen weiße Unterhändler sofort nach der Kavallerie, und es kam am 29. Dezember 1890 am

Wounded Knee in Süd-Dakota zu jenem beschämenden Massaker, bei dem dreihundert Männer, Frauen und Kinder ihr Leben lassen mußten. Einer der ersten, der den Tod fand, war der stolze alte Schamane Sitting Bull.

Der Pfad zur rechten Hand und der Pfad zur linken Hand

Dennis Wheatley, Mitglied des geheimen Planungsausschusses in Churchills Kriegskabinett, verlegte sich in späteren Jahren auf das Schreiben populärer Romane mit dem Hintergrund von Hexerei und Magie. Seine Bücher wurden in dreißig Sprachen übersetzt und erreichten eine Auflage von über drei Millionen. In seinem 1971 erschienenen Werk *The Devil and All His Works* (Geschichte des Dämonismus) definierte er Magie folgendermaßen:

> Magische Handlungen, die einem selbstlosen Zweck dienen, gehören zur weißen Magie und die, die sie praktizieren, folgen dem »Pfad der rechten Hand«. Praktiken, die ein persönliches Ziel verfolgen, gehören zur schwarzen Magie und die, die sie anwenden, folgen dem »Pfad der linken Hand«.
> Eine große Anzahl von Personen ist von Geburt her mit übernatürlichen Fähigkeiten begabt. Wenn sie sich dessen bewußt werden, setzen sie diese Begabung meist auf niederer Ebene ein, und zwar normalerweise beim Wahrsagen, einem mehr harmlosen Vergnügen. Da sie kein ernsthaftes Studium der Magie betrieben haben, ist ihr Vermögen sehr begrenzt, und da sie die Pforte zur »Unterwelt« nicht überschritten haben, sind sie weder dem Pfad zur rechten, noch dem zur linken Hand voll zuzuordnen.
> Die Entfaltung echter Kräfte ist eine ganz andere Sache und ein äußerst mühsames Unterfangen, das viele

Jahre der Vorbereitung und eine fast ausschließliche Beschäftigung mit dem Übernatürlichen voraussetzt.

Magisches Wirken

Eliphas Lévi, ein Okkultist des 19. Jahrhunderts, versicherte: »Wenn irgend jemand den Teufel feierlich mit Intensität und Festigkeit herbeiruft, dann kommt der Teufel und läßt sich sehen.«
Man muß es nur wirklich wollen, das ist es!
Das bedeutet, daß jeder, der fest genug daran glaubt, auch findet, was er sucht. Ob das, was subjektiv erreicht wird, auch der objektiven Realität entspricht, kann der wirklich Gläubige nicht sagen, und es kümmert ihn vielleicht auch nicht. Demzufolge trägt jeder die Fähigkeit in sich, all das für sich sichtbar zu machen, was er sich vorstellt. Ob man nun diese Fähigkeit voll ausschöpft oder nicht, liegt an jedem selbst.
Aber die Fähigkeit ist auf jeden Fall vorhanden, *existent,* so sicher, wie man selbst existiert.

Magische Machtwörter

Magie ist voller Ambitionen. Sie verheißt Macht. Sie kann aus einem gewöhnlichen Menschen einen »mächtigen Gott« machen. Sie trotzt dem Schicksal und setzt sich über die Gesetze der Natur hinweg mit dem Ziel, die Welt »der Begier des Herzens« näher zu bringen. Die Magie wagt, fordert heraus.
Die Magie arbeitet mit geheimem Wissen und Machtwörtern. An anderer Stelle habe ich den geheimen Namen Gottes erwähnt. Genauso wirksam ist das Wort AGLA, die Abkürzung von *Aieth Gadol Leolam Adonai* (»Die

Größe des Herren währet immerdar«). Um die Dämonen zu vertreiben, die kamen, um die Herzen der Menschen zu zerstören, soll König Salomon die Worte *Lofam Salomon Iyouel Lyosemacui* gesungen haben. Die Spanierinnen rufen heute noch *Ojala ojal oja ojo*, wenn sie einen Mann bekommen wollen. Johann Weyer (Wierus) empfahl in seinem Werk *De Praestigiis Daemonum et Incantionibus ac Veneficiis* (1568) gegen Zahnschmerzen die Worte *Galbes galbat galdes galdat* – (Was, wie meine Freunde behaupten, auch hilft; versuchen Sie es nur) – und die Worte *Irioni khirioni effer khuder fere* gegen Tollwut (was ich zu bezweifeln wage).

Der magische Kreis zur Anrufung von Dämonen

In Verbindung mit Siegeln, Talismanen und Amuletten mit den Symbolen der Tierkreiszeichen oder des Tetragammaton (die vier Buchstaben für »ich bin« von Jehova abgeleitet) oder auch als Inschrift auf einem Skapulier oder dem gesegneten Medaillon eines Heiligen, der Pergamentrolle in der Mesusa an der Tür eines jüdischen Hauses oder in einer Gebetsmühle in Tibet tragen die Machtworte die Hoffnung von Millionen, haben es immer getan. In diesem Zusammenhang noch eine kleine Spielerei als Beispiel dafür, wie die Menschen glaubten, Wunder wirken zu können:

```
A B R A C A D A B R A
  B R A C A D A B R
    R A C A D A B
      A C A D A
        C A D
          A
```

Dieses Dreieck war magisch, zu vergleichen mit dem »Sesam öffne dich« in *Ali Baba und die vierzig Räuber* oder mit dem Schild an einer Tür, das darauf hinweist, daß sich die Tür beim Aussprechen des Namens öffnet (vorausgesetzt, die entsprechende Stimme ist im Computer gespeichert).

Zauberspiegel

Im British Museum in London befindet sich ein Zauberspiegel aus Obsidian mit einer unglaublichen Geschichte. Wie er nach London kam, ist nicht bekannt. Sicher ist nur, daß er nach Europa gebracht wurde, nachdem Cortés ihn von den aztekischen Magiern in Tenochtitlán, der Hauptstadt des von ihm und seinen Konquistadoren zerstörten großen Reiches, erhalten hatte. Der Spiegel ist vielleicht aus dem 14. Jahrhundert oder noch älter.

Er wurde von dem berühmten englischen Astrologen Dr. John Dee (1577-1608) benutzt, der ihn auf der Liste seiner Kuriositätensammlung als »the Devil's Looking-Glasse, a Stone« (der Spiegel des Teufels, ein Stein) führte. Weitere Besitzer des Spiegels waren ein Graf von Petersburg aus dem 17. Jahrhundert, Lady Elizabeth Germain (die 1769 starb), ein Herzog von Argyle (der ihn auf einer Auktion im Jahre 1770 erstand), Horace Walpole (Autor von Schauerromanen), der ihn von Lord Frederick Campbell als Geschenk bekam, John Hugh Smith-Pigott, Lord Londesborough, Hollingworth Magniac und Fürst Alexander Soltykoff. Die Herkunft des Spiegels ist also klar, wozu er aber benutzt wurde, liegt im dunkeln.

Dee soll mit diesem schwarzen Spiegel im späten 16. Jahrhundert grandiose Leistungen vollbracht haben, manchmal mit der Unterstützung seines Freundes und Mediums Edward Kelley. Die beiden scheinen ihn 1581 benutzt zu haben, als sie in Walton-le-Dale in Lancashire nach einem vergrabenen Schatz suchten. Man kann die beiden noch auf einem herrlichen alten Druck, der an dieses Ereignis erinnert, bewundern. Das Bild zeigt sie auf einem Friedhof vor einer in ein Totenhemd gehüllten Leiche, die sie »materialisiert« haben.

Das British Museum zeigt noch andere Andenken an diesen Dr. Dee, darunter auch einige seiner Bücher und eine Scheibe aus purem Gold, die mit einer »Vision«, die Kelley 1584 in Krakau hatte, in Verbindung steht. Ebenfalls ausgestellt sind drei Wachsplatten, in die magische Zeichen und Namen eingraviert sind. Sie gehören zu Dr. Dees »shew stone«, einer Kristallkugel, die heute noch existiert.

Man braucht natürlich keinen Obsidianspiegel, um das zu versuchen, was Dr. Dee machte. Eine schwarze Mar-

morfläche oder selbst eine Wasserkugel – sagt man jedenfalls – tun es auch. Aber dieser schwarze Spiegel scheint
mir mit einer Aura umgeben, mit der physischen Energie
all der außergewöhnlichen Gestalten, mit denen er in Berührung kam, befrachtet zu sein, etwas von der »Macht«,
die Cortés und Dr. Dee und all die anderen Besitzer
durch ihn zu besitzen glaubten, zurückzuhalten.

Magie und Moral

In seiner Magisterarbeit »Five Ceremonial Magicians of
Tudor-Stuart Drama«, befaßt sich Robert J. Golta mit
den Magiern in Christopher Marlowes *Doktor Faustus,*
Robert Greenes *Die rühmliche Geschichte von Bruder
Bacon und Bruder Bungay,* Anthony Mundays *John à
Kent and John à Cumber,* in *John of Bordeaux* (Verfasser
unbekannt) – alles Schauspiele aus der Zeit von 1580 bis
1590 in England – und in Shakespeares »Der Sturm«
(1611). Bezüglich Moral oder Unmoral der Magie fand er
heraus, daß es »mindestens drei Auffassungen« gab: zum
einen die, wie wir heute sagen würden, orthodoxe Sicht
(Magie ist Hexenkunst und daher verboten); dann die
weniger orthodoxe, doch allgemein vertretene Auffassung (Magie ist moralisch oder unmoralisch je nachdem,
mit welchen Methoden der Magier arbeitet); und drittens
die unorthodoxe Anschauung, die »vermutlich von den
Goëtianern [schwarze Magier] favorisiert wurde (keine
Form der Magie ist unmoralisch)«.
Und wie stehen Sie dazu? Oder glauben Sie am Ende gar
nicht an Magie?

Wunder und Magie

In *Legends of the Panjab* (1884-1900) spricht Richard Carnac Temple von »Antagonisten der Heiligen« und unterscheidet zwischen Wundertätern und Vollbringern magischer Leistungen. Wunder sind gut, Magie ist böse. Er schreibt:

> Wunder können als Werke definiert werden, die mit legitimen Mitteln erzielt worden sind, während Magie einen Bereich umfaßt, in dem mit unerlaubten Mitteln gearbeitet wird. Die eigentlichen Taten scheinen – ganz gleich, ob sie das Ergebnis übernatürlicher Kräfte oder magischer Künste sind – in etwa gleich zu sein. ... Es ist gut, Wundertaten auf übernatürliche Weise zu vollbringen, aber es ist sehr schlecht, das gleiche Ergebnis durch Magie zu erzielen.

Die gleiche Auffassung wurde in Europa im späten Mittelalter vertreten, als die Heiligen wegen ihrer Wunder, die sie gewöhnlich zum Nutzen anderer, und zwar insbesondere der Armen, vollbrachten, geliebt und gepriesen, während die Zauberer wegen ihrer Magie – im allgemeinen zum eigenen Nutzen – gehaßt und gefürchtet wurden.

Hermetisches Pulver

Sir Kenelm Digby (1603-1665) reiste sowohl im Krieg in seiner Eigenschaft als Fregattenkapitän, als auch zu Friedenszeiten als Diplomat viel ins Ausland und brachte von dort einige umwälzende Ideen von so bedeutenden Persönlichkeiten wie Descartes und anderen mit nach Hause. Er war einer der führenden Köpfe und Gründungsmitglied der Londoner Akademie der Wissenschaften, der Royal Society, aber seine zweifellos bedeutenden Leistungen auf dem Gebiet der Wissenschaft – einschließlich der Entdeckung, daß Sauerstoff für das Leben der Pflanzen von wesentlicher Bedeutung ist – gingen einher mit einigen sehr unwissenschaftlichen Gedanken. Als Beispiel sei nur sein Wunderpulver erwähnt.

Sir Kenelm versicherte nämlich, eine wundervolle Rezeptur zum Einreiben zu kennen, mit der man Wunden heilen könne, wenn man sie – nein, nicht etwa auf die Wunde, sondern – auf die Waffe, durch die man verletzt wurde, aufbrachte. Er empfahl auch ein Pulver aus »blauem Vitriol«, mit dem nicht die verwundete Person, sondern die blutbefleckte Kleidung eingerieben werden sollte.

Diese imitative Magie hatte im Westen eine lange Tradition, aber in diesem Fall soll sie auf östlichem Gedankengut basieren – und auf verfaultem Holz:

> Hermes-Pulver uns zum Heile,
> Wunden schließt in Windeseile!
> Teurer Extrakt aus Moderholz
> Gereicht der Chemistenkunst zum Stolz.

Vielleicht lag die wahre Ursache für die »Heilkraft« des Pulvers darin, daß man die Wunden unbehandelt ließ, anstatt sie mit einer der Infektionen verursachenden Salben, wie sie zu Sir Kenelms Zeiten gebräuchlich waren, zu beschmieren.

Astrologie und kosmische Zusammenhänge

Die populärste Form der Weissagung unserer Tage ist die Astrologie, die auf dem volkstümlichen Glauben basiert, daß zwischen den Sternen und dem Lebensweg der Menschen ein ursächlicher Zusammenhang besteht, das heißt, daß die Sterne und Planeten unsere Handlungen »beeinflussen«. Das ist nicht so. Nicht einmal die Astrologen der Antike führten Gründe dafür an. Für sie, wie für jeden vernünftig denkenden Menschen von heute, war die Idee, daß irgendwelche fernen Himmelskörper, deren Strahlung uns über Millionen und Milliarden von Kilometern erreichen, uns veranlassen könnten, dieses oder jenes zu tun, schlichtweg unglaubhaft.

Nein, Astrologie basiert, wie Northrup Frye es ausdrückt, »auf einer Idee der Koinzidenz ..., einer Idee der akausalen Synchronität«. Das heißt, die Sterne sind so angeordnet, daß zwischen ihnen und dem menschlichen Lebensweg ein *Koinzidenzmuster* besteht. Deshalb können wir durch das Studium solcher kosmischen Konfigurationen und deren Veränderungen das Leben auf Erden und das Geschick der Menschen besser verstehen. So oder so ähnlich, behaupten jedenfalls die Astrologen.

Magie und Wirklichkeit

Richard Cavendish behauptet, daß die Magie die Wirklichkeit im Grunde genommen konterkariert, also gegen sie arbeitet:

Magie ist das Streben nach Macht, und das offenkundige Problem in der Theorie, aber auch häufig in der Praxis, liegt darin, daß das Auffinden eines positiven Wertes im Bösen möglicherweise als Rechtfertigung für die schlimmsten Impulse des Bösen herhalten muß. Trotzdem hat die Einstellung etwas für sich, und zwar nicht im Sinne einer Möglichkeit, das Böse wegzudiskutieren, indem man vorgibt, es sei etwas anderes, was es letztendlich gar nicht ist, sondern als Möglichkeit, mit dem Bösen umzugehen zu lernen, was jedoch weit über die Grenzen magischer Praktiken hinaus in den Bereich der höheren Philosophie vorstößt und sich letzten Endes aber auch auf den einfachen hausgemachten Ratschlag reduziert, das Beste als allem zu machen.

Die Kunst, ein Satanist zu werden

Francesco Maria Guazzo, Verfasser des maßgeblichen *Compendium Maleficarum* (1608), beschreibt uns genau, was alles dazu gehört, ein Satanist zu werden.

Man muß

1. dem christlichen Glauben abschwören;
2. wiedergetauft werden und im Namen des Teufels einen neuen Namen annehmen;
3. die Spuren der christlichen Taufsymbole durch die Berührung des Teufels ausgelöscht haben;
4. seine christlichen Eltern verleugnen (die Hilfestellung in der Erziehung zum christlichen Glauben geleistet haben) und zwei neue Paten auswählen (die einen auf Teufels Wegen führen werden);
5. dem Teufel eine Kleidergabe als Zeichen seiner Unterwürfigkeit darbringen;
6. den Treueeid auf den Teufel im magischen Kreis schwören;
7. seinen neuen Namen in das Buch des Todes einschreiben;
8. versprechen, dem Teufel Kinder zuzuführen;
9. versprechen, einen jährlichen Tribut (gewöhnlich schwarze Kleider) an der Teufel zu zahlen;

10. das Teufelsmal empfangen, das eine geheime unempfindliche Stelle des Körpers markiert;
11. dem Teufel geloben, heilige Reliquien zu zerstören und die Geheimnisse des Sabbats nicht preiszugeben.

Wenn irgendeine Gruppe versuchen sollte, Ihnen eine Satansbibel zu verkaufen oder Sie für eine atheistische oder materialistische Organisation gegen Entrichtung eines Obolus zu gewinnen oder es versäumt, Sie nach einer oder all diesen Voraussetzungen zu fragen, dann seien Sie sicher, daß Sie es nicht mit dem Satan zu tun haben, sondern mit irgendeiner »Kirche der schnellen Mark« oder etwas in der Art. Vergessen Sie nicht: Nicht alle gezinkten Kartenspiele kommen vom Teufel, nicht alle Betrügereien geschehen in seinem Namen.

Geistheilung

Der Hypnose haftet nichts Magisches an. Sie ist heute ein bewährtes wissenschaftlich abgesichertes Instrument und hat nichts mit dem mysteriösen »tierischen Magnetismus« aus der Zeit des Franz Anton Mesmer (Mesmerismus) zu tun. Und auch die transzendentale Meditation und andere Manipulationen des Bewußtseins gehören heute zum Alltag.
Aber die Geschichte der Magie und der Hexenkunst ist vollgestopft mit extremen Spielarten von Hypnose, Selbsthypnose, Halluzination und Suggestion, Selbsttäuschung und Wahnvorstellungen, »Entrückungszuständen«, die nicht alle irgendwelchen fastenbedingten oder sexuellen Exzessen, Narkotika oder sogenannten bewußtseinserweiternden Drogen, Trance- oder Ekstasezuständen zugeschrieben werden können.

Die Alchimisten waren auf der richtigen Spur: Der Schlüssel zur Metamorphose des Weltlichen liegt zuallererst in der Veränderung des Bewußtseins, des Geistes, und der Geist nimmt großen Schaden, wenn die Grenzen der Gesundheit tangiert oder überschritten werden.

Magie ist ein gefährliches Terrain, selbst wenn man nicht daran glaubt, daß der schützende Kreis auf dem Boden wesentlich ist. »Tu, was du willst« ist mit strengen Auflagen verbunden. Das gilt auch für die orthodoxe Lehre, die jede Berührung mit dem Verbotenen und die Anbetung »anderer Götter« verbietet. Selbst wenn man Verbote nicht fürchtet, muß man sich doch Gedanken darüber machen, ob man mit den möglichen Entdeckungen innerhalb und außerhalb dieser Grenzen, auf die man nicht vorbereitet ist, umzugehen vermag. Allein schon die Warnung der heiligen Theresa in bezug auf »erhörte Gebete« sollte uns nachdenklich stimmen. Man könnte etwas bekommen, was man eigentlich nicht haben sollte oder in Wahrheit gar nicht braucht.

Um es mit den Worten der Lateiner zu sagen: *Verbum sat sapienti* – dem Weisen genügt das Wort.

Zauberknoten

Zaubern kann man auch mit Knoten. Die Inkas verwendeten den *Quipu,* eine Kordel mit herabhängenden Schnüren in verschiedenen Farben, die in bestimmter Weise geknotet waren. Sie hielten mit dieser Knotenschrift Daten und Berechnungen fest und gaben Nachrichten weiter. Von den skandinavischen Zauberern konnte man Schnüre mit drei Knoten kaufen: Löse einen – leichte Brise; löse zwei – starker Wind; löse drei – Sturm. Eine sehr nützliche Angelegenheit für die Wikinger und andere Seefahrer.

Die 113. Sure des Korans nennt die magischen Praktiken die »Übel derer (Weiber), welche die Zauberknoten anblasen«. Bevor Mohammed diese Sure öffentlich verkündete – behauptet man jedenfalls – wähnte er, von einem bösen Mann und seinen Töchtern verhext worden zu sein, und zwar sollen sie elf Knoten in eine Schnur geknüpft haben, die sie dann in einem Brunnen versteckten. Hier die Geschichte, wie sie von Sir. E. A. Wallis in *Amulets and Talismans* (1968) erzählt wird:

Das Ergebnis war, daß der Prophet ernsthaft erkrankte und zweifellos gestorben wäre, wenn Gott nicht eingegriffen hätte. Er sandte ihm diese Suren und beauftragte den Erzengel Gabriel [der oft als eine Art Schutzengel von Mohammed dargestellt wird], ihm zu sagen, wie diese zu gebrauchen seien und wo die Schnüre verborgen waren. Mohammed ließ Ali die Schnur holen, und als sie ihm gebracht wurde, las er die elf Verse der beiden Suren über die Knoten gebeugt, und bei jeder Zeile löste sich einer der Knoten von selbst. Als der letzte Knoten gelöst war, war Mohammed von dem Hexenzauber befreit und genas.

Ruhm und Reichtum durch Schriftstellerei (Etwas für Sie?)

Schriftstellerei ist ein hartes Brot. Viele Autoren brauchen dazu seltsame Stimulantien. Manche beginnen zu trinken, Thomas de Quincey, Wilkie Collins, Jean Cocteau und andere bevorzugten Opiate. Byron empfand es als hilfreich, einen Totenschädel auf seinem Schreibtisch liegen zu haben. Balzac trug eine spezielle Robe, wenn er schrieb. Schopenhauer brauchte purpurfarbene Tinte, sonst brachte er keine Zeile zu Papier. Einem Schriftsteller wurde durch den Geruch von faulen Äpfeln, die er in seiner Schreibtischschublade aufbewahrte, geholfen. Ibsen starrte auf ein Bild Strindbergs, das über seinem Schreibtisch hing, und redete sich ein: »Er wird größer sein als ich.« Armut war im übrigen auch eine gute Anregung.

In einem aberwitzigen Buch über Satanismus, das 1895 in Grenoble veröffentlicht wurde, verbürgt sich Domenico Margiotta dafür, daß Adriano Lemmi zu dem vielleicht schockierendsten Stimulans überhaupt gegriffen hat. Lemmi – so lautete die Anklage – »hatte auf seinem Schreibtisch ständig eine aus der katholischen Kirche entwendete Hostie liegen, und er schrieb nie eine einzige Zeile, bevor er nicht das heilige Abendmahl mit seiner Feder »Calamus Transfigens« [»Durchbohrender Pfeil«] durchstochen hatte, die er zu diesem Zweck, wie er beschwor, von seinem Schutzgeist Sybacco erhalten hatte, der ihm mit Stierhörnern und drei Augen auf der Stirn regelmäßig erschien«.

Holunderwein

Im Englischen heißt Holunderbeere »elderberry«, so viel wie »Altenbeere«. Der Legende nach soll diese Bezeichnung auf die alttestamentarische Geschichte von »Susanna im Bade« zurückgehen, in der die Alten Susanna nachspionierten. Die Beeren wachsen, bis sie zu reifen beginnen, in einer Dolde nach oben. Dann stülpt sich die Dolde um, und hängt gleichermaßen schamhaft nach unten. Unsere Altvorderen sagten, sie neigen ihre Köpfe nach unten, weil sie Schutz vor jenen neugierigen Gaffern gewährt haben.

Mit sieben Pfund zerdrückten Holunderbeeren und drei Gallonen Wasser, plus einer Handvoll Rosinen, ein paar

Pfund Zucker und etwas Hefe läßt sich aus den Früchten des Holunderstrauches Holunderwein herstellen. Es dauert allerdings ein Jahr, bis er fertig ist und lohnt – meiner Meinung nach – den Aufwand nicht, sofern man ihn nicht mit Brandy aufmöbelt. Auf der anderen Seite können Sie aber mit einer Gerte aus Holunderholz magische Handlungen vollbringen.

Das Geschenk der Magi

Die Magi waren Priester der alten persischen Religion, deren höchstes Wesen Ahura Mazda (der Name ist heute eher von Glühbirnen oder als Automarke bekannt) Zwillinge gezeugt haben soll, und zwar die Wirklichkeit und die Unwirklichkeit. Magie verbindet die beiden, was die Religion der Magi, die »keine Abbilder von Gott, keine Tempel, keine Altäre« kannten (Herodot) und solche Dinge als Unfug bezeichneten, kompliziert machte. Später wandten sich die Perser dem Mithras-Kult zu. (Mithras war ein Gott, der von einer Jungfrau geboren war und nach seinem Tode wiederauferstand.) Astrologen und ihre Anhänger ebneten den Weg für abergläubischere Vorstellungen.

Pietro d'Abano

Pietro d'Abano oder Petrus Aponensis, wie er sich nannte, war der berühmteste Magier zu Beginn des 14. Jahrhunderts und ebenso ein berühmter Arzt, aus dessen Feder das Werk *Conciliator differentium philosophorum et praecipue medicorum* (1303) stammt. Er vertrat die Ansicht, daß die Astrologie ein wesentlicher Bestandteil der medizinischen Wissenschaft sei, was die Universität von

Paris und andere erlauchte Gremien jener Zeit auch zu akzeptieren schienen. Er brachte eine Reihe arabischer Ideen in die Wissenchaft ein, wobei er sich auf Doctores wie Ibn-Rushd (1126-1198), der unter dem Namen Averroës bekannt wurde, berief. Diese Ideen wurden schließlich von Papst Leo X. als häretisch verurteilt.

Als besonders ketzerische Idee galt die Astrologie, da sie – obwohl Roger Bacon und viele andere berühmte Männer sie voll und ganz als Wissenschaft anerkannt hatten – dem Fatalismus Vorschub leiste, den Menschen seines freien Willens beraube und ihn dem Einfluß der Planeten unterwerfe. Unabhängig davon, ob sie mit Dämonen im Bunde sei oder nicht, richte sie ihr Hauptaugenmerk nicht auf Gott, sondern auf dessen Werke, die Sterne und Planeten. Thomas von Aquin und viele andere einflußreiche Lehrmeister verdammten die Astrologie als Wegbereiter des Götzendienstes. Halbherzig glaubte die Kirche an sie, aus vollem Herzen aber fürchtete sie sie.

Pietro d'Abano selbst, wird versichert, wandte sich vom Glauben an die Sterne ab. Er mag dazu getrieben worden sein, nachdem er zweimal vor die Inquisition gezerrt und der Ausübung magischer Praktiken bezichtigt worden war. Im ersten Verfahren wurde er freigesprochen, während des zweiten starb er. Ihm wird der Ausspruch zugeschrieben, daß die Philosophie ihn scharfsichtig, die Medizin reich und die Astrologie zum Scharlatan gemacht habe.

Er hätte hinzufügen können, daß die Magie ihn berühmt gemacht hat. Mehr als alle anderen verdankt er seinen Ruf der Magie, die der Grund dafür war, daß man ihn heute nicht nur in Padua und Urbino als Statue bewundern kann und sein Name noch lange nach seinem Tod weiterlebt.

Ritualmagie

Die unglaubliche Komplexität der Ritualmagie, einer Kunst, die ein langes Studium, ein hohes Maß an Können und die exakte Kenntnis ihrer Gesetze voraussetzt, kann hier nur kurz gestreift werden. Aber ich kann Ihnen wenigstens ein paar Dinge aufzählen, die Sie unbedingt benötigen bzw. im Kopf haben müssen, um für die Rituale gerüstet zu sein, deren »Zielsetzungen« mit zu den populärsten gehören: nämlich die Erfüllung ihrer Ambitionen, Erfolg und Reichtum; Astralreisen, göttliche Vergebung oder sichere (normale) Reisen; Prüfungserfolg oder Sicherheit für ihr Heim; Zwietracht oder segensreiche Waffen.

Für die Erfüllung Ihrer Ambitionen brauchen Sie das Jupiter-Ritual, günstige Sterne (lassen sich durch das Studium der Astrologie finden), blaue Wandbehänge und Kleidungsstücke, die Hilfe von Bethor, Chasmalim (als Schutzengel) und den Erzengel Zadkiel sowie eine Reihe von Symbolen (Einhorn, Adler, Löwe, Drachen), bestimmte Metalle (vor allem Zinn), Edelsteine (Amethyst und Saphir), Pflanzen (Eiche, Pappel, Narzissen, Ackermennig) und Gewürze (Muskat, Zimt, Gewürznelke, Aloe, Melisse). Sie benötigen Beschwörungsformeln und magische Gerätschaften und eventuell auch Opfer.

Für die Astralreise ist der Mond zuständig. Außerdem sind vonnöten violette Decken, Silber, Kristall, Perlen, Quarz, Haselnüsse, Mandeln, Pfingstrosen, Hunde, Gänse, Elefanten, Phol und Gabriel, Kampher, Jasmin, weißes Sandelholz (rotes ist üblicher, aber für diese Zwecke untauglich) und Weihrauch. Als Schutzengel wird Ishim gebraucht.

Für Examina versuchen Sie es mit Saturn und besorgen sich Indigo, eine Zibetkatze, Moschus, Krokodile, Krähen, Esche, Eibisch, Zypresse, Schierling, Blei, Onyx,

Saphir, ein Weib, Aratron, den Planetengeist, Zaphael, den Erzengel, und Aralim als Schutzengel. Was die Farben anbetrifft, ist man sich nicht ganz einig. Sie können es mit Gelb versuchen, vielleicht wirkt Indigo bei Ihnen aber besser.

Zwietracht und Krieg sind in der Tat eine sehr ernste Angelegenheit. Hier ist der Mars-Ritus angebracht mit purpurfarbenen Wandbehängen, Pferden, Wölfen, Bären, Hirschen, einem Basilisken, der Gartenraute, Absinth, einem magischen Schwert, Lammzunge, Gerätschaften aus Eisen, Rubinen sowie Phaleg, Chamael und die Seraphim.

Wenn Sie oder Ihre Freunde oder auch andere Personen, von denen Sie gehört haben, nun aber keine durchschlagenden Erfolge zu verzeichnen haben sollten, dann kann das daran liegen, daß das jeweilige Werkzeug Mängel aufweist – und natürlich muß das »Timing«, der Bewußtseinszustand des Magiers und das Ambiente stimmen. Vielleicht denken Sie auch, Ritualmagie sei nur etwas für Gläubige; viel eher ist sie nichts für lässige Typen.

»Dreimal zieh den Kreis um ihn«

Mittelalterliche Magier hielten ihre Rituale innerhalb eines magischen Kreises (Symbol für Schutz, Vollkommenheit, Abgeschlossenheit und Unendlichkeit) mit einem Durchmesser von 9 Fuß ab. In diesem Maß versteckt sich dreimal die magische Zahl drei, und der Kreis ist groß genug, um die wirkungskräftigen Namen (in 1-Fuß-hohen Lettern) hineinzuschreiben und auch noch die notwendigen Wasserkugeln, Kräuter, das Anagramm Gottes, geeignete Bibelsprüche usw. darin unterzubringen. Der Kreis kann aufgemalt (ideal wäre Farbe, die aus Elementen des Steins des Weisen, wie Quecksilber und Schwefel, besteht), mit einer Magneteisenkette gebildet oder mit einem magischen Schwert gezogen werden.

Das kommt mir entgegen, denn ich wohne zufällig in einem Haus mit runden Türmen, deren Durchmesser neun Fuß beträgt, ist aber unpraktisch für Leute, die in einer kleinen Wohnung wohnen.

Außer diesem einen Kreis sind keine weiteren Kreise erforderlich, was immer auch moderne Hexen zu glauben scheinen, außer man arbeitet mit Assistenten, die Schutz vor dem (den) herbeigerufenen Dämon(en) brauchen. Aber warum sollte man das Werk eigentlich nicht ohne Hilfe vollbringen? Dämonen sind viel leichter zu haben als Assistenten.

Wenn man Eliphas Lévi Glauben schenkt, muß der Kreis für schwarze Magie mit einem Schwert gezogen werden, in diesem Fall aber unbedingt in Gegenrichtung zum Sonnenlauf. Aber es hat wenig Zweck, Ihnen zu erzählen, wie man dieses nützliche Objekt herstellt. Denn selbst wenn Sie ein magisches Schwert besäßen, woher sollten Sie all die anderen notwendigen Utensilien hernehmen, als da sind Pergamentstreifen (man könnte auch Ziegenleder nehmen), die mit vier Nägeln aus dem Sarg eines Verbrechers (das *Grand Grimoire* spricht von Nägeln aus einem Baby-Sarg) festgenagelt werden müssen, Eisenkraut, Ketten von einem Galgen und Kerzen aus Menschenfett in schwarzen Holzleuchtern.

Runenschrift

Die Runen wurden von den Germanen erfunden und stellten eine primitive Form der Schreibkunst dar. Mit der Zeit aber wurden ihnen magische Kräfte zugeschrieben. Man glaubte, sie hätten die Fähigkeit, die Toten in ihren Gräbern zu halten oder sie wiederauferstehen zu

44

lassen. Jede einzelne Rune hatte ihren Namen und ihre ganz bestimmte Kraft.

In der *Saga von Egil* (vermutlich von Snorri Sturluson im 13. Jahrhundert verfaßt) wird erzählt, wie Egil, als ihm ein Trinkhorn mit vergiftetem Bier gereicht wurde, Runen darauf einritzte und sie unter magischen Gesängen mit einem Tropfen eigenen Blutes einrieb. »Das Horn zerbrach, und der Trank ergoß sich aufs Stroh.«

In Björketorp in Schweden schützten die Runen, die Egil in Island geschützt hatten, ein Monument mit der Inschrift:

> Ich versteckte hier magische Runen, gefeit gegen böse Hexerei. Wer dieses Monument zerstört, ist dem Tode geweiht.

Die Schweden wandten sich im Mittelalter von den Runen ab. Die Isländer erließen im Jahre 1639 ein Gesetz, nach dem jeder, der Runen verwendete, als Hexe bzw. Hexenmeister verbrannt werden würde. Aber in Deutschland haben weniger zivilisierte Leute auch noch in jüngerer Zeit versucht, die magische Kraft der Runen zu nutzen. Anfang der 20er Jahre rief Adam Glauer (1875-1945), der sich gern Freiherr Rudolf von Sebottendorf nannte, eine kurzlebige, aber starke antisemitische Organisation, den Deutschen Orden, ins Leben, zu dessen geheimen Albernheiten auch die germanische Runenschrift gehörte. Das schien auch auf Heinrich Himmler Eindruck gemacht zu haben, denn er wählte *Sig* (die Rune für S) in seiner Verdoppelung als Symbol für die SS-Organisation.

Die Kristallkugel

Der Durchschnittsmensch weiß – wenn vielleicht auch nur aus Witzen oder Karikaturen – daß die Kristallkugel von manchen Leuten dazu benutzt wird, in die Zukunft zu sehen. Meiner Meinung nach besteht das ganze Geheimnis dieser Kugel darin, alle Gedanken des »Sehers« auf einen Punkt zu konzentrieren, gewissermaßen zu »fokussieren« (eine Wasserkugel, irgendein glänzender Gegenstand oder ähnliches haben den gleichen Effekt). So gelingt es, in das Unterbewußtsein vorzudringen und sogar (wie manche Leute glauben) die Schwingungen des Klienten, der etwas über sein Schicksal erfahren will, aufzunehmen. Um letzteres auszuschließen, haben Leute manchmal Stellvertreter vorgeschickt.

Die Kugel liegt auf einem Ständer, der oft mit verschiedenen magischen Symbolen und Namen beschriftet ist. Tiefgläubige gehen mit der Kugel höchst behutsam um, lassen niemanden an sie heran aus Furcht, sie könne falsch »gepolt« werden, und stärken sie vor jedem Gebrauch mit magischen Handbewegungen: Die rechte Hand sorgt für mehr Kraft und Stärke, die linke für mehr Sensibilität. Es werden eine ganze Reihe von Gesten vollführt, ehe schließlich in die Kugel geschaut wird.

Dann soll man in der Kugel oder in einer Art Nebel, der zwischen dem Seher und der Kugel nach intensivem Schauen aufsteigt, »Wolken« verschiedener Schattierungen und Bewegungen sehen, die dann folgendermaßen interpretiert werden:

weiß	günstig, erfolgversprechend
schwarz	ungünstig, unheilvoll
orange	Enttäuschung, Betrug, Verleumdung

violett	
grün	ausgezeichnet, freudige Überraschungen
blau	
rot	
karminrot	Gefahr, Ärger, Krankheit
gelb	Verluste, Schwindel, unangenehme Überraschungen

Aufsteigende Nebel bedeuten eine positive Antwort auf die jeweilige Frage, sich senkende Wolken eine negative Antwort.

Mehr darüber können Sie in John Melvilles grundlegendem Werk *Crystal-Gazing and the Wonder of Clairvoyance* (1920) nachlesen.

Blutende Hostien

Geweihte Hostien, die für Zauberzwecke verwendet wurden, waren im allgemeinen gestohlen. Es gab nun einen Mann namens Vintras, der die Hostie Fleisch werden zu lassen pflegte. So behauptet man jedenfalls.

Pierre-Michel Vintras (1807-1875), geborener Eugène Vintras, später Strathaniel (»Gottes Bote«) genannt, war der Verfasser eines bedeutenden Werkes *Œuvre de la Miséricorde* (Werk der Barmherzigkeit) und berühmt für seine magischen Messen. Über die »Tatsache«, daß er bei manchen dieser Zeremonien *blutende* Hostien offen und vor allen Leuten zu verfleischlichen pflegte, wurde oft berichtet.

Daß die Leute daran glaubten, daß dies geschah, daß sie bezeugten, sie hätten dies mit eigenen Augen gesehen, dies also kein Trick gewesen sei, ist allein schon bemerkenswert. Doch noch bemerkenswerter ist meiner Meinung nach die Tatsache, daß in der französischen einschlägigen Literatur des letzten Jahrhunderts nicht etwa die Frage »hat er oder hat er nicht?« die Gemüter erhitzte, sondern daß darüber diskutiert wurde, ob er es hätte, tun *dürfen* oder nicht. Seine Feinde nennen ihn nicht etwa einen Trickbetrüger, sondern einen Gotteslästerer; er wird nicht der Täuschung, sondern der schwarzen Magie bezichtigt.

Vintras hat mit seinen schockierenden Gottesdiensten sicherlich zumindest in einer Beziehung gotteslästerlich gehandelt. Denn schon zu den Zeiten von Origen (185-255), der in seinen *Homilies* schrieb, »die Heilige Schrift verbietet ganz klar die Anwendung von Magie«, distanzierte sich die Kirche immer mehr vom Exorzismus (»In meinem Namen werden sie böse Geister austreiben«, Markus 16, 17) und verband Magie nur mit dem Satan. »Kein guter Geist gehorcht dem Magier«, warnte Origen.

Exurgent mortui et ad me veniunt

»Die Toten werden auferstehen und zu mir kommen«, rezitiert beschwörend der Nekromant (Totenbeschwörer). So unglaublich es klingt, einst glaubten die Leute tatsächlich, daß die Toten durch Magie physisch aus ihren Gräbern auferstehen könnten – also nicht ihre Seelen (wie im Spiritismus), sondern ihre Körper. Der Künstler und Autobiograph Benvenuto Cellini behauptet ernsthaft, daß ein Nekromant ihm seine tote Geliebte Angelica »für einige Minuten in ihrer wahren Gestalt« habe auferstehen lassen.

Genauso wie Saul den toten Samuel konsultierte, erweckt auch im *Gilgamesch-Epos* der Held den Geist seines Freundes Enkidu. In der *Odyssee* fragt der Held den toten Seher Tiresias um Rat. In *Die Perser* von Aischylos ruft Atossa den Geist von Darius dem Großen herbei, ein Vorgang, der als absolut möglich und glaubwürdig erachtet wurde. Der Geist von Konstantin dem Großen (Michael Glycas berichtet darüber) erschien seinem Vater mit Hilfe der Magie von Santabarenus. Macbeth ließ die Hexen noch ungeborene Leute rufen, acht Könige, die in direkter Linie von Banquo – den Macbeth ermordet hatte – abstammten, einschließlich Jakob VI. von Schottland und I. von England. Er saß anläßlich einer Aufführung von Schakespeares Drama bei Hofe im Publikum.

Ein Verdienst der Gesellschaft für Seelenforschung war ihr energisches Vorgehen gegen betrügerische Praktiken. Doch die Medien unserer Zeit wissen sich zu helfen: Berühre eine »Erscheinung«, und das Medium in Trance wird sterben, lautet ihre selbstgezimmerte Regel.

Meine Lieblingsstory über Medien handelt von einem Mann, der bei einer Seance die Geister befragen sollte. Er fragte, ob er seinen Großvater sehen könne. Nach einigem Kauderwelsch schebte die lichte Gestalt näher. Dem jungen Mann wurde gesagt, »Ich bin dein Großvater.« Als er dann fragte, ob er eine Frage stellen könne und seiner Bitte stattgegeben wurde, fragte er feierlich: »Großvater, was tust du hier eigentlich? Du bist doch noch gar nicht tot.«

Das war das Ende der kleinen Seance.

2
Hexenkunst

Die Hexenkunst unterscheidet sich von der Magie durch
zwei Aspekte.
Erstens: Sie ist vor allem die Zauberkunst des Volkes.
Die Hexe brütete weder über kabbalistischer Lektüre
oder alten Grimorien (Handbücher der Magier), noch
zog sie auf dem Boden ausgeklügelte Kreise voller he-
bräischer Inschriften, und sie leierte auch nicht die vielen
Namen der Götter und Teufel herunter. Gewöhnlich
konnte sie überhaupt nicht lesen und schreiben. Sie hatte
ihre kleinen Zauberformeln und Zaubersprüche, ihre

Amulette und Fetische, ihre Kräuterkuren und geheimen Zaubertränke, und im wesentlichen blieb ihre Zauberkunst auf einen kleinen Rahmen beschränkt. Sie konnte Kopfschmerzen heilen, aber sie ließ keine Geisterheere aufmarschieren.

Zweitens: Die Hexenkunst gilt im Gegensatz zur Magie, die eine erlernte Kunst ist, als ererbt und wird als Relikt einer jahrtausendealten Form der Gottesanbetung betrachtet. Diese vorchristliche, sogenannte alte Religion – die Anbetung eines gehörnten Gottes – soll auch noch Seite an Seite mit dem Christentum bestanden haben. (Nicht alle Historiker stimmen dieser Theorie zu, und selbst diejenigen, die diese Meinung vertreten, konnten noch keine Verbindung zwischen diesem »Kult« und der weisen Frau mit ihren Zauberkräutern herstellen.) Es gab vier Feste zu Ehren des gehörnten Gottes, die alle um Mitternacht gefeiert wurden: 1./2. Februar (Lichtmeß), 30. April/1. Mai (Maitag, Walpurgisnacht), 31. Juli/1. August (Petri Kettenfeier) und 31. Oktober/1. November (Allerheiligen), ein Tag, der in den angelsächsischen Ländern heute noch – von den Kindern heiß geliebt – als Halloween-Tag fortlebt.

In diesen vier Nächten sollen die Hexen ihre Dörfer heimlich verlassen haben, um an einem geheimen Ort ihren Hexensabbat zu feiern (vom französischen »s'ésbettre« – ausgelassen sein). Vorsteher der Hexenversammlung war ein Mann mit einer Maske, der in Ziegenfelle gekleidet war und den gehörnten Gott repräsentierte. Diese Treffen waren es, die die Führer des Christentums von Teufelsanbetung sprechen ließen.

Im frühen Mittelalter waren die Sabbat-Feiern den Kirchenfürsten entweder nicht bekannt, oder aber man sah stillschweigend darüber hinweg. Eine Frau, die der Hexerei beschuldigt war, weil sie zum Beispiel dem Vieh des Nachbarn Maul- und Klauenseuche angehext hatte, wurde gewöhnlich mit einer Geldstrafe belegt, verwarnt und wieder entlassen. Erst im 15. Jahrhundert, als die hochexplosiven Spannungen der Renaissance das schlafende Europa elektrisierten und den Zündstoff für allerlei hektische Betriebsamkeit lieferten, nahmen die wirklich grausamen Hexenverfolgungen ihren Anfang. Sie sollten über nahezu dreihundert Jahre andauern.

Die Hexenmaske von Dorset

Wenn irgend jemand einen »Ooser« zu verkaufen haben sollte, so möge er es mich wissen lassen. Es gab einmal eine Menge davon, so wird jedenfalls behauptet. Ich habe den Verdacht, daß einige dieser Exemplare noch irgendwo existieren müssen.

Unter »Ooser« verstand man eine gehörnte Maske mit einer Beule auf der Stirn, und zwar dort, wo manche Leute das berühmte »3. Auge« lokalisieren würden. Die Maske wurde aufgesetzt, um dem Träger das Aussehen eines Teufels oder eines heidnischen Gottes zu verleihen. Im England des 7. Jahrhunderts versuchte Theodor, der Erzbischof von Canterbury (668-690), ihre Verwendung zu unterbinden:

> Jeder, der an den Kalenden des Januar [1. Januar] als Hirsch oder Stierkalb herumläuft und sich in ein wildes Tier verwandelt, Rinderfelle anlegt und einen Tierkopf aufsetzt, wer auf diese Weise sein Aussehen in das eines wilden Tieres verwandelt, wird mit drei Jahren Haft bestraft, weil das des Teufels ist.

Doreen Valiente weist in diesem Zusammenhang in ihrem Buch *An ABC of Witchcraft Past & Present* (1973) auf die Silbe »os« (Gott) in Namen wie Oswald (Gott-

Macht), Osmund (Gott-Schutz) usw. hin. Der »Ooser« wurde also möglicherweise mit der Absicht getragen, »Os« bzw. einen heidnischen Gott zu imitieren.

Ganz sicher deutet die Maske auf den gehörnten Gott der Hexen hin. Einer seiner Namen war *Hu*, was soviel wie »überall« bedeutet. Er erklärt die überlieferten »Har har hu hu«-Schreie der auf dem »Ziegenfeld« oder »Blocksberg« tanzenden Hexen, wenn sie dort ihren Hexensabbat feierten. Seine Hörner und sein Klumpfuß sowie sein Schwanz sind wahrscheinlich das Vorbild für die heutige Vorstellung vom Teufel. Das Kostüm des Tänzers, der den »Ooser« trug, erinnert an die ältesten Höhlenmalereien, die in Tierfellen herumtollende Männer zeigen. Doreen Valiente berichtet:

Noch im Jahre 1911 berichtete eine Zeitung von Dorset über einen Mann, dem zur Last gelegt wurde, Mädchen erschreckt zu haben, als er in ein Stierfell gehüllt mit einem Ooser vor dem Gesicht hinter ihnen herjagte.

Sollten Sie ein weiteres Exemplar dieser schrecklichen gehörnten Maske entdecken, dann geben Sie mir Bescheid. Ich möchte nämlich gern sicherstellen, daß sie in die Sammlung jener Masken von Dorset aufgenommen wird, zu deren vermutlich langer Tradition sie gehört, und vermeiden, daß sie nur so als Dekoration in irgendeiner Wohnung herumhängt.

Äpfel

Als ein Beispiel dafür, welchen Bezug ganz alltägliche Dinge zur Hexerei haben, sei der Apfel erwähnt. Durch die gesamte Geschichte hindurch wurden den Äpfeln magische Eigenschaften zugeschrieben.

In vorchristlicher Tradition »umtrinken« (»wassail«) heute noch englische Landleute ihre Apfelbäume und pflegen noch viele andere Volksbräuche im Zusammenhang mit Äpfeln. Ohne den Ursprung des »Spiels« zu kennen, schnappen Kinder an Halloween (s. o.) mit dem Mund nach Äpfeln oder versuchen durch das Werfen von Apfelscheiben den Anfangsbuchstaben ihres/ihrer Zukünftigen herauszubekommen.

Einer der schrecklichsten Augenblicke in meiner Kindheit war, als in Walt Disneys »Schneewittchen« die grausame alte Hexe unserer Heldin einen glänzenden Apfel anbot. Wenn Sie als leicht zu beeindruckendes Kind diesen Film je gesehen haben, so waren Sie – das wette ich – sicherlich auch starr vor Schreck.

In unseren Augen noch erschreckender ist der Bericht von Joseph Glanville, dem Autor des *Sadducismus Triumphatus* (1681), einem der ersten, die ernstzunehmende Literatur über die Hexenkunst in England verfaßt haben. Er war Hauskaplan von Karl II. und ein führender Wissenschaftler seiner Zeit. Er schreibt:

Am Sonntag, den 15. November 1657, gegen drei Uhr nachmittags, bemerkte Richard Jones, ein lebhafter, etwa zwölfjähriger Junge, der Sohn von Henry Jones aus Shepton Mallet in der Grafschaft Somerset, jemanden, der durch die Fenster hereinschaute. Er war allein zu Hause und ging zur Tür, wo eine gewisse Jane Brooks aus derselben Stadt – sie war dem Jungen dem Namen nach unbekannt – stand und auf ihn zutrat. Sie begehrte von ihm einen Brotkanten und gab ihm einen Apfel.

Kurz darauf litt der Junge an Anfällen, und Nachbarn erzählten, er flöge über die Gartenmauer. Er wurde zum zentralen Thema kontroverser Auseinandersetzungen. War er verhext? Jane Brooks Schwester (die einmal zu

dem Jungen »Wie geht's dir mein Liebling?« gesagt hatte)
floh nach einem Kreuzverhör. Jane Brooks selbst wurde
dagegen vom Chard Assizes (Schwurgericht) zum Tode
verurteilt und starb am 26. März 1658 durch den Strang.

Alex Sanders

Sein Hexenmeister-Dasein begann damit – erzählt Alex
Sanders – daß er von seiner 74-jährigen Großmutter in
seiner frühen Jugend verführt wurde. Seine Biographie
trägt den Titel *King of the Witches*. Man sagt ihm nach,
107 Hexenzirkel (»covens« von »conventiones«) gegründet zu haben.

Nicholas Trott

Richter Trott stellte vor einem Gericht in Charleston
(Süd-Carolina) im Jahre 1703 folgendes fest:

> Diejenigen, die schlüssige Beweise für Erscheinungen
> und Hexen geliefert haben, haben dem allgemeinen
> Anliegen der Religion einen Dienst erwiesen; denn
> wenn es solche Kreaturen wie Hexen gibt, dann gibt
> es sicherlich Geister, mit deren Hilfe und Unterstüt-
> zung sie agieren, und demzufolge gibt es auch eine an-
> dere unsichtbare Welt der Geister. ... Daß es Kreatu-
> ren wie Hexen gibt, bezweifle ich nicht. Ich glaube
> auch nicht, daß man sie leugnen kann, ohne gleichzei-
> tig die Wahrheit der Heiligen Schrift zu leugnen bzw.
> ihren Sinngehalt gröblich zu pervertieren.

Der Glaube an Gott schließt den Glauben an den Satan,
an Engel, an Teufel mit ein – so ähnlich argumentierten

die Experten des 17. Jahrhunderts, wie zum Beispiel der Kleriker Cotton Mathers und König Jakob I.

Baba Yaga

Eine der grausamsten europäischen Volkssagen erzählt von einer hinterhältigen russischen Hexe namens Baba Yaga, die in einer verkommenen alten Hütte hauste, die sich auf Kükenbeinen umherbewegte. Um sie herum lagen die Schädel und Gebeine ihrer Opfer verstreut, von denen viele Kinder waren, ähnlich wie in dem Märchen von Hänsel und Gretel.

Baba Yaga soll nicht nur eine Kannibalin gewesen sein, sondern auch die Macht gehabt haben, jemanden durch ihren Blick in Stein zu verwandeln. Sie saugte heimlich die Brüste schöner Frauen aus, während sie schliefen, und machte sie runzlig und häßlich. Sie fraß Kinder und verleibte sich die Seelen der Toten ein. Und nachts ritt Baba Yaga durch die Lüfte, und zwar nicht auf einem Besen, sondern auf einem glühenden Mörser.

Die gute alte Religion

Auch heute noch stößt man allenthalben auf Überreste heidnischer Bräuche. Es gibt davon weit mehr, als man sich gemeinhin vorstellt, sie sind nur ein bißchen umfunktioniert für den christlichen Hausgebrauch. In mittelalterlichen Zeiten wurden alte Statuen der Venus und des Cupido manchmal nur mit einem Heiligenschein versehen, und schon hatte man »die Madonna mit dem Kinde«. Die Lehre des Zarathustra bescherte uns Ostereier und der germanische Animismus den Weihnachtsbaum.

In den Vereinigten Staaten sind noch viele alte Bräuche lebendig, der Aberglaube blüht, selbst wenn kein einziger von den Millionen, die es ablehnen, unter einer Leiter hindurchzugehen, weiß, daß das Unglück wegen einer Verletzung der Dreifaltigkeit heraufbeschworen wird oder ahnt, daß die schwarze Katze, die den Weg kreuzt, möglicherweise ein Familiar (Hausgeist) einer Hexe ist.

Einige der amerikanischen Bräuche kamen von England, und auch dort stehen sie noch in voller Blüte. Ich habe an Feiern für die Göttin Flora (heute heißt sie Maikönigin) teilgenommen und beim »church clipping« mitgemacht (Die Gemeinde hält sich bei den Händen und bildet einen »ring of power« – einen Ring der Kraft –, so wie die Römer es beim Fest der Lupercalia machten). Ich habe viele Erntefeste besucht (Segnung des Pflugs, Schmücken der Kirche, Bestreuen des Kirchenganges mit Heu, Tragen von Erntegarben). Unsere heidnischen Vorfahren würden sich sehr wohlfühlen, wenn sie heute bei uns auftauchten. Die Auferstehung von den Toten beim Mummenschanz und die Possen der Moriskentänzer haben eine uralte heidnische Tradition., Das Ostereierrollen geht auf das Wegrollen des Steins vom Grab Jesu zurück.

Das Anzünden von Freudenfeuern habe ich nicht nur am Guy-Fawkes-Tag erlebt (5. November, zur Erinnerung an die Verschwörer, die das Parlament vor über 300 Jahren in Brand stecken wollten, wobei einer von ihnen als Bild verbrannte), sondern auch in der Mittsommernacht (23. Juni, Johannistag). Eine Kette von Freudenfeuern lodert in dieser Nacht auf den Bergrücken, und die Leute springen zum Zwecke der Fruchtbarkeit über die Flammen, werfen Heil- und Hexenkräuter hinein.

In London ist seit dem letzten Jahrhundert kein Maibaum mehr aufgestellt worden. (Ich glaube, in Massachusetts ist es sogar verboten). Aber in Devon kann man noch um einige Maibäume herumtanzen. Am »Garland

Day« werden in Abbotsbury (Dorset) Girlanden um das Kriegerdenkmal gewunden, und auch hier sind heidnische Ursprünge unverkennbar. Die »Devil's Knell« (Teufelsglocke) läutet zwar nur noch in einigen Städten von Yorkshire am Weihnachtsabend, doch irgendwelche Reste von uralten Bräuchen lassen sich überall finden.

Schutz gegen Hexen

Um Hexen von seinem Haus fernzuhalten, empfehlen spanische Einwanderer in Texas, niederzuknien und folgendes Gebet dreimal hintereinander mit leiser Stimme zu sprechen:

> Cuatro esquinas tiene mi casa
> Cuatro angeles que la adoran,
> Lucas, Marcos, Juan y Mateo.
> Ni brujas, ni hechiceras,
> Ni hombre malhechor.
> En el Nombre del Padre,
> Y del Hijo, y des Espiritu Santo.
>
> Vier Ecken hat mein Haus,
> Vier Engel, die es lieben,
> Lukas, Markus, Johannes und Matthäus.
> Hinweg alle Hexen und Zauberer,
> Und auch der schwarze Mann.
> Im Namen des Vaters
> Und des Sohnes und des Heiligen Geistes.

Voodoo-Zauber

Der Voodoo-Beutel enthält bestimmte Kräuter, ein bißchen Erde (am wirkungsvollsten von einem Grab), eventuell ein Kleidungsstück (vorzugsweise rot), ein paar abgeschnittene Haare oder Fingernägel der Person, die
dran glauben soll. Um Voodoo-Zauberkraft zu erlangen,
muß man seine Seele dem Teufel verkaufen, der zu diesem Zweck als schwarzer Vogel in einer möglichst dunklen Nacht erscheint.
Sehen Sie sich ruhig einmal in Ihrem Haus bzw. Ihrer Wohnung um, um sicherzugehen, daß Sie mit keinem Voodoo-
Zauber belegt sind. Sollten Sie in Ihrem Kopfkissen einen
Schlangenknochen finden, oder sollte Ihr Federbett irgendwie verdreht oder verknotet sein oder an dem Balda-
chin Ihres Bettes ein kleiner Beutel hängen, dann sind Sie
voodoo-verhext. Suchen Sie auch nach Karten, die über
der Tür stecken, bzw. nach einer kleinen Puppe, in der eine
Nadel steckt oder nach einem pechbeschmierten Laib
Brot. Auch Salz und Pfeffer auf der Türschwelle sind verdächtig. Inspizieren Sie Ihren Körper und achten Sie auf
besondere Male, beispielsweise Wunden, die nicht heilen.
Ein Gris-gris (Talisman) aus Federn oder Pferdehaar und
anderen Materialien, die mit einem roten Faden zusam-
mengebunden sind, verspricht ebenso wenig etwas Gutes
wie ungewöhnliche Knoten in Ihrem Pferdeschwanz oder
Ihrer sonstigen Frisur. Schließlich müssen Sie auch noch
auf Schmerzen in den Handgelenken achten. (Sind die
Handgelenke »offen«, können Sie sie »schließen«, indem
Sie rote Flanellstreifen drumbinden.) Wenn Sie die Haustür öffnen und davor steht ein kleiner Sarg – mit oder ohne
Voodoo-Puppe –, dann sind Sie extrem gefährdet: Möglicherweise haben Sie die ersten beiden Warnungen über-
sehen, denn dies ist die dritte und letzte Warnung, Sie haben den Fluch auf sich gezogen und werden nun sterben.

Sie sind dagegen natürlich nicht machtlos. Sie können den Fluch durch eine andere Voodoo-Zauberin abwehren lassen, ja sogar an den »Absender« zurückschicken. Sie können sich ein bißchen Blut abnehmen oder die Zähne ziehen lassen. (Voodoo geht oft in die Zähne.) Helfen können auch spezielle Kerzen (solange sie nicht rot sind, denn rot ist die Kerzenfarbe, die für den Fluch verwendet wird) oder entsprechende Gebete. Eine andere Möglichkeit wäre, die Voodoo-Puppe bzw. den Voodoo-Beutel zu verbrennen oder unter fließendem Wasser zu zerstören. Versuchen Sie herauszubekommen, ob die Leute, die sie besuchten und besonderes Interesse an Ihren Leiden bekundeten, vielleicht die Ursache Ihres Ärgers sind. Zu diesem Zweck lassen Sie sofort nach ihrem Besuch Blei schmelzen und es wieder abkühlen. Kühlt es glatt ab, waren es Freunde; ist die Oberfläche danach aber rauh, waren es Feinde mit üblem Leumund.
Tragen Sie eine Silbermünze an einem Band um ihren Hals oder besorgen Sie sich irgendein anderes Amulett gegen zukünftige Voodoo-Übergriffe. Oder werden Sie selbst ein Voodoo-Zauberer – für alle Fälle!

Hexenflug

In seine Serie *Caprichos* hat Francisco Goya mehrere Blätter aufgenommen, die auf einem Besen durch die Luft reitende Hexen zeigen. Viele Leute glaubten, daß Hexen wirklich fliegen könnten, und bezeugten das auch unter Eid und unter der Folter. Einige Gelehrte hielten das zwar für unmöglich, fügten aber hinzu, wenn Hexen glaubten, fliegen zu können, sei dies Beweis genug dafür, daß sie ihre Seele dem Teufel verkauft hätten. Verbrennt sie auf jeden Fall, meinten die Schotten im 17. Jahrhundert.

Das früheste mir bekannte Bild, auf dem fliegende Hexen dargestellt sind, stammt von Ulrich Molitor aus dem Jahre 1489 und zeigt sie auf Astgabeln, die ähnlich wie Wünschelruten aussehen, und nicht etwa auf Besen, wie man sie von den Märchenhexen her kennt. Bald sehen wir sie in der volkstümlichen Kunst auf Stöcken, Baumwurzeln, Feuerhaken – tatsächlich alles Phallussymbole – vorwiegend aber auf Besenstielen (seither war der Besenstiel ein Symbol für die Frau) durch die Lüfte reiten. Italienische Hexen (*stregas*) reisten auf Mauleseln. Es gibt auch Berichte über die Parkplätze bei den Hexenversammlungen: Man findet dort Ziegenböcke (immer schwarz), Hunde (schwarz) und in heutiger Zeit Rolls Royces (auch schwarz).

Der Besenstiel wurde mit einer Spezialsalbe eingerieben. Hexen, die vor Gericht standen, wurden immer wieder nach deren Rezeptur gefragt. Die Salbe dürfte die Geschlechtsorgane erregt, die Füße und Hände taub und die

Hexen »high« gemacht haben, wenn auch nicht auf den Höhenflug ihres Besens bezogen, so doch im Sinne von Drogen. Halluzinatorische Duftstoffe in den Salben könnten auch eine Rolle gespielt haben.

Einige Leute kauften den Hexen die Geschichte mit der Luftfahrt nicht ab. Gian Francesco Ponzinibio lehnte in seinem *Tractatus Subtilis et Elegans de Lamiis* (Lamia war eine raubgierige Hexe, die in der Literatur der Romantik oft auftauchte), der 1563 in Venedig veröffentlicht wurde, die ganze Hexenflugidee ab, wenn auch von Subtilität oder Eleganz bei diesem Traktat kaum die Rede sein dürfte.

Martin Luther begegnete dem Phänomen mit gesunder protestantischer Skepsis: Natürlich flögen die Hexen nicht wirklich zu ihrem Sabbat, nur ihre *Seelen* schwängen sich dorthin auf, meinte er. Wäre er einen Schritt weiter gegangen und hätte gesagt, die Hexen begeben sich *geistig*, in ihren Gedanken, dorthin, hätte er den Nagel auf den Kopf getroffen.

Luther war jedoch gegen gleichermaßen rechthaberische, dogmatische, wie sachkundige Bibelgelehrte angetreten, die ihm zu jeder Zeit mit dem einschlägigen Kapitel und Vers kontern konnten. Hatte nicht der Satan Jesus auf die Spitze des Tempels gebracht? War Christus nicht in den Himmel aufgefahren? Auch bei Heiligen gab es gelegentlich Levitationen. Warum nicht also auch bei Hexen?

Hexen hielten jedenfalls an ihrem Bekenntnis zum Flug fest, Beweis genug für einen Pakt mit dem Teufel. Ein Lieblingsverdikt von mir aus dem 17. Jahrhundert lautet: »Nicht schuldig. Kein Flug.« Bischof François Sadoval bestätigt in seiner *Historie de Charles V,* daß eine Hexe so liebenswürdig gewesen sei, ihm eine Flugdemonstration direkt im Gericht vorzuführen. Er rechnete ihr ihre Hilfsbereitschaft hoch an und begnadigte sie. Heutzutage sprechen wir mehr von Telekinese und Astralprojektion.

Schaukelnde Hexen

Magie und Hexenkunst setzen oft höchste Erregungszustände der Teilnehmer voraus. Mittelalterliche Hexen pflegten sich manchmal in einen Sack stecken zu lassen, um dann an Bäumen hin und her zu schaukeln mit dem Ziel, ekstatische Visionen heraufzubeschwören.

Schwarze Messe

Über die Jahrhunderte hinweg wurden schwarze Messen, Travestien des christlichen Gottesdienstes, für so unterschiedliche Auftraggeber wie den Soldaten Gilles de Retz aus dem 15. Jahrhundert und den exzentrischen Romancier William Beckford aus dem 19. Jahrhundert gelesen. Die schwarze Messe, die oftmals von irgendeinem abtrünnigen Priester abgehalten wurde, ist bereits aus dem 7. Jahrhundert überliefert und wurde von dem französischen Historiker Jules Michelet als »eine ländliche Revolte gegen die Kirche« beschrieben. Andere Gelehrte glauben – ich erwähnte es bereits – in ihr ein Relikt früher heidnischer Religionsformen zu erkennen.
Sie wurde gewöhnlich aus Angst vor christlichen Repressalien nachts und im geheimen zelebriert. Einige Mitglieder der »Kongregation« (Zirkel) rieben sich mit dem Saft der Tollkirsche oder anderen giftigen Nachtschattengewächsen ein (Basis der modernen Drogen Atropin und Hycyamin), Mitteln, denen die Wirkung nachgesagt wird, Flugillusionen zu erzeugen. Die Messe fand immer an einem einsamen Ort statt, vorzugsweise in einer Kirchenruine oder einer entweihten Kirche. Um die gespenstische Atmosphäre noch zu erhöhen, wurden Fackeln und Pechschalen entzündet. Die allgemeine Erregung stieg.

Der römisch-katholische Gottesdienst wurde auf den Kopf gestellt und zur Gotteslästerung und Blasphemie pervertiert. Es wurde nicht mit Weihwasser, sondern mit Urin gespritzt. Der Friedenskuß, eine feierliche Umarmung der Priester beim Hochamt, wurde ein Kuß auf den Hintern. Der Körper einer nackten Frau war der »Altar«. Alles war schwarz: die Meßgewänder, die Wandbehänge, die Umhänge der Teilnehmer. Man konnte schwarzes Brot und schwarzen Wein (vergleichbar mit dem Heidenbier der Pikten) reichen, am besten jedoch war eine gestohlene Hostie. Manchmal wurde auch eine Kröte hochgehoben und anstelle der Hostie zerbrochen. Andere Vertreter der Zunft empfahlen wiederum eine Scheibe von einer roten oder schwarzen Rübe. Oftmals wurde ein Hund oder eine Ziege geopfert.

Im frühen 14. Jahrhundert attackierte Philipp IV. von Frankreich in dem Bemühen, sich seiner Geldsorgen zu entledigen, die reichen und mächtigen Tempelritter und zieh sie der Hexerei, der Sodomie und des Kannibalismus. Unter der Folter bekannten sich der »Große Meister« Jacques de Molay und 140 seiner Gefolgsleute zu so fürchterlichen Abscheulichkeiten, wie der, den nackten Körper eines Jünglings anstelle den eines nackten Weibes als Altar bei einer schwarzen Messe verwendet zu haben. Molay wurde am 18. März 1314 auf dem Scheiterhaufen verbrannt. Seit jenem Tag wurde die bei schwarzen Messen verwendete Kröte nach dem König »Philipp« genannt.

Heute werden schwarze Messen zu Ehren des »Gehörnten« sehr wahrscheinlich in Vorstadthäusern oder Stadtwohnungen abgehalten. Ein scharfriechendes Wässerchen ersetzt den Urin, gedimmtes elektrisches Licht »erhellt« die Szene, und wenn ein Opfer gebracht wird, wird die Zeremonie vermutlich mit Sitte und Anstand ablaufen. Die Vorstellung, daß eine solche Performance oft in einer Sex-Party endet, kommt dem Original schon näher.

Die Emanzipation der Frau

Jules Michelet behauptete, daß die schwarze Messe »der Freikauf Evas von dem Fluch, den das Christentum ihr auferlegt hat«, sei. Sie verwirklicht die Emanzipation der Frau insofern, als »die Frau am Sabbat jedes Amt bekleidet«, während sonst die Frau in vielen christlichen Kirchen noch kein priesterliches Amt übernehmen darf.

Aber am Sabbat, führt Michelet weiter aus, ist die Frau »Priester, Altar und geweihte Hostie beim Abendmahl, an dem alle Leute teilnehmen. Ist sie nicht in letzter Konsequenz sogar der wahre Gott der Opferhandlung?«

Eberesche – Hexenbaum

Wie durch die Entstellung eines Wortes einem Volksglauben zur Geburt verholfen werden kann, sei an einem Beispiel aus dem englischen Sprachraum verdeutlicht: Der Eberesche bzw. Bergesche, im englischen auch unter den Namen »witch hazel« (»Hexenhasel«) oder »witch wood« (»Hexenbaum«) bekannt, wurden lange Zeit magische Abwehrkräfte gegen Hexerei zugeschrieben.

Aber diese Bäume, die im Dialekt auch als »wick wood« bezeichnet werden, haben nichts mit den »witches« (»Hexen«) zu tun. Sie haben nämlich ihren ethymologischen Ursprung in dem anglosächsischen *cwic-beám,* wobei *cwic* nichts anderes als »lebend« bedeutet. Man findet diese *cwic* in dieser Bedeutung noch in Ausdrükken wie »to cut to the quick« (soviel wie »jemanden in die Seele schneiden«, das heißt, jemanden tief kränken) oder »the quick and the dead« (»die Lebenden und die Toten«).

Aber die Verehrung dieses Baumes bei den Druiden und anderen Baumanbetern hat in Verbindung mit der

Sprachentstellung aus einem »Lebensbaum« einen »Hexenbaum« gemacht.

Der böse Blick

Auch in vorgeschichtlicher Zeit haben Männer in der ganzen Welt daran geglaubt, daß Hexen und ähnliche Bösewichter mit Blicken Unheil anrichten könnten. Sie nennen das den »bösen Blick«. In England wurden Frauen deshalb auf dem Scheiterhaufen verbrannt. In Irland wurde Frauen mit dem bösen Blick nachgesagt, sie fügten dem Vieh Schaden zu. In Cornwall kauften sich die Leute noch im letzten Jahrhundert »Hexenpulver«, um ihre Kinder und ihr Vieh zu schützen, die bzw. das von irgendeiner Person mit dem bösen Blick »verhext« worden war(en). In einem Artikel in *The Graphic* (Dezember 1882) wurde festgestellt, daß diese Art der Hexenkunst in Westengland damals mehr verbreitet war als in Afrika.

Die Angst vor dem bösen Blick ist in vielen phallischen und anderen Amuletten der Italoamerikaner (und anderer Volksgruppen) dokumentiert. Sie gehört in Süditalien und Sizilien zum Alltag. Montague Summers schreibt:

In ganz Italien ist niemand so gefürchtet, wie einer, der diesen unheilvollen Einfluß, den *mal d'occhio,* hat. Im Süden ist *jettatura* der landläufige Ausdruck dafür. Wenn in Neapel jemand auftaucht, dem dieser Ruf vorauseilt, ist die überfüllteste Straße im Nu menschenleer. Der Aufschrei »Jettatore!« genügt: Jeder flieht, stürzt Hals über Kopf ins nächste Geschäft, in die Kirche, in irgendeine Einfahrt, eine Nebenstraße, nur weg!

Die Italiener glauben fest daran, daß jedermann mit diesem bösen Blick geboren werden kann. 1981 schreibt Lawrence

Di Stassi, dem *jettatore* »wird nachgesagt, er werde, ohne augenscheinlich etwas dafür zu können ... mit Augen geboren, die allem, was sie erblicken, Schaden zufügen. Wo immer er hingeht, wird er gefürchtet.« Und F. T. Elworthy erzählt in *The Evil Eye* (1885) von einem unglücklichen polnischen Vater, der glaubte, von dieser unbewußten Macht besessen zu sein; er blendete sich selbst, um seinen Kindern mit diesem Blick keinen Schaden zufügen zu können.

Im Volksglauben blieben nicht einmal Päpste von dieser Begabung des bösen Blicks verschont. Giovanni Maria Mastai-Ferret (1792-1878), der unter dem Namen Papst Pius IX., *Pio Nino,* regierte, soll, einem weitverbreiteten Glauben zufolge, den *mal d'occhio* gehabt haben. In seinen letzten Amtsjahren leerten sich, wo immer er in einer Prozession mitging, die Straßen. Leute, die einer Begegnung mit ihm nicht ausweichen konnten, wandten ihren Blick ab, bekreuzigten sich und machten das Zeichen der Abwehr, indem sie den ersten und den vierten Finger ausstreckten und den zweiten und dritten Finger sowie den Daumen zusammengekrümmt hielten. Tatsächlich war Pius IX. ein frommer Mann, der in hohem Maße in die erbitterten Auseinandersetzungen zwischen der Kirche und dem Staat in Italien verwickelt war; in seine Amtsperiode fiel auch die Doktrin der Unfehlbarkeit des Papstes. Aber unfehlbar oder nicht: Die Italiener (und auch andere) hatten Angst, ihm ins Auge zu blicken.

Wahre Teufelsanbeter sind keine Frevler

... und sie würden auch keine schwarze Messe lesen. Gordon Wellesley betont in *Sex and the Occult* (1975), daß »für den echten Anhänger Luzifers die Hostie bzw. das Kreuz keinerlei Bedeutung« hat. »Für ihn gibt es also auch keinen Ansatzpunkt, sie zu entweihen bzw. Gotteslästerung zu begehen.« Ein echter Teufelsanbeter hat keinerlei Interesse daran, Christen, Juden oder Moslems zu beleidigen. Er hat seinem eigenen »Gott« zu dienen.

Nun könnten Sie natürlich sagen, für *mich* begeht er aber ein Sakrileg. Letztendlich ist es aber Gott, der über solche Dinge zu befinden hat, und jeder gute Theologe wird bestätigen, daß dort, wo keine Absicht besteht, es auch keine Sünde gibt.

Namen

Namen sind ein wesentliches Element der Hexenkunst. Die Numerologie spielt in diesem Zusammenhang eine wichtige Rolle. In den Hexenzirkeln werden oft nur die Vornamen oder angenommene Namen verwendet. In manchen magischen Zirkeln wird man im Namen des Teufels getauft (unerläßlich, wenn man vorher christlich getauft war) und erhält einen neuen Namen. In anderen nehmen die Leute neue Namen an, so wie es zum Beispiel beim Ordenseintritt üblich ist.

Familiare, also Hausgeister, haben für gewöhnlich auch Namen, wie Ihnen beispielsweise aus den Hexenszenen bei *Macbeth* (wo Greymalkin und andere auftreten) oder aus dem Schauspiel *Bell, Book and Candle* (wo die Katze den altmodischen Namen Pyewacket trägt) bekannt sein dürfte, wenn Ihnen schon so schöne Katzennamen wie Greedigut, Howffbacket und ähnliche aus Zauberhandbüchern nicht vertraut sind.

Bei anderen Hexenfeiern sind ägyptische Namen Bedingung, oder man muß zumindest das Alphabet der Rosenkreuzer oder Freimaurer, die Runen, die Ogham-Schriftzeichen (nach dem gallischen Gott der Sprache benannt) eventuell sogar das Malachim-Alphabet oder die Himmelsschrift kennen.

Hexenvertreibung

Die Schotten zogen an Halloween mit Fackeln durch die Gegend und sangen dabei folgendes Lied:

> This is the night of Halloween.
> All the witches to be seen,
> Some of them black, some of them green,
> And some of them like a randy quean.
> Halloween we fear will come.
> Witchcraft will be done by some.
> Burn your brand and let us see
> Confusion to the witches be!

> Dies ist die Nacht von Halloween.
> Alle Hexen kann man sehen.
> Manche schwarz und manche grün
> Und manche als Dirne saust dahin.
> Halloween, o Graus, wird kommen,
> Die Hexerei wird uns nicht frommen.
> Zünd deine Fackel an, herbei,
> Verwirrung bei den Hexen sei!

Dem Feuer wird seit alters her eine reinigende Kraft zugeschrieben. Aber Vorsicht: Manche Kerzen locken Geister erst an.

Satans Phallus

Die 17-jährige Marguérite de Sare aus Labourd in Frankreich erzählte dem Inquisitor Pierre de Lancre, einem berühmten Experten auf dem Gebiet des Hexenwesens, daß der Penis des Teufels so aussehe »wie der eines Maultieres, wobei er sich bei seiner Wahl das von der Natur bestausgestattete Tier zum Vorbild genommen hat; er ist so dick und so lang wie ein Arm«. De Lancre meinte dazu:

> Genau das Gegenteil wird von [Henri] Bouget berichtet, demzufolge die Hexen, die er in der Franche-Comté verfolgt habe, nie einen gesehen hätten, der länger als ein Finger und dementsprechend dünn gewesen sei. Alles was man dazu sagen kann, ist, daß der Satan die Hexen von Labourd besser bedient, als er es bei Hexen von Franche-Comté tut.

Sylvester Pierias schrieb 1521, daß es genügend Anhaltspunkte dafür gebe, daß der Penis des Teufels gespalten sei. Viele Hexen haben sich jedenfalls unter der Tortur dahingehend geäußert und hinzugefügt, daß seine Samenflüssigkeit kalt, sein Vorspiel ungeschickt und der Hauptakt schmerzensreich gewesen sei.
De Lancres *Tableaux de l'Inconstance des Mauvaises Anges et Démons* (1612), das auch ins Deutsche übersetzt wurde und 1620 unter dem Titel *Wunderbarliche Geheimnisse der Zauberey* erschien, enthält folgenden »Augenzeugenbericht« von dem orgiastischen Abschluß einer Sabbat-Feier:

> Der Teufel, der in Gestalt eines Ziegenbocks erschien und seinen Penis an seinem Hinterteil hatte, vollzog den Geschlechtsakt mit Frauen, indem er dieses Ding gegen ihren Bauch preßte und heftig hin und her bewegte. Die 15-jährige Marie de Marigrane aus Biarritz bezeugte, daß sie oft den Teufel mit einer Gruppe von Frauen kopulieren gesehen habe, die sie mit Vor- und Nachnamen kannte, und daß der Teufel die Angewohnheit habe, mit schönen Frauen von vorne und mit häßlichen Frauen von hinten geschlechtlich zu verkehren.

Kriegskleidung

Die Mau-Mau in Kenia und die Schwarzen, die sich Mitte des 20. Jahrhunderts gegen die Gewaltherrschaft Tschombés im Kongo erhoben, hielten heimlich Hexenfeiern ab, um gegen die Kugeln der Feinde immun zu werden. Dann wüteten sie los wie die Berserker.

Das alte Wort »Berserker« geht auf die Wikinger zurück, die in »bear shirts« (Bärenhäute) gekleidet Amok liefen und ebenfalls glaubten, undurchdringbar und unbesiegbar zu sein. Ihre wilden Blicke und die schauerlichen Schreie, die sie bei einem Angriff in einer Art von Ekstase ausstießen, erschreckten ihre Gegner.

Einige britische Regimenter tragen auch heute noch Bärenfellmützen. Von der alten britischen Tradition, Soldaten blau anzumalen, um die Feinde zu erschrecken (die einfallenden Römer schockierte das sehr), ist man inzwischen allerdings abgekommen. Es läßt sich nicht sagen, wann die Briten damit aufgehört haben, sich selbst anzumalen, um ihre Feinde das Fürchten zu lehren, doch es ist allgemein bekannt, daß die Kriegsbemalung, die auch eine magische Komponente hatte, bei den Indianern üblich war.

Gute Hexe

Das Wort »Hexe« soll nach Jacob Grimm von »hage« gleich »gewandt, kunstgeübt« abstammen. Demnach bedeutete »Hexe« ursprünglich so viel wie eine weise, verständige Frau. Auch im Englischen bedeutete »witch« ursprünglich eine gute Hexe. Das angelsächsische *wicca* bezeichnete einen Magier, »der die Macht des Bösen schwächt«. Alle Hexenkunst ist darauf ausgerichtet, Gutes zu tun. Die schlechte Anwendung dieser Kraft ist Zauberei.

Guazzos fundamentale Enzyklopädie der Hexenkunst, das *Compendium Maleficarum* (1608), spricht von der »Ansteckung der Kinder durch ihre sündigen Eltern« und von der Tatsache, daß Hexen ihre Sprößlinge in den Hexenkult einführen. Man nahm tatsächlich an, daß Hexerei größtenteils erblich bedingt war. So bestätigen viele Dokumente aus dem 17. Jahrhundert, daß Frauen ihrem eigenen Bekunden nach ihre Kinder dem Teufel geweiht hätten.

Viele Leute beharren darauf, daß die Hexenkunst seit Generationen in ihren Familien Tradition gewesen sei, und in Amerika ist der Glaube, daß Fähigkeiten wie das »zweite Gesicht« vererbt werden, weit verbreitet. Obwohl die meisten der Hexen, die in England zwischen 1556 und 1712 angeklagt wurden, Frauen und Kinder waren, ist das Wort »witch« (»Hexe«) nicht geschlechtsgebunden. Auch einige Väter gaben die Tradition und möglicherweise auch ihre »Begabung« an ihre Söhne weiter.

In Afrika steht dagegen fest, daß magische Kräfte ausschließlich über die Mutter weitervererbt werden können. Die meisten amerikanischen Hexen und auch Wahrsagerinnen behaupten, ihre Fähigkeiten von ihren Müttern geerbt zu haben.

The Rental of Sir Edward Moore (1677) erzählt von zwei Hexen, Margaret Ley und ihrer Schwester, den *Widow Bridges,* die die Rentei gepachtet hatten. Ihre Mutter, »die dreißig Jahre zuvor gestorben war«, heißt es, »war arm«. Als sie starb, konnte sie ihren Mädchen nichts weiter hinterlassen als »ihre zwei Geister«, Familiare, die ihre Töchter das ganze Leben hindurch unterstützten. »Gott bewahre mich und die meinigen vor solcher Art von Vermächtnissen«, lautete ein Kommentar zu dieser Geschichte.

Interessant in diesem Zusammenhang erscheint mir die Tatsache, daß die Scharfrichter, die das Todesurteil der Hexen vollstreckten, ihr Amt ebenfalls in der Familie weitergaben. Mitglieder der berühmt-berüchtigten Familie Samson fungierten von 1635-1885 sieben Generationen lang als »Monsieur de Paris« (offizieller Scharfrichter und Henker).

Macbeth's Nacht

Jetzt auf der halben Erde
Scheint tot Natur, und den verhangenen Schlaf
Quälen Versucherträume; Hexenkunst
Begeht den Dienst der bleichen Hekate;
Und dürrer Mord,
Durch seine Schildwacht aufgeschreckt, den Wolf,
Der ihm das Wachtwort heult – so diebschen Schrittes,
Wie wild entbrannt Tarquin, dem Ziel entgegen
Schreitet gespenstisch. –

William Shakespeare

Hasen-Wunder

Der berühmte Historiker und Naturalist Giraldus Cambrensis (Gerald de Barri, 1147-1223) berichtet allen Ernstes von vielen Wundern, unter anderem auch dem, wie sich Hexen in Hasen verwandelten und in dieser Gestalt Milch von Kühen tranken.

Urban und die Verschwörung

Im Tagebuch von Giancinto Gigli aus dem 16. Jahrhundert, das sich in der Bibliothek des Vatikans befindet, steht eine unglaubliche Geschichte über die Intrigen und Machenschaften, die sich beim Kampf um den Papststuhl abgespielt haben sollen. Die Chancen, Papst zu werden, standen zu jener Zeit auf jeden Fall nicht schlecht: Zwischen 1590 und 1592 trugen drei verschiedene Männer die Tiara.

Gigli war der Neffe von Kardinal d'Ascensio, der nach der Meinung einiger Leute gute Aussichten auf den Petersstuhl hatte, sobald und sofern Urban VII. abtreten würde. Es gab aber auch andere, die darauf versessen waren, dieses Ziel zu erreichen – und zwar notfalls mit Hilfe von Hexerei.

Nun, der Versuch, den Tod eines Papstes mit Hexerei zu arrangieren, war eine knifflige Angelegenheit. Aber Urban VII. schien verwundbar zu sein, und so war es einen Versuch wert.

Sie veranstalteten zunächst eine Art »Trockenübung« mit dem Wachsbild einer Frau. Die Frau starb. Ermutigt durch diesen Erfolg, versuchten sie es nun auch mit dem Papst. Aber sein Wachsbild wollte nicht schmelzen. Sie versuchten es noch einmal, mußten aber feststellen, daß sie einen stärkeren Zauber für ihr Vorhaben brauchten, irgend etwas mit menschlichem Blut.

Die Verschwörer losten aus, welches Blut sie nehmen sollten. Gigli verlor. Er erhob Einwände und machte geltend, daß Kardinal Ascensio *sein* Onkel war und daß die Verschwörer später in eine Situation geraten könnten, in der sein Einfluß für sie nützlich sein könnte. Die Logik dieser Argumentation war nicht von der Hand zu weisen, und so blieb den Verschwörern nichts anderes übrig, als ein zweites Mal zu losen.

Das zweite »Blutopfer« war dann jedoch auch nicht kooperativer als Gigli. Im Gegenteil, es lief zur Inquisition, legte die Karten auf den Tisch und verriet die Namen der Verschwörer.

Sie wurden sofort gefaßt, angeklagt, verurteilt und lebendig auf dem Campo dei Fiori verbrannt.

Urban starb kurz darauf trotzdem. Sein Nachfolger war *nicht* Kardinal d'Ascensio.

Die Hexe von Endor

Die Hexe von Endor wurde von König Saul aufgesucht, um den toten Samuel für ihn heraufzubeschwören, und dies trotz des Gebotes »Die Zauberinnen sollst du nicht am Leben lassen« (2. Moses 22, 17). Sie war eben keine Hexe im Sinne einer Zauberin, sondern sozusagen eine prophetische Hexe.

In den Schriften wird sie *ba'alath ob* (Herrin eines Talismans) und nicht *kashaph* (Zauberin) genannt. Die hebräische Bezeichnung deutet auf ihre Gewohnheit hin, sich selbst zu schneiden und das Blut (den »Lebenssaft«) bei der Anbetung Baals zu verwenden.

In *The Discovery of Witchcraft* stellt Reginald Scot die Vermutung an, daß das in der Bibel verwendete Wort einfach nur »Vergifter« bedeutet und nicht Hexe, und stellt damit eine These auf, die von einigen späteren Gelehrten aufgegriffen wurde.

St. Patrick und die Hexen

Eine sonderbare Geschichte wird in Charles Kirkpatrick Sharpes *A History Account of the Belief in Witchcraft in Scotland* (1884) erzählt:

Um das Jahr 338 wurde die einzigartige Frömmigkeit des heiligen Patrick dem Teufel so sehr zum Ärgernis, daß er sämtliche Hexen von Schottland auf ihn hetzte. Gemeinsam überfielen sie den überraschten Heiligen, der daraufhin zum Fluß Clyde floh, an dessen Mündung er ein kleines Boot fand, mit dem er unverzüglich gen Irland flüchtete. Es ist allgemein bekannt, daß Hexen bei der Verfolgung ihres Opfers keinen fließenden Strom überqueren dürfen. Aber diese Hexen rissen einen riesigen Felsbrocken aus einem Hügel in der Nähe heraus und schleuderten ihn gegen Patrick, wobei sie jedoch so schlecht zielten, daß der Brocken harmlos auf den Boden fiel. ...

Aus ihm entstand »mit etwas handwerklichem Geschick« die Festung von Dumbarton.

Warnung an alle irischen Hexen!

Ich richte diese Warnung an das halbe Dutzend irischer Hexen, die ich zufällig persönlich kenne. Soweit mir bekannt ist, wurde das Gesetz des irischen Parlaments aus dem Jahre 1586 (das eingebracht wurde, um irisches Recht dem englischen Recht anzugleichen) nie aufgehoben. Inzwischen haben die Engländer die Bestrafung von Hexen aus ihrer Verfassung getilgt, aber das besagte irische Gesetz droht immer noch mit Pranger oder Kerker oder auch beidem beim ersten Verstoß und im Wiederholungsfall mit der Todesstrafe.
Es beinhaltet auch, daß die Regierung das Eigentum der Hexen konfiszieren kann, eine Passage, die im übrigen Europa lange Zeit ein starker Anreiz für die Hexenverfolgung war.

Schwule Hexenmeister

In den 70er Jahren veröffentlichte ein schwuler New Yorker Hexenmeister, ein gewisser Dr. Leo Martello, einige Arbeiten, deren zentrales Thema die Homosexualität mit sadomasochistischen Untertönen war. Martello behauptete, von einer weit zurückreichenden Linie sizilianischer Hexen abzustammen. Er schrieb verschiedene Bücher, für die im Magazin *Gay*, einem homoerotischen Magazin, Reklame gemacht wurde. Gerüchten zufolge soll es auch homoerotische Hexenzirkel zu Ehren des androgynen Gottes Baphomet gegeben haben. Andere derartige Zirkel (»covens«) sollen sich bei ihren orgiastischen Ritualen auf den Templerorden bezogen haben, deren Großmeister wegen abscheulicher Praktiken im Jahre 1314 verbrannt wurde.

Sybil Leek widmet in einem ihrer unterhaltsamen Bücher über Hexenkunst ein langes Kapitel der Homosexualität im Hexenwesen. In den 80er Jahren schien der homoerotische Hexenkult an der Westküste der USA, und zwar vor allem in Los Angeles und San Francisco, wieder aufzublühen, ein Treiben, dem durch die Angst vor Aids jedoch ein kleiner Dämpfer verpaßt wurde.

Die Griechen und auch einige spätere Völker glaubten, daß beim Geschlechtsakt durch das Sperma »die Tugenden des Liebhabers auf den Geliebten übertragen würden«, schreibt Gordon Wellesley in seinem Buch *Sex and the Occult* (1975), und er fährt fort:

> Man glaubte, daß dies auf physikalischem Wege durch die Übertragung der Samen, denen das Wesen der Seele zumindest teilweise innewohnt, geschehe. Dafür war die Kopulation notwendig. Diese vermutlich metaphysische Erklärung verlieh dem homosexuellen Akt in den Augen der Griechen eine Würde, die ihm

in den prüden späteren Jahrhunderten nie wieder zuerkannt wurde. Damit wird die These widerlegt, daß sie [die Päderastie] für die Griechen ausschließlich eine Form von sexueller Zügellosigkeit war.

Der Jargon, in dem Kinderschänder – zumindest die Minderheit derer, die schwul ist – heutzutage die Knaben ansprechen, mit denen sie verkehren, nämlich so, als seien sie etwas Eßbares (z. B. »mein Hühnchen«) läßt vermuten, daß die Vorstellung von der Übertragung von Eigenschaften (speziell positiver, wie Jugend und Schönheit) immer noch irgendwo in ihren Hinterköpfen herumspukt. So wie einige Indianerstämme das Herz eines tapferen Feindes essen, um sich durch geheime magische Kräfte etwas von dem Mut des toten Feindes einzuverleiben, scheinen manche Männer zu versuchen, die Jugend ihrer knabenhaften Freunde zu »konsumieren«. Eine andere Person zu *besitzen*, bekommt unter diesem Aspekt geradezu eine magische Bedeutung.

Salz und Feuer

Gewöhnliches Salz auf das Feuer gestreut, soll dem Volksglauben nach helfen, böse Geister und Hexen direkt aus dem Zimmer zu vertreiben.

Tränen

Erwarten Sie von einer Hexe nicht, daß sie salzige Tränen vergießt. Denn erstens wird den Hexen nachgesagt, daß sie Salz sehr fürchten, und zweitens können Hexen nie mehr als drei Tränen auf einmal vergießen. Alte Bücher bestätigen das.

Die Hexe von Edmonton

Die Tragikkomödie *Die Hexe von Edmonton* aus dem 17. Jahrhundert knüpft an die wahre Geschichte der Elizabeth Sawyer an, die 1621 öffentlich hingerichtet wurde. Die Hexe erscheint hier nicht als Verkörperung des Bösen, sondern wird als »arme, abstoßende, unwissende« Person beschrieben, die sich mit dem Teufel verbünden muß (der ihr in Gestalt eines Hundes erscheint), um Rache an ihren Verfolgern üben zu können:

> Einige nennen mich Hexe;
> Und da ich selbst mich nicht kenne, bemühen sie sich,
> mich zu lehren, eine zu werden.

Die Verfasser – Thomas Dekker, John Ford und William Rowley – waren hier wohl einer wichtigen Wahrheit auf der Spur. Denn viele der verachteten Hexen, die schließlich »gestanden«, Hexen zu sein, und versucht haben, Unheil über ihre Nachbarn zu bringen, kam die Idee dazu in erster Linie nur deshalb, weil sie in bösartigen Gerüchten als alte Weiber, die mit dem Teufel paktierten, beschrieben wurden. Als »arm, abstoßend und unwissend« verschrien, mögen sie gehofft haben, es durch Hexerei den anderen heimzahlen zu können.

Mündliche Überlieferung

Julius Cäsar erwähnt in seinem *De bello Gallico,* daß es den Druiden in Britannien verboten war, die Geheimnisse ihrer Religion niederzuschreiben. Sie mußten sie im Gedächtnis behalten und von einer Generation an die nächste weitergeben. Sie glaubten, auf diese Weise würde die alte magische Lehre rein und unverfälscht erhalten bleiben.

Teilweise wird uns Magie und Hexenkunst auch heute noch auf diesem Weg überliefert. Viel mag verloren gegangen sein, aber vieles ist auch noch in Erinnerung.

Hexen und Magie in England

Das Hexenwesen hat in England eine alte Tradition. St. Augustinus bekehrte Anfang des 7. Jahrhunderts zwar rasch einige Könige (und mit ihnen infolge des Feudalsystems auch alle ihre Vasallen), aber es gelang ihm nicht, die »alte Religion« vollständig auszurotten. Nach Ansicht vieler ist sie auch heute noch nicht tot.

Im Jahre 685 hielt Theodor, Erzbischof von Canterbury, es für erforderlich, darauf hinzuweisen, daß es unchristlich sei, den Dämonen Opfer zu bringen. Er nahm auch Anstoß am Besuch heidnischer Tempel und am Besuch heidnischer Gottesdienste. Auch unter Withread, der im Jahre 690 König von Kent war, wurden alle, die den Dämonen Opfer darbrachten, unter Androhung einer Geldbuße verfolgt. Im Jahre 750 sah sich der Erzbischof von York zu einer Wiederholung dieser Aktion gezwungen. Trotzdem opferten die Animisten weiterhin den Bäumen und beteten weiterhin zu viel an Quellen.

Schließlich wurden heilige Quellen in die christliche Lehre integriert, genauso wie auch all jene naturverbundenen Eremiten von Westengland zu »Heiligen« umfunktioniert wurden. Quellen, jährliche Prozessionen zu den Quellen und ähnliches wurde genauso christlich wie Weihwasser.

Dann erschien König Alfred auf der Bildfläche, und da er seine Bibel gut kannte, verurteilte er die Hexen zum Tode. Bis zum 10. Jahrhundert waren sie immerhin nur mit Geldstrafen belegt worden. 959 verurteilte dann König Edgar die Anbetung von Quellen, Kultsteinen und

Bäumen (speziell Eichen, Birken und Ebereschen). Später versuchte König Knut gegen den Walkürenkult vorzugehen. Ohne Erfolg.

Tausend Jahre waren inzwischen seit der Geburt Christi vergangen. Im Jahre 1008 verbot König Ethelred II. die Magie. Aber sie lebte weiter, vor allem in schweren Zeiten; Kriegswirren und Pestilenz warfen die Leute wieder in die alten Bahnen zurück.

Auch Wilhelm der Bastard, der im Jahre 1066 aus der Normandie nach England kam, fand keine Mittel und Wege, der angelsächsischen Magie und Hexenkunst ein Ende zu setzen. Im Gegenteil, er belebte sie mit kontinentalen Elementen. Es ist durchaus möglich, daß der zweite Sohn von Wilhelm I., dem Eroberer, Wilhelm II., der Rote, absichtlich der alten »The king must die«-Tradition [der König muß sterben] zum Opfer fiel, um das Fortbestehen seines Volkes zu sichern. (Er kann aber auch einfach das Opfer eines Jagdunfalls gewesen sein. Die Meinungen der Historiker gehen auseinander.) Manche Leute behaupteten, Wilhelm der Rote sei der »alten Religion« sehr verbunden gewesen, und ganz sicher schwebt ein Geheimnis über seinem Tode. Es stellt sich die Frage, warum er nicht in seinem Grab beerdigt liegt.

Eine berühmte Engländerin, Dr. Margaret Murray, stellt in ihren Büchern *The Witch-Cult in Western Europe* (1921) und *The God of the Witches* (1933) einige interessante Theorien über die weite Verbreitung heidnischer Überreste auf. Sie war die erste, die behauptete, die Hexenkunst sei nichts anderes, als die *vecchia religione,* wie die Italiener sie zu nennen pflegten, die von frommen Christen als Teufelswerk begriffen wird. Englische Gelehrte, wie Mathers, Summers, Waite und Gardner – um nur einige zu nennen –, wurden vom Okkultischen ebenso angezogen wie der Romancier Colin Wilson und Dane Frances Yates.

Schließlich seien aus der Fülle berühmter Namen in diesem Zusammenhang noch zwei bemerkenswerte Persönlichkeiten erwähnt, der französische Magier Alphonse Louis Constant (bekannt unter dem Namen Eliphas Lévi) aus dem letzten Jahrhundert und aus dem 20. Jahrhundert der Engländer Aleister Crowley, »The Great Beast«, wie er sich gern in Anlehnung an das »Tier« aus der Offenbarung 13,18 nannte.

Ein Hauch von Magie

Kleine Kinder bekommen manchmal eine Hefepilzerkrankung in der Mundhöhle. Es gibt Leute, die behaupten, man müsse das Kind dann nur zu jemandem bringen, der mit der »Kraft« begabt ist. Er brauche nur noch in den Mund des Kindes zu hauchen, und schon sei es geheilt. (Vermutlich nimmt die Krankheit dann ihren ganz normalen Verlauf, und das Kind gesundet.) Die »Kraft« erwerben nur Männer, die niemals ihren Vater gesehen haben, heißt es im Volksmund.

Hausmittel gegen Wundrose

Im Jahre 1902 erschien im *Journal of American Folklore* ein interessanter Artikel über die Heilmethoden der Gebirgler bei Verbrennungen, Quetschungen, Blutungen usw., wobei einige davon mit magischen Beschwörungen einhergingen. Aus Angst davor, als Hexen angesehen zu werden, sich lächerlich zu machen oder unglaubwürdig zu erscheinen, behielten die Leute ihre Beschwörungsformeln meist für sich. Aber ein Volkskundler fand folgendes heraus:

Wundrose läßt sich heilen, wenn man ein glühendes Brandeisen aus dem Feuer nimmt, es dreimal über dem Gesich der kranken Person kreisen läßt und dazu folgende Worte spricht: »Brenn aus, Brandeisen, doch niemals ein. Kalt oder heiß, zu brennen mußt du aufhören. Behüte Gott dein Blut, dein Fleisch, dein Mark und deine Knochen und jede Ader, ob groß, ob klein. Sie alle mögen behütet und beschützt werden im Namen des Vaters und des Sohnes und des Heiligen Geistes.« Dieses Feuerritual war nicht das Phantasiegebilde einiger Patienten, versicherte mir meine Hexe; sie legte hin und wieder Kohlen auf eine Schaufel, schwenkte sie über das Gesicht und sprach:

Three holy men went out walking,
They did bless the heat and the burning,
They blessed it that it might not increase,
They blessed it that it might quickly cease,
And guard against inflammation and mortification
In the name of the Father, the Son, and the Holy
Ghost.

Drei heilige Männer zogen umher,
Sie schlugen das Kreuz über Hitze und Glut,
Sie schugen das Kreuz, auf daß sie nicht wachse,
Sie schlugen das Kreuz, auf daß schnell sie vergehe
Und Schutz gegen Brand und Entzündung gewähre
Im Namen des Vaters und des Sohnes und des Heiligen Geistes.

Ihre Hexe nahm auch für sich die Fähigkeit in Anspruch, schwere Blutungen stillen zu können, ja sie behauptete sogar, »sie brauche dazu nicht notwendigerweise den Patienten zu sehen; er könne weit entfernt sein, sie müsse nur den Vornamen kennen, der korrekt ausgesprochen werden müsse, und wissen, auf welcher Körperseite das Blut komme, rechts oder links. Das sei wesentlich.«

Hexengärten

In einem meiner anderen Bücher habe ich über viele seltsame Spielarten des Aberglaubens, die in der Volksseele tief verwurzelt sind, berichtet, und in diesem Buch weise ich an anderer Stelle auf die Vorstellung hin, daß Hexengärten immer von roten Blumen überschwemmt sein müssen. Ähnlich wie alte englische Soldaten in ihren roten Umhängen sollen diese roten Blumen die kraftspendenden Kräuter und Pflanzen, die die Hexen für ihre Mixturen züchten, »bewachen«.

Alltäglicher Sabbat

Allgemein wurde immer angenommen, daß die Hexen nur viermal im Jahr auf ihren Besenstielen zu ihren Versammlungen (Sabbats) flögen. Aber wenn wir Schwester Madeleine de Demandoulx Glauben schenken, deren angebliche Besessenheit im Jahre 1611 in Frankreich das Thema einer detaillierten *Histoire Admirable* war, dann gibt es »jeden Tag einen Sabbat. ... Die Hexen werden durch den Klang eines Hornes, das der Teufel bläst, zur Versammlung gerufen.«

Synonyme für Hexen

Die Synonyme für Hexen und ihre Aktivitäten sind mannigfaltig. Das gilt sowohl für das Englische, das Deutsche, das Italienische, das Lateinische als auch für andere

Sprachen. Die deutschen »Hexen« haben zum Beispiel ihre Spuren in den »hex-signs« im Pennsylvania Dutch hinterlassen. Einige der seltsamsten Bezeichnungen für Hexen wurden uns von Jordanes de Bergamo in einer Arbeit aus dem Jahre 1470 überliefert. Darin ist die Rede von *bacularia* (weil Hexen auf Besenstielen reiten), *fascinatrix* (weil Hexen den bösen Blick haben), *herberia* (weil Hexen fremdartige Kräuter für ihre Rezepturen verwenden), *maliarda* (weil Hexen Bösewichter und Übertäter sind) und *pixidaria* (weil Hexen Zaubersalben bereiten, die sie in einer kleinen Schatulle aufbewahren, die dem Behältnis, in dem die Hostien aufbewahrt werden, dem sogenannten *pyx* gleicht).

Die Bibel und die Hexenkunst

Die Bibel ist nicht nur wegen ihrer Dichtkunst, ihres frommen Inhalts, ihrer geschichtlichen Hintergründe, ihrer Philosophie berühmt, sie wurde auch beim Wahrsagen und bei der Magie zu Rate gezogen. Bibliomantie war eine ganz alltägliche Form der Wahrsagerei. Die Leute glaubten wirklich daran, daß man nur mit einer Nadel oder dem Finger blind auf irgendeine Textstelle der Bibel deuten müsse, um die Botschaft Gottes zu empfangen, so ähnlich wie die kleinen Zettelchen in den Bleifiguren an Silvester einem den Weg weisen. Ursprünglich dafür bestimmt, die Geschichte zu erklären und der Wahrheitsfindung zu dienen, wurde die Bibel ebenso dazu benutzt, die Geschichte zu verdunkeln und Aberglauben zu säen.

Man könnte meinen, nicht nur der Exodus, sondern auch die Texte gegen die Hexen- und Zauberkunst im 3. oder 5. Buch Moses (Leviticus und Deuteronomium) beispielsweise hätten Magier und Hexen von der Bibel abgehalten. Ganz im Gegenteil, sie haben »Kraft« in der Bibel gesucht, und zwar sogar in den Antihexengeschichten des 1. Buchs Samuel, des 2. der Könige, in Jesaja und so weiter. Sie schneiderten sich die Botschaften einfach auf ihren jeweiligen Bedarf zu. Okkultisten waren speziell an den Büchern von Moses (die ersten fünf Bücher der Bibel) interessiert und haben dann noch andere hinzugenommen, die vermutlich demselben Verfasser zuzuschreiben sind. Sie benutzen Hesekiel und die Offenbarung des Johannes, aus der sie vieles direkt übernehmen können, den Rest interpretieren sie dann je nach gusto.

Hexen und Magier wurden von der Bibel gleichermaßern in Verlegenheit gebracht wie auch angeregt. Das Alte Testament scheint einerseits die Existenz der Hölle zu leugnen, war anderereits aber auch die Basis für Fehlinterpretationen, die den Weg in den Satanismus aufzeigten. Das Neue Testament scheint die Rechtfertigung für bestimmte Arten von Magie zu sein und wurde gleichzeitig dafür herangezogen, andere Arten von Ketzerei zu verdammen.

Ein *Canon Episcopi* aus dem 10. Jahrhundert bestätigt, daß der Glaube an Hexen, »die bekennen, daß sie in tiefer Nacht ... auf bestimmten Tieren mit der heidnischen Göttin Diana geritten und über weite Teile des Landes geflogen seien«, sowohl dumm als auch ketzerisch sei, macht dann aber eine Kehrtwendung und sagt, daß solche Personen tatsächlich existieren und daß es ebenso ketzerisch sein, nicht an fliegende Hexen zu glauben. Die Worte der Bibel mußten einerseits dafür herhalten, die Daseinsberechtigung der Hexen und Zauberer zu belegen, und dienten uns andererseits als Rechtfertigung für ihre Verfolgung. Ja, die Bibel wurde sogar zu einer unserer schärfsten Waffen im Kampf gegen sie.

3

Magie und Hexenkunst in aller Welt

Bei den Aruntas in Australien – entdeckten Spencer und Gillen (1927) – erscheinen böse Geister (*erintja* oder *eruncha*), »wenn das Opfer *allein im Dunkeln* ist.« In allen Kulturen sind die Menschen bis zu einem gewissen Grad in der Tat allein und tappen in bezug auf eine Menge Dinge im dunkeln; deshalb stürzen sie sich auch in die Magie, von der sie sich Hilfe versprechen und die sie vor der Bedrohung des Unbekannten schützen soll.

Selbst die Gesellschaften, die die Magie unter Strafandrohung gestellt haben, haben sie ihrerseits gegen Rebellen eingesetzt. Wie wir gesehen haben, hat Origen schon im sehr frühen Christentum die Meinung vertreten, »kein guter Geist gehorcht einem Magier«, und er behauptet sogar weiter, daß die Heilige Schrift die Anwendung von Magie geradezu verbiete, genauso wie sie sich gegen den Verkehr mit »abtrünnigen und bösen Geistern und unreinen Dämonen« wende. Aber seit der Zeit, da Christus selbst gesagt hat: »In meinem Namen sollen sie die bösen (unreinen) Geister austreiben«, haben Christen im Dienste des Guten magische Handlungen vollzogen und auch den entgegengesetzten »Pfad zur Linken« eingeschlagen, weil sie sich ihrer magischen Kräfte nicht berauben lassen wollten. In nicht-christlichen Gesellschaften wurden die Verbote und die Praktiken in ähnlicher Weise gehandhabt.

Die folgenden Kapitel sind nur eine kleine Auswahl aus einem reichhaltigen Angebot, dessen umfassende Darstellung den Rahmen dieses Buches sprengen würde. Sie mögen als Beispiele genügen, um uns vor Augen zu führen, daß die Magie rund um die Welt, in allen Kulturen und in allen Gesellschaften, lebendig ist.

Feuerlauf

Sie haben sicher schon davon gehört, daß es Leute gibt, die über Feuerglut laufen können, ohne sich dabei zu verbrennen. Man kann sogar Kurse in dieser Disziplin mitmachen, selbst in Deutschland.

Im späten 18. und frühen 19. Jahrhundert war das Spiel mit dem Feuer von großem Unterhaltungswert. Da gab es einen Robert Powell, den »Feuerkönig«, der behauptete, über mediumistische Fähigkeiten zu verfügen, und dann heiße Kohlen »so selbstverständlich wie Brot aß.« Da gab es eine Signora Josephina Giradelli, die zum Entzücken des Londoner Publikums im Jahre 1814 barfuß über rotglühendes Metall lief, und auch einen J. Xavier mit seiner talentierten Schwester, die über rotglühende Kohlen spazierten, glühende Schaufeln auf ihre Zunge legten und das Londoner Publikum 1819 damit in Erstaunen versetzten, daß sie mit einer Lammkeule in einen Backofen kletterten und erst wieder herauskamen, wenn die Lammkeule gar war.

In den primitiven Gesellschaften der Naturvölker war der Feuerlauf, mannigfachen Berichten der Anthropologen zufolge, Teil der religiösen Zeremonien und galt als Mutprobe.

In Verbindung mit Magie wird das Spiel mit dem Feuer von denen, die diese Kunst beherrschen, manchmal dazu benutzt, das Publikum zu beeindrucken, um sich auf diese Weise größere Glaubwürdigkeit bei vermeintlich noch größeren Kraftakten zu verschaffen. Beim Voodoo-Zauber-Sabbat, berichtet Pennethorne Hughes in seinem Buch *Witchcraft* (1952), gibt es Eingeweihte, die »mit weißglühendem Eisen jonglieren, in Flammen tanzen, Ammoniak einatmen, zerbrochenes Glas essen und ihre Hände in kochendes Wasser tauchen können, und zwar schmerzlos und augenscheinlich auch ohne Nachwirkungen.«

Arbeitskleidung

In Tibet gibt es Zauberer, die bei ihrem Erscheinen in der Öffentlichkeit ihre Haare so kämmen, daß sie ihr Gesicht verdecken; über ihren Zaubermänteln tragen sie Schürzen aus menschlichen Gebeinen.

Furcht vor bösen Lebensgeistern

Auf seiner fünften Expedition nach Thule in Grönland erfuhr der berühmte dänische Forscher und Ethnologe Knud Johan Viktor Rasmussen (1879-1933) von einem Eskimo folgendes:

> Wir erklären nichts, wir glauben nichts, aber in dem, was ich dir gerade gezeigt habe, liegt die Antwort auf all deine Fragen.
> Wir fürchten den Wettergeist, gegen den wir kämpfen müssen, um dem Land und der See unsere Nahrung abzuringen. Wir fürchten Sila.
> Wir fürchten den Tod und den Hunger in unseren kalten Schneehütten.
> Wir fürchten Takananagapsaluk, die große Frau auf dem Grunde des Meeres, die über alle Meerestiere herrscht.
> Wir fürchten die Krankheit, die uns täglich überall begegnet, nicht den Tod, sondern das Leiden. Wir fürchten die bösen Lebensgeister, die bösen Geister der Luft, des Wassers und der Erde, die bösen Schamanen dabei helfen können, Unglück über ihre Brüder zu bringen.
> Wir fürchten die Seelen der Toten und der Tiere, die wir getötet haben.

Azande-Hexen

Bei dem afrikanischen Volksstamm der Azanden herrscht der Glaube, daß man nicht fluchen, wahrsagen oder sonst irgend etwas tun muß, um eine Hexe zu sein. Für diesen Stamm kann eine Person ganz wider Willen Zauberkräfte entwickeln, ganz einfach nur, weil er oder sie diese Anlage in sich hat.

Balor, der Böse

Balor ist ein Unhold der Irischen Legende, ein berüchtigter Zyklop. Er hatte den bösen Blick. Er öffnete sein Auge nur, um den Feind zu erschrecken, wobei allerdings vier Männer auf dem Schlachtfeld benötigt wurden, um sein Augenlid hochzuheben. Wie der todbringende Blick des Basilisken in der griechischen Mythologie, ließ Balors lähmender Blick sein Opfer erstarren.

Nach dem keltischen Mythos stieß dem scheinbar unbesiegbaren Riesen folgendes zu: Der Gott Lug, der von den Nordländern heute noch an Lugnasa, einem Erntefest, gefeiert wird, tanzte um Balor herum und rief ihm beleidigende Dinge zu. Balors Neugier war geweckt, und er öffnete sein großes Auge, um zu sehen, wer es denn wagte, so tollkühn zu sein. Lug wich seinem Blick aus und schoß ihm blitzschnell mit seiner Schleuder geradewegs ins Auge.

Voodoo und Tabu

Der Forscher Soares de Souza berichtete 1587 in seiner Beschreibung von Brasilien über eine ganze Reihe von Todesfällen bei den Tupinambás Indianern, die man nur dem Voodo-Zauber zuschreiben kann. Auch Merolla glaubte, im nachfolgenden Jahrhundert genügend Beweise für ähnliche Vorfälle im Kongo gefunden zu haben. Im 18. Jahrhundert brachten Forscher von ihren Expeditionen in entlegene Gebiete der Erde immer wieder Berichte über Voodoo-Zauber mit. Seine Verbreitung in Neuseeland wird auch von Forschern des 19. Jahrhunderts bestätigt. Ähnliches gilt für Afrika, Haiti und noch viele andere Länder.

Doch erst mit dem Buch *Traumatic Shock* von Walter Bradford Cannon, das 1923 erschien, kam Licht in das

Dunkel der physiologischen und psychologischen Zu-
sammenhänge des Voodoo-Kultes und der Tabukraft.
Angst kann töten; der Glaube, daß andere einen durch
Magie töten können, gibt ihnen die Macht, es zu tun.

Maskim

In der komplexen Dämonologie der Sumerer waren die
Maskim (»die auf der Lauer liegen«) die schlimmste Spe-
zies aller Dämonen. Sie taten der Natur Gewalt an, was
so weit ging, daß sie die Sterne aus ihrer Bahn warfen.
Und sie waren unversöhnlich gegenüber der Menschheit:

> Sie sind weder männlich noch weiblich; Wesen, die
> sich ausstrecken wie Ketten; sie nehmen keine
> Frauen; sie zeugen keine Kinder; Barmherzigkeit und
> Güte sind ihnen fremd, und sie erhören weder Gebete
> noch flehentliche Bitten.

Östliche Magie – westliche Magie

Moses sah Gott in einem brennenden Dornbusch, und er
konnte mit seinem Stab Wasser aus dem Felsen schlagen.
In dem »Großen Wunder von Shrāvasti« ließ Buddha –
zur Verwirrung von sechs ketzerischen Anführern, die gegen ihn opponierten – Feuer aus seinem Haupte züngeln
(ähnlich wie beim Pfingstwunder, als den Aposteln »Zungen, wie von Feuer zerteilt« in ihrem Haus erschienen)
und Wasser von seinen Füßen fließen.
Letztendlich treffen sich Ost und West immer irgendwo.
Wenn man weit genug nach Westen geht, gelangt man in
den Osten, und weit genug östlich beginnt der Westen. In

einigen Dingen, speziell was Religion und Magie betrifft, sind wir uns sehr ähnlich.

Unser westlicher Exorzismus arbeitet mit Glocke, Buch und Kerze. In Tibet und Nepal benötigt man ein Buch (die Wortebene), eine Statue oder ein Gemälde (die physikalische Ebene) und eine *Stupa* (budchistischer grabhügelartiger Kultbau, der die seelisch-geistige Ebene repräsentiert). Auf unseren Altären werden Kerzen abgebrannt, die Tibetaner nehmen Butter.

Vielleicht sind Ost und West doch nicht so unaussöhnbar, wie Kipling meinte, als er sagte »… and never the twain shall meet« – »und niemals werden sich die beiden treffen«. Heute übernehmen wir so ziemlich alles voneinander, angefangen bei den philosophischen Ideen über Technologien bis hin zu Management-Systemen.

Afrikanische Plastiken

Fast ein Jahrhundert lang waren westliche Sammler hinter afrikanischen Plastiken und Skulpturen her. Was sie den Afrikanern abkaufen wollten – notfalls wurde auch gestohlen –, waren oft religiöse Objekte, Masken von Tanzriten, Fetische und geschnitzte Götzenbilder. So tauchte der Hauptgott eines Stammes plötzlich in einer New Yorker Galerie auf. Natürlich nahmen auch eine ganze Reihe von Kunstwerken den Weg in die Museen.

Wir sind mit den Bronzen von Benin und den kleinen Goldgewichten der Ashanti und so ungefähr allem, was transportabel war, durchgebrannt. Eine Skulptur, die mit knapp 2,70 Metern zu groß war, um einfach so mitgenommen zu werden, war aus einem Baum geschnitzt und stellte drei Affen dar. Sie bewachten den Palast des Sultans von Fumban. Sie wurden kurzerhand in die Armee aufgenommen und erschienen auf der königlichen Gehaltsliste als Leibwache.

Im Kongo behandeln Medizinmänner die Bauchschmerzen ihrer Patienten, indem sie Medizin in ein Loch einer geschnitzten Statue legen. Wir haben auch davon einige in unseren Besitz gebracht, ebenso wie einige mit Nägeln durchbohrte Figurinen. Magische Figurinen finden wir in großer Anzahl in Völkerkundemuseen, aber auch in Kunstmuseen, Galerien und Privatsammlungen. Ich weiß auch von einem kinderlosen Ehepaar, das einen Fruchtbarkeitsgott auf seinem Kaminsims stehen hat. Es hat sich diese Plastik allerdings gekauft, ohne deren Bedeutung zu kennen.

Auch Möbelstücke können magischen Symbolwert haben bzw. zu magischen Zwecken verwendet werden. Der Hamileke-Stamm besitzt Götzen, die die Form von Stühlen haben. Auf diese Weise kann man in den Armen des Schutzgeistes sitzen. Ich besitze zwei solcher Zeremonienstühle, die ursprünglich Besuchern vorbehalten waren, und ich kann nur sagen, der Stamm wollte es seinen Besuchern nicht allzu bequem machen und sie offensichtlich daran hindern, die Gastfreundschaft über Gebühr zu strapazieren.

Die afrikanische Kunst ist reich an wunderschöner Symbolik, die dem Eingeweihten eine Menge zu sagen hat. Der Außenstehende kann mit so fremdartigen Dingen, wie z. B. den schlüssellochförmigen Türeingängen des Mogroom-Stamms im Tschad, nichts anfangen, die vermutlich unwillkommene Besucher fernhalten sollen. Auch mein Schreibtisch ist mit kunstvoll geschnitzten Drachen und Glückssymbolen – zum Leidwesen meiner jüdischen Freunde auch mit Swastikas – verziert.

Wenn Sie das nächste Mal Eingeborenenkunst zu Gesicht bekommen, behandeln Sie sie also mit Respekt. Es könnte irgendein Gott sein.

»Kraft« durch Mord

Hin und wieder kommt es vor, daß der Satanist dem Teufel Kinderopfer verspricht. In manchen primitiven Gesellschaften glaubt man, daß man erst einen nahen Verwandten ermorden muß, um eine Hexe oder ein Zauberer werden zu können. Die Navajo-Zauberer mußten einen Bruder oder eine Schwester töten, wenn sie Zauberkraft erlangen wollten. Bei den Eingeborenen der Marquesa-Inseln mußte es der Vater oder ein Großvater sein.

Strafverfolgung in Australien

Die *kaidiche* – mokassinartige Schuhe mit Straußenfedern –, die von den Medizinmännern bei den Ureinwohnern Australiens getragen werden, funktionieren tatsächlich: Verbrecher sehen die Fußspuren und sterben vor Schreck.

Taubenliebhaber

Wir neigen wahrscheinlich dazu, »Magisches« eher mit dem Glauben anderer als mit dem eigenen Glauben in Verbindung zu bringen. Mohammed soll einen Hausgeist in Gestalt einer Taube gehabt haben, die auf seiner Schulter saß und ihm ins Ohr flüsterte. Wahrscheinlich war sie nur sein Haustier oder ein Symbol, wie der Löwe des heiligen Jeremias und die anderen Tiere, die mit christlichen Heiligen in Zusammenhang gebracht werden. Aber der Legende nach war Mohammeds Taube der Erzengel Gabriel.
Meine Lieblingslegende über den Propheten (ein großartiger Mann, dessen Lebensgeschichte überaus lesenswert

ist) handelt von einer Katze, die auf dem Ärmel von Mohammeds Mantel eingeschlafen war, als dieser an einem Tisch saß. Mohammed schnitt den Ärmel einfach ab, weil er die Katze in ihrem Schlaf nicht stören wollte.

Autopsie

»Ich hatte einmal das Vergnügen, Bokane, einen afrikanischen Pygmäen aus dem Ituri-Gebiet, zu interviewen«, schrieb R. R. Marett in seinem Buch *Psychology and Folk-Lore* (1920), »und er erzählte mir, daß seine Stammesbrüder einen Toten aufzuschneiden pflegten, um die Todesursache herauszufinden. Wenn sie bei dieser echten Autopsie auf eine Pfeilspitze oder einen Dorn stießen, gut, dann war das die Ursache. Wenn jedoch nichts gefunden wurde, dann mußte der Tod durch *Oudah,* ›den Geheimnisvollen‹ herbeigeführt worden sein.«
Es gibt englischsprachige Ärzte, die gelegentlich auf einem Krankenblatt den Vermerk GOK (God Only Knows – Gott allein weiß) anbringen, was manchmal die einzig vernünftige Diagnose zu sein scheint.

Azteken-Magie

Das Leben der Azteken wurde von der Astrologie dominiert. Man glaubte, daß nur die Magie den Weltuntergang nach Beendigung der 52-Jahre-Zyklen ihres durchdachten und überraschend genauen Kalenders verhindern könne.
Neben ihrem überfüllten Pantheon grausamer Gottheiten gab es auch noch eine Reihe von Geistern, an die sie glaubten (z. B. Ciuapipiltin, Frauen, die im Kindbett gestorben waren und an Straßenkreuzungen herumspuk-

ten; sie waren in der Lage, jedes Kind, das sie erblickte, zu lähmen).

Magie und Medizin der Azteken waren untrennbar miteinander verbunden. Ein krankes Kind sollte zum Beispiel über eine Wasserkugel gehalten werden, die ähnliche Funktionen hatte wie der Zauberspiegel, den angeblich Merlin nach England brachte. Wenn das Gesicht des Kindes im Wasser schwarz oder schattig reflektiert wurde, so war das ein Indiz dafür, daß sich die Seele des Kindes fortgestohlen hatte.

Die Azteken wußten eine Menge über Kräuter und andere Medizinen, aber Warwick Brays Buch *Everyday Life of the Aztecs* (1968) läßt sich entnehmen, daß die Magie eine ebenso große Rolle bei ihren Heilverfahren spielte wie wissenschaftliche Erkenntnisse: »Viele ihrer Heilmittel (wie zum Beispiel der Morgentau, den man Kindern in die Nase träufelte, wenn sie Schnupfen hatten) hatten rein magischen Wert.«

Magie in Mexiko

Im *Florentiner Codex,* einer der wenigen Maya-Handschriften, die den Flammen und der Zerstörungswut des ersten Bischofs von Oaxasa entgingen, ist ein *nahualli* erwähnt: »Er ist ein Zauberer, besitzt Samen und kennt herrliche Kräuter; er ist Medizinmann und weissagt mit Schnüren.«

Die Nachfahren der Mayas haben heute noch ihre eigenen Medizinen und ihre eigene Magie. Auf Märkten werden die botanischen Erzeugnisse oft auf einem Stück Zeitung auf dem Boden ausgebreitet und angepriesen. Mannigfaltig sind die Kräfte, die den getrockeneten Blumen, Blättern, Pulvern, Zweigen und allem, worin Touristen ein Stückchen Natur vermuten, zugeschrieben werden.

Die Magie springt zwar nicht direkt ins Auge, aber sie ist noch latent vorhanden.

Bei den Azteken war Tezcatlipoca, der Schöpfergott, auch der Gott der Hexen und Zauberer. Er regierte die Himmel, kam bei Nacht, brachte das Feuer, konnte sich selbst in einen Jaguar verwandeln, besiegte einen rivalisierenden Gott und regierte (zeitweise) das Universum. Ein perfekter Chef der Hexen, von denen die meisten bei den Azteken Hexer, also männlichen Geschlechts, waren. Allen wurde nachgesagt, mit der Gabe geboren zu sein, und von manchen glaubte man, sie könnten sich wie Texcatlipoca in die Gestalt eines Tieres verwandeln. Man nannte sie *nagual*. Es herrschte der Glaube, sie könnten fliegen, verzaubern, verhexen, heilen oder den Tod bringen, indem sie die Seele heraussaugten oder aber Würmer oder Steine in den Körper des Opfers einbrachten. Noch heute handeln die Nachfahren der Azteken mit Kräutern und Zauberdingen.

Im 16. Jahrhundert kamen die Konquistadoren und sorgten für einen Umschwung. Was vorher Religion gewesen war, wurde Häresie, die alten Götter wurden Teufel. Die Spanier brachten auch ihre sehr lebendige Tradition der *brujos* (Hexen) und schwarzen Magie mit und bereicherten das vorhandene Repertoire mit Begriffen wie dem »bösen Blick« und ähnlichem.

Die frühen Missionare witterten überall Hexenumtriebe und Dämonen und waren sicher, daß die alten Verhaltensweisen auf Aberglauben, Blutrausch und Teufelsanbetung basierten. Was sie nicht begriffen, war, daß »gut« und »böse« sich in der Denkweise der Neuen Welt nicht in einem rein manichäischen Kampf (Lichtreich gegen Finsternis) erschöpften, sondern eng miteinander verflochten, voneinander abhängig waren: Jeder Gott konnte sowohl unheilbringend als auch wohltätig sein, alle Facetten der Skala waren möglich.

Die *Indios* assimilierten die neuen Ideen und mischten sie mit den alten; sie wollten Beichtväter haben und gleichzeitig ihre *curanderos* (Medizinmänner) behalten. Ich habe gesehen, wie sie Kopale als Weihrauch für die heidnischen Götter auf den Stufen der Kirche von Santo Tomás in Chichicastenango (Guatemala) abbrannten, während innen ein römisch-katholischer Gottesdienst gefeiert wurde. Ich habe zugesehen, wie die *curanderos* in der Kirche selbst vor den Statuen der Heiligen und der Mutter Gottes tätig waren. Ich habe auch in Mexiko und weiter südlich Prozessionen miterlebt, bei denen das Heilige Sakrament und christliche Statuen durch die Straßen getragen wurden und Eingeborene als Gottheiten verkleidet das Ende des Zuges bildeten.

Alte und neue Glaubensvorstellungen, Magie und Christentum, wurden einfach miteinander verquickt; und dasselbe gilt auch für das Christentum von Puerto Rico und Trinidad, für Haiti und die Dominikanische Republik und das ganze restliche Lateinamerika.

Die Sabbatfeiern, die in Provinzen wie Yucatan typisch für die frühe Kolonialzeit waren, finden zwar nur noch im geheimen statt, aber die »alte Religion« hat für jedermann sichtbar noch eine Unmenge anderer Spuren hinterlassen.

Heute noch haben die Nachfahren der Zapoteken in Mexiko ihre *hecheciras,* die kleine *chizos* (Steine, Dornen oder andere mit einem Fluch belegte Dinge) aussenden, um ihre Feinde körperlich zu drangsalieren. Man kann sie auch anheuern, gegen die eigenen Feinde vorzugehen, die sich dann an einen *curandero* wenden müssen, um den Fluch abzuwenden.

Die Tzotzilen beten zu Pukuj, den Todesgott der Mayas, um ihre Widersacher zu beunruhigen. Andernorts gibt es da noch die bösen *aires* ebenso wie die *tabayuku* (eine Art Sukkubus) und *vampiros,* die mit uralten Gebeten und Riten bekämpft werden müssen.

Adivinas können einen in eine Puppe aus *jonute de hule* (Gummibaumrinde) verwandeln, während gleichzeitig böse Magier ihre eigenen Puppen herstellen, sie mit Nadeln durchstechen und rote Schnüre um ihren Hals legen etc. etc.

In beiden Fällen wird großzügig mit Blut – wenngleich Hühnerblut – herumgespritzt, da sowohl die *indígenes*, als auch die Spanier auf eine lange Tradition in bezug auf blutrünstige Götter und Aderlaß zurückblicken.

Bestimmte Orte wie Tepepán sind im ganzen Land für ihre wundersamen *brujos de naturaleza* (von Geburt an Hexen im Gegensatz zu den spanischen Hexen, die ihren »Beruf« erst erlernen mußten) bekannt. Etwas kultiviertere Gegenden haben ihre spiritistischen Sitzungen und Okkultismus-»Freaks«. Bevor Francisco I. Madero der Präsident von Mexiko wurde, leitete er dort die »erste spiritistische Konferenz« (1906), und überall dort, wo die Ausländer sich scharten, beispielsweise in Guadalajara, wimmelte es nur so von spiritistischen Tempeln und Wunderheilern. Nach seiner Ermordung im Jahre 1913 tauchte Madero – wie im übrigen auch andere, die eines gewaltsamen Todes gestorben waren, angefangen bei Cuahtemoc, dem letzten Aztekenkaiser, bis hinab zu weniger edlen Seelen – immer wieder als »dunkler Geist« auf und machte sich als Medienführer nützlich, glauben jedenfalls die Mexikaner.

William und Claudia Madsen haben in ihrem überaus empfehlenswerten *Guide to Mexican Witchcraft* (1972) eine ganze Reihe von Interviews mit Insidern jeglicher Couleur protokolliert und ein Kapitel mit praktischen Hinweisen und Tips den »Do-it-yourself«-Anhängern gewidmet. Sie wollen ein Mädchen verführen? Dann tragen sie einen toten Kolibri in ihrer Tasche bei sich. Oder – falls Sie keinen pulverisierten Totenkopf zur Hand haben sollten – werfen Sie das Bein einer Küchenschabe in ihre

Limonade: Das verdreht ihr bestimmt die Sinne. Wo kauft man *piedra iman* (Magneteisenstein)? Versuchen Sie es in Puebla und Torreón. Um den Ehemann daran zu hindern wegzulaufen, nehme man eine lebendige Kröte und vergrabe sie in einem verschlossenen Glas unter dem Haus oder binde zwei große *chiles pasillas* mit einem roten Band zusammen und lege sie unter sein Kopfkissen. Und wie macht man ihn *loco* (verrückt)? Man rührt ein bißchen getrocknetes Monatsblut in seinen Kaffee.

Hier ein Rezept, für das die Madsens keine Garantie übernehmen:

> Ein Mann, der seine Frau umbringen will, kann den Zahn einer Klapperschlange an der Stelle, wo sie morgens uriniert, vergraben. Das soll sie austrocknen und sterben lassen.

Vieles über Kräuter und Drogen findet sich in Büchern wieder, aber vieles wurde auch niemals niedergeschrieben. Den Mexikanern verdanken wir die Schokolade und den Chili, beides Dinge, die, wie wir heute wissen, den Geist und den Körper auf »magischem« Weg beeinflussen (Schokolade enthält eine Chemikalie, die einem ein »Hochgefühl« vermittelt, wenn man verliebt ist). Die kalifornischen Hippies (mexikanisch: *jipes*) entdeckten die von den Mexikanern schon seit langem erprobte halluzinatorische Wirkung der Samen der Trichterwinde und bestimmter Pilze, die – wie Aldous Huxley es ausdrückte – die »Tore des Bewußtseins« weit öffnen können.

In New York gibt es zumindestens eine Apotheke, die über Generationen hinweg aus dem Brauchtum und der Magie Europas bekannte Rezepturen und Hausmittel verkauft hat. Neuerdings hat sie die gesamte Skala der lateinamerikanischen Kräuter in ihr Sortiment aufgenommen. In den Vierteln der Latinos werden noch manche exotische Mittel angeboten, die z.B. auf puertoricanisches Brauchtum zurückgehen, wie beispielsweise blaue Kreide, die gegen Nachtmahre helfen soll. Das Angebot der *botánicas* ist reichhaltig.

Die *botánicas* von Mexiko sind vielleicht weniger offiziell, aber dafür bekommt man bei ihnen *coatl xoxouhqui* (»grüne Schlange«, gut gegen Gicht und Verhexung), *mixitl* (um die Stimme zu brechen und den Feind zum Schweigen zu bringen, und die Potenz zu schwächen), *tochtetepen* (»Hasenpfote«, ein anderes Lähmungsmittel) und *tlapatl* (eine Art der in der Hexenkunst Europas so bekannten Stechäpfel).

Maori-Magie

Die Maoris glauben, daß *kaiwhatu* (ein Amulett) vor Hexerei schützt. Rongo-mai und Ihenga, zwei legendäre Figuren, sollen es von einer Reise in die Unterwelt zusammen mit einigen Liedern und dem *whai* (entspricht unserem Hexenspiel) mitgebracht haben.

Obeah-Kult

Der Obeah-Kult kennt weder »Weiße Magie« noch Kräuterkuren; er richtet sich ausschließlich gegen Feinde. Er ist noch in der Karibik und in einigen anderen Gegenden lebendig, obwohl ein Gesetz aus dem Jahre 1760 ihn als »bösartige Kunst von Schwarzen, die sich Obeah-Männer und Obeah-Frauen nennen und behaupten, mit dem Teufel und anderen bösen Geistern in Verbindung zu stehen«, definiert.

Ein Gesetz gegen *angebliche* Untaten!

Irna

Bei den australischen Aruntas wird der *irna* (Zeigestock oder Knochen) dazu benutzt, einem Opfer, das von einem Zauberer ausgewählt wird, Unglück oder den Tod zu bringen. Zuerst muß der Zauberer den Stock bzw. Knochen in den Busch bringen, dann muß er sich über ihm verneigen und ihn mit Flüchen belegen. »Möge dein Herz auseinandergerissen werden«, wiederholt er immer und immer wieder.

Dann versteckt er *irna* wieder zu Hause, bis er sich nachts herausschleichen kann; und wenn er dann nah genug am Feind ist, um ihn oder seine Federn zu erkennen, läßt er den Stock oder Knochen mehrmals über seine Schulter schnellen, wobei er leise seine Verwünschungen ausstößt. *Arungquiltha* (schwarze Magie) soll dann sein Opfer treffen: Es wird krank und muß sterben, sofern es den Fluch nicht erkennt und einen anderen Zauberer beauftragt, ihn abzuwehren. In der Zwischenzeit muß der böse Zauberer den *irna* verstecken, denn wenn andere den *irna* bei ihm entdecken würden, wäre ihm der Tod wegen Mordes sicher.

Chinesische Magie

Wie ich bereits erwähnt habe, wurden früher im Westen Menschen zur Verstärkung der Mauern mit einzementiert. Die Chinesen verstärkten ihre Mauer mit den Körpern von Sklaven. Aber das beeindruckendste Beispiel für diese Art von magischem Glauben liefert die Glocke des Tempels von Ta Chung Su, die angeblich nach dem Willen des Kaisers Yung Lo so »hart« sein sollte, daß sie hundert *li* (ca. 55 Kilometer) weit gehört werden konnte. Man erzählt sich, daß Ko Ai, die Tocher des Glockengießers, freiwillig oder unfreiwillig in der Schmelze landete, und damit der Eisen-Messing-Gold-Silber-Legierung die richtige Härte verlieh.

Wiederbelebung

Hier ein Auszug aus Paul Christians *History and Practice of Magic* (1963), in dem Ross Nichols folgendes berichtet:

In Tibet muß nach der Wiederbelebung der Leiche, einem Ritus, der sich *rolang* nennt, dem Leichnam die Zunge abgebissen werden, die in einem wilden Tanz herumwirbelt. Andernfalls tötet die Leiche den Zauberer, der sie wieder zum Leben erweckt hat. Dieses Verfahren hat nichts mit der Animation einer Leiche durch einen umherirrenden Geist auf der Suche nach einer Reinkarnation zu tun, einem Prozeß, der durch den *trong jug*-Ritus in Tibet bewerkstelligt wird, wie es heißt. Der *jibbuk* (Dibbuk) aus dem hebräischen Volksglauben ist so ein »Wiedergänger«. Er scheint gewöhnlich als eine Art Medium zu fungieren, das die Verbindung mit dieser Welt über einen verblichenen menschlichen Geist wiederherstellt. Schauriger geht es in Westafrika und den anderen Voodoo-Gegenden von Haiti, Jamaica, British Guayana, Kuba und Teilen von Südamerika zu, die ihre Zombies, reanimierte Leichen, als Diener und Sklaven arbeiten lassen.

Kultsteine

Die Namen vieler Orte und Plätze in Cornwall, die in *Cornish,* der alten keltischen Sprache Cornwalls, eine ganz gewöhnliche Bedeutung hatten, haben in ihrer englischen Form einen phantasievollen Klang: Mousehole, Penny Come Quick, St. Just in Roseland etc. Und um einfache Wörter zu erklären, erzählt man sich im Volk uralte Geschichten: *The Merry Maidens* (*maen* bedeutet »Stein«) sind einfach neunzehn etwa einen Meter zwanzig hohe Steine, die auf einem Feld verstreut herumliegen. Aber die Legende hat daraus Jungfrauen aus Cornwall gemacht, die versteinert wurden, als sie an einem Sonntag tanzten. Nicht weit davon entfernt liegen fünfzehn weitere Steine, *The Pipers* (Pfeifer), die angeblich für diese vergnügungssüchtigen Mädchen ohne jeden Anstand zum Tanz aufgespielt haben. Der Glaube an das Magische schlägt sich jedenfalls auch in dieser Sage nieder.

In einer anderen Ecke von Cornwall, mit vielen Mooren, steht zwischen zwei großen Findlingen *Men-an-Tol*, ein etwa einen Meter fünfzig großer Lochstein. (Als die Christen kamen, nannten sie ihn das Teufelsauge.) In alten Zeiten wurden kranke Kinder hierher gebracht, die man zu Heilzwecken neunmal gegen die Sonne durch das Loch schob.

Andernorts zwängten sich früher die Leute zu ähnlichem Behufe durch Löcher in Bäumen. So steckt der Bhil-Stamm in Indien ein krankes Kind zur sofortigen Heilung siebenmal durch ein Loch in einem *Palas*-Baum.

Todeswunsch

Aus *Expedition into the Interior of Africa* (1837) von M. Laird und R. A. K. Oldfield ein Auszug:

Gestern fand eine Prozession der Frauen des jüngst verstorbenen Königssohnes statt. ... Die Frauen kamen hinunter zum Strand. ... Sie begannen, Gift zu trinken aus dem Glauben heraus, sie hätten den Tod ihres Gatten herbeigewünscht. ... Von den sechzig dieser unglückseligen Närrinnen starben einunddreißig, während andere, die sofort erbrachen, dem Tod entgingen.

Der Glaube, daß man an dem Tod eines anderen schuld sein kann, nur weil man ihn herbeigewünscht hat, ist auch in westlichen Ländern verbreitet. So spiegelt zum Beispiel August Strindbergs Schauspiel *Brott och Brott* (»Verbrechen und Verbrechen«) seine eigene tiefverwurzelte Überzeugung wieder, daß man an dem Tod einer anderen Person schuld sein kann, nur weil man ihn erhofft.

Magisches Fasten

Die Leute glaubten nicht nur daran, daß in Bäumen und Flüssen Dämonen hausten, sie waren auch davon überzeugt, daß solche Geister in bestimmten Nahrungsmitteln ihr Unwesen trieben. Sie versuchten, sich selbst durch Fasten zu reinigen, und lehnten Nahrungsmittel mit Dämonen ab. Sie fasteten auch zum Wohlgefallen der Götter, um ihnen Opfer darzubringen und sich durch ihre Enthaltsamkeit verdient zu machen, weil sie auf diese Weise den Engeln und Dämonen (die niemals aßen) näherzukommen glaubten.
Es war ihnen auch bewußt, daß Fasten über lange Zeit hinweg Visionen hervorrufen konnte, und sie versuchten durch das, was die Lateiner *ieiunum propheticum* nannten, prophetische Fähigkeiten zu erlangen. Im frühen Christentum berichteten Einsiedler, die sich zum Fasten und zur Selbstkasteiung in die Einsamkeit begeben hatten, um den Geist zu stärken, von den seltsamsten Visio-

nen, in denen Magie und Religion nahtlos ineinander übergingen. Das »prophetische Fasten« und die Selbstreinigungsriten der Schamanen hatten dagegen das Ziel, die Kräfte zu mehren und nicht den Sinn, das Individuum zu schwächen.

Verbot des Heidentums

Die Gesetze, die Knut, König von England (1017-1035), erlassen hatte, enthielten unter anderem folgende Passage:

> Wir verbieten mit Nachdruck jedes Heidentum: Unter Heidentum verstehen wir die Anbetung von Götzen; die Anbetung heidnischer Götter; der Sonne und des Mondes; die Anbetung von Feuer oder Flüssen, von Wasserquellen oder Steinen, von Bäumen jeglicher Art; die Hinwendung zur Hexenkunst und die Unterstützung von *morth-work* in jeder Form.

Der magische Kreis

In *The Secrets of Ancient Witchcraft* (1974) schreiben die Crowthers:

> Der Kreis repräsentiert das Grenzland zwischen dieser Welt und den Gefilden der Götter. Seit sie [Magie] ein Fruchtbarkeitskult ist, repräsentiert er auch den Schoß von Mutter Erde.

Die Crowthers haben gewisse Schwierigkeiten mit den Abmessungen des magischen Kreises – nur neun Fuß Durchmesser (ca. 1,85 m) –, räumen aber ein, daß er groß

109

genug ist, um die dreizehn Mitglieder eines Zirkels (»coven«) bequem aufzunehmen und vermuten, daß man bei mehr Leuten möglicherweise ein Vielfaches von neun für den Durchmesser gewählt hat. Dem magischen Kreis begegnet man in der ganzen Welt.

Bibliographie

In der westlichen Hemisphäre braucht man für die Hexenkunst das *Buch der Schatten*. Es ist nicht gedruckt. Wenn man in die Zunft der Magier eintreten will, muß man sich von irgend jemanden eine handschriftliche Kopie besorgen. Ohne eine solche Kopie kann man keine Magie im Sinne der alten Tradition betreiben.

Mit Schwierigkeiten muß man auch rechnen, wenn man an die folgenden sehr zu empfehlenden, aber äußerst seltenen Bücher kommen will: das *Sechste, Siebte, Achte, Neunte, Zehnte, Elfte, Zwölfte und Dreizehnte Buch Moses; Das kleine Buch von Romanus; Der schwarze Rabe; Das Frühlingsbuch; Der Geisterschild; Der Fluch der Heiligen*. Sollte man *Der feurige Drache* auftreiben, so ist es mit Sicherheit *Der echte feurige Drache*. Es gibt verschiedene Zauberbücher (Grimorien), die darüber Auskunft geben, wie man Dämonen dazu bringt, die erforderlichen Bücher zu besorgen. Aber diese (nie gedruckten) Zauberbücher sind schwer zu finden.

Magie mit Reptilien

E. E. Evans-Pritchard lebte von 1926 bis 1930 im Innersten Afrikas. In seinem Buch *Witchcraft, Oracles and Magic Among the Azande* berichtet er, daß der Anblick einer bestimmten Art von Eidechse, *kere*, (ein schlechtes

Omen) sei, weil damit der Tod eines Angehörigen angekündigt wird: »Wenn du die Haut, die sie abgestreift hat (oder die Haut einer Python) siehst, wirst du sterben.«
In Zentralafrika spielt das Fleisch des Leguans in verschiedenen Zauberrezepturen eine Rolle, und auch Schlangenhäute werden manchmal für magische Zwecke verwendet. W. H. Goldie schrieb in *Maori Medical Lore* über das Leben der Ureinwohner Neuseelands folgendes:

Wenn ein Reisender auf dem Weg vor sich eine Eidechse sehen sollte, wird er wissen, daß die Kreatur nicht aus eigenem Antrieb dorthin gekommen ist, sondern von einem Feind als ein *aitua* (böses Omen) dorthin geschickt wurde, um seinen Tod zu veranlassen. Er wird daher das Reptil sofort töten und eine Frau bitten, darüber hinwegzusteigen, wenn es vor ihm auf dem Weg liegt. Auf diese Weise wird der böse Fluch abgewendet.

Die Idee der Umkehrung

Wenn Magie die Umkehrung der Religion ist, dann muß man verständlicherweise auch »rückwärts zaubern«.
Bei vielen Beschwörungen hängt der Erfolg davon ab, daß man die Zauberformeln rückwärts anwendet. Die Autoren des *Malleus Maleficarum* (Hexenhammer), den wir im nächsten Kapitel näher ins Auge fassen werden, haben mit Nachdruck darauf hingewiesen, daß es Hexenkunst sei, wenn man der *Art und Weise*, wie ein Zauberspruch gesagt wird, große Bedeutung beimesse. Bei manchen Ritualen geht man auch rückwärts oder verkehrt die Dinge in anderer Weise.

Die Medizinmänner des afrikanischen Kaguru-Stammes gehen auf den Händen herum. Bei den Ambas stehen die Medizinmänner auf dem Kopf, wenn sie nicht anderweitig beschäftigt sind, oder hängen nackt kopfüber von Bäumen herunter. Sie löschen ihren Durst mit Salz. Sie machen tatsächlich alles, was irgendwie möglich ist, rückwärts. Wenn man sich anschickt, die Naturgesetze umzukehren, dann ist es nur natürlich, wenn man auch »rückwärts« arbeitet.

Schwedische Magie

Von meinem hochgebildeten Freund Erik Gunnemark in Schweden hier ein bißchen Magie aus West-Gotland:
Um alle Sprachen zu verstehen, fang eine kleine Schwalbe, brate sie in Honig und iß sie. Dann …
Um schmutzige Wäsche weiß zu bekommen, sage »Ich sah einen Schwan«, wenn du die Tür zur Waschküche öffnest. (Soll die Wäsche schmutzig bleiben, mußt du sagen »Ich sah einen Raben.«)
Um Schüttelfrost zu bekämpfen, sag »KULUMARIS KULUMARI KULUMAR KULUMA KULUM KULU KUL KU K.«
Er warnte vor dem Pfeifen: »Als Kind habe ich nie gepfiffen. Das tat man nicht – nur gottlose Menschen pfiffen. Wenn ich gepfiffen hätte, hätte ich den ›Teufel aufgeweckt!‹« Am frühen Morgen zu singen, ist ebenfalls tabu. »Der Adler wird dich holen, bevor die Sonne untergegangen ist«, haben die Russen ihn gewarnt. Erik zitiert seinen Schwiegervater: *»E skata ska du inte hata,«* (*»Du sollst eine Elster nicht hassen!«*) d. h. du darfst niemals eine Elster ärgern oder ihr Nest zerstören – (*»Wenn du das tust, kannst du damit rechnen, daß du noch im selben Jahr stirbst«*) –, denn Elstern sind »in Schweden auf dem Lande heilige Vögel«.

Im südwestlichen Schweden (und ganz offensichtlich nur dort) ist, wie er berichtet, tvesulning eine »Todsünde«, das bedeutet, man darf nicht zwei verschiedene Dinge aufs Brot legen. Ein Schinkenbrot, ja; ein Käsebrot, auch gut; aber niemals ein belegtes Brot mit Schinken und Käse. Und er erzählt weiter, daß er und seine Freunde einen alten Brauch des »Gregor-Laufs« am 12. März wiederbelebt haben:

Das Dumme daran ist, daß wir barfuß laufen müssen, wenn der Boden noch gefroren und manchmal sogar noch mit Schnee und Eis bedeckt ist – nicht gerade angenehm. Aber wenn wir dreimal ums Haus oder den Komposthaufen rennen, werden wir eine gute Ernte bekommen und den Rest des Jahres nicht von Läusen geplagt werden.

Er weiß von allen möglichen anderen Arten des Volksglaubens zu berichten, so zum Beispiel auch von einem Brauch, der vorchristliches und christliches Gedankengut miteinander vereint: Am Karfreitag müssen alle Messer und Scheren versteckt und dürfen auf keinen Fall benutzt werden. Manch noch älterer Aberglaube hat sich in Schweden bis heute gehalten; manches wurde auch von schwedischen Auswanderern nach Amerika gebracht.

»Bleib hinter mir, Satan«

Die Gialo-»Geisterfrauen« aus Kufara in der Libyschen Wüste kleiden sich in schwere schwarze Gewänder, um die Hitze abzuhalten – ein sonderbarer Brauch, seit man weiß, daß die Farbe Schwarz die Wärme absorbiert. Noch sonderbarer klingt, daß die »Geisterfrauen« sechs Fuß lange Ketten hinter sich herschleifen. Warum? Die Ketten verwischen die Fußspuren der Frauen und machen es dem Teufel unmöglich, sich an sie heranzuschleichen und sie zur Sünde zu verführen.

Tückische Hexenjagd

In Malawi – bzw. Njassaland, wie es damals (um 1934) genannt wurde – zogen ganze Horden von *bamucapi* (Hexenjäger) umher, um in westlicher Kleidung und mit westlichen Methoden unter Zuhilfenahme von Schmierseife und mit Drohungen schwarze Magier anhand ihres Spiegelbildes aufzuspüren. Sie zwangen die Medizinmänner, auf ihre blutigen Gewänder, ihre Eidechsenhäute, ihre Hörner und ihre Fetische zu verzichten – und arbeiteten ihrerseits mit Magie, um sie daran zu hindern, jemals wieder ihre alten Praktiken aufzunehmen:
Jeder Verdächtige mußte eine seifige rötliche Flüssigkeit trinken, die ihn – so wurde ihm versichert –, sollte er sein magisches Handwerk wieder aufnehmen, fürchterlich aufblähen würde und ihn so schwer werden ließe, daß niemand ihn zu seinem Grab tragen könnte.
Dann zogen die *bamucapi* weiter, aber nicht ohne den Einwohnern Amulette und Zauberpulver verkauft zu haben – natürlich, um sie vor der bösen Magie zu schützen. Am teuersten waren die Wundermittel, die dem Besitzer Hilfe im Umgang mit der Obrigkeit versprachen, der zu guter Letzt die *bamucapi* selbst zum Opfer fielen.

Sjønhverfing

Dieses skandinavische Wort bedeutet wörtlich »die Augen irreführen«, und man nahm von den skandinavischen Hexen an, sie besäßen diese Fähigkeit. In der isländi-

114

schen *Eyrbyggja Saga* finden wir zum Beispiel die Geschichte der Hexe Katla. Sie beschützte ihren Sohn Odd vor Männern, die dafür Rache nehmen wollten, daß er einer Frau den Kopf abgeschlagen hatte.

Als die Männer, unter ihnen auch der tapfere Arnkell, zu Katlas Haus kamen, sahen sie dort nichts außer einer alten Frau, die auf einem Podest saß und spann. Ihren Sohn Odd, der neben ihr saß, hatte sie unsichtbar gemacht. Die Männer gingen weg, kehrten dann aber zurück und konnten Odd wieder nicht sehen. Dieses Mal kämmte Katla Odds Haar, doch die Männer erblickten nur eine alte Frau, die eine Ziege kämmte. Beim dritten Anlauf glaubten die zu allem entschlossenen Männer nur einen Keiler zu sehen; es war Odd, der schlief.

Arnkell war sicher, daß ein »Ziegenfell über ihre Köpfe geworfen worden war«, aber er konnte Katlas Zauber solange nicht brechen, bis er eine andere Hexe, Geirrid, gefunden hatte, die ihr ebenbürtig war. Sobald Katla den blauen Umhang Geirrids sah, die zusammen mit den Männern angerückt war, erkannte sie, daß ihr »sjønhverfing« die zweite Hexe nicht täuschen würde. Sie versteckte Odd unter dem Podest. Aber sofort nachdem Geirrid das Haus betreten hatte, stülpte sie einen Sack aus Seehundfell über Katlas Kopf und beraubte sie so ihrer Macht. Dann führte sie Arnkell und seine Freunde unverzüglich zu Odds Versteck. Katla wurde gesteinigt, Odd wurde gehenkt.

Lappland-Trommeln

Die Lappen fertigten Zaubertrommeln aus Bäumen, die sie an entlegenen Orten, wo niemals die Sonne schien, gefunden hatten. Für die Schlagflächen der Trommeln verwendeten sie Rentierhäute. Darauf malten sie mit dem blutroten Extrakt der Erlenrinde Bilder, die an das bei den Indianern bekannte »Geisttier« erinnerten. Verziert mit Knochen und anderen Objekten, wurden die Trommeln in jedem Lappenhaus an einem Ort aufbewahrt, zu dem Frauen keinen Zutritt hatten.

Um die Zukunft vorauszusagen, legte der Lappe einen Messingring oder einen kleinen Messingfrosch auf die Trommel und beobachtete, wie er sich unter den feierlichen Trommelschlägen über die Bilder bewegte. Obwohl die Christianisierung Lapplands die Zerstörung der meisten Trommeln mit sich brachte (nur wenige überlebten in Museen), wurden neue Trommeln gefertigt und fast bis in die heutige Zeit in jedem Lappenhaushalt benutzt.

Auch in vielen anderen Ländern dienen Trommeln zu magischen Zwecken. Man versucht damit, einen Schamanen oder Priester in einen tranceähnlichen Zustand zu versetzen, um Verbindung mit höheren Mächten aufnehmen zu können. Aber wohl nur in Lappland wurden jemals die Trommeln geschlagen, um kleine Frösche auf verschiedene Symbole hüpfen zu lassen, aus denen sich die Zukunft deuten ließ.

Magie mit Sympathiemitteln

»Gleiches bewirkt Gleiches« lautet das Grundprinzip der Sympathie-Magie, auf dem auch die Wirkung von Sir Kenelm Digbys Wunderpulver beruhte. Nach dieser Devise arbeiten auch die Magier, die Nadeln in Puppen stecken, mit denen sie ihre Feinde symbolisieren, in der Hoffnung auf diese Weise dieselben ebenfalls zu verletzen oder zu töten.

Wird das Abbild aus Dingen hergestellt, die irgendwie mit dem Feind in Berührung gekommen sind oder, besser noch, aus Teilen des Feindes selbst besteht (Haare, abgeschnittene Nägel, sogar Exkremente), wird der Zauber noch um vieles effektiver. Eine andere Variante ist die Berührungsmagie, bei der man versucht, dem Opfer durch einen Gegenstand, den es berührt hat, Schaden zuzufügen. So streuen zum Beispiel die Ureinwohner Australiens spitze Kieselsteine oder Glassplitter in die Fußspuren, die ein Feind hinterlassen hat.

Die Objibwas versuchen auf diesem Wege, Unheil von der Gemeinschaft abzuwenden. Wenn jemand einen Traum hat, der ihm anzeigt, daß sein Dorf ein Unglück – meist Krankheit – treffen wird, läßt er allen betroffenen Familien eine Nachricht zukommen, in der er sie auffordert, sich an einem bestimmten Ort zu einer bestimmten Zeit zu versammeln. Im allgemeinen ist dies das eigene Haus. Ein Stückchen davon entfernt wird dann eine menschenähnliche Puppe in männlicher Kleidung aufgestellt, die die drohende Gefahr verkörpern soll. Die Leute essen, rauchen ihren Tabak und bitten um den Beistand der Geister bei ihrem Unterfangen. Auf ein Zeichen des Träumers hin stürzen dann alle zu dem Strohmann hinaus: Zuerst schießen die Männer auf ihn, dann stürzen sich die Frauen auf ihn, verprügeln und zerfetzen ihn, und schließlich werden die Überreste auf einen Haufen gelegt und verbrannt. Damit soll das Unheil abgewehrt und die Gesundheit der Gemeinschaft sichergestellt sein.

Hautnah

Damit Sie nicht glauben, moderne, hochgebildete, wissenschaftsorientierte Gesellschaften seien immun:
Bei einer Konferenz über Sprachwissenschaften im Jahre 1985 zog mein Kollege John Allee plötzlich eine kleine, aus einem Stoßzahn geschnitzte Figur aus Grönland her-

vor und reichte sie bei den Anwesenden herum. Die groteske kleine Schnitzerei sei ein *tupulak,* erklärte er uns, und sei von den Grönländern dazu benutzt worden, die Zukunft vorauszusagen oder jemanden mit einem Fluch zu belegen. Ich bemerkte, daß die meisten meiner aufgeklärten Linguistikkollegen, von denen keiner oder allenfalls nur ganz wenige mit Magie oder Hexenkunst etwas im Sinn hatten, abergläubisch auf den *tupulak* starrten und sich entschieden weigerten, ihn zu berühren.

Wie man Hexen fernhält

In Neu-Mexiko glauben die Leute, daß man Hexen von Haus und Hof fernhalten kann, wenn man an einem Freitag roten Pfeffer verbrennt.

In Norditalien hilft allem Anschein nach eine andere Methode. Rachel Harriet Busk berichtet in ihrem Buch *The Folk-Lore of Rome* von einer religiösen Römerin und ihrem äußerst abergläubischen Ehemann folgendes:

»Er hatte immer einen Beutel mit speziellen zerrebbelten Kräutern über der Tür hängen«, erzählte sie mir ein anderes Mal. »Da er immer sehr ärgerlich wurde, wenn ich sie anfaßte, fragte ich ihn eines Tages, ›warum müssen die Kräuter eigentlich ausgerechnet dort hängen?‹ Und dann erfuhr ich, daß keine Hexe unter ihnen hindurchkönne, ohne all die kleinen Schnipsel gezählt zu haben. Sie könne das zwar mit Hilfe ihrer Hexenkunst, ohne den Beutel abzunehmen, aber wenn die Kräuter so fein zerbröselt seien, dann sei dies immer noch so schwierig, daß es das beste Mittel sei, sich gegen böse Einflüsse zu schützen.«

Bis Ende des letzten Jahrhunderts war Hawaii ein Königreich, das ein Tabu-System aufgebaut hatte, das die königliche Familie, die Adligen und die Priester quasi unter magischen Schutz stellte.

Es war tabu, in Flüssen oder Quellen zu baden, die der königlichen Familie oder den Priestern vorbehalten waren. Es war tabu, Schweine zu berühren, die als Opfertiere für die Kirchen gekennzeichnet waren. Es war tabu, in Gegenwart des Königs ohne Erlaubnis zu stehen, sich ihm anders als auf Knien rutschend zu nähern oder auf seinen Schatten zu treten. Gelb war ausschließlich die Farbe der Königsfamilie, rot stand nur den Priestern zu. Nur seine Majestät trug die exquisiten Mäntel aus *oo*- und *mamo*-Federn.

Nur die königliche Familie und der Adel durften sich an Schildkröten, Calamares oder bestimmten Vogelarten delektieren. Frauen war der Verzehr von Bananen, Kokosnüssen, Schweinefleisch und bestimmten Fischsorten strikt untersagt. Frauen und Männer durften niemals zusammen essen.

Zu bestimmten geheiligten Zeiten durfte überhaupt nichts gegessen werden, kein Kanu durfte vom Ufer abstoßen, Schweine und Federvieh mußten verstummen, und niemand außer den Priestern durfte frei herumgehen.

In dieser Welt der strengen Reglementierung gab es jedoch bestimmte Personen, denen man zutraute, mit magischen Praktiken alles zu zerstören, und diese Leute wurden sehr gefürchtet. Einem *kahuna anaana* (jemand der seine Opfer zu Tode betet) wurde nachgesagt, er könne jedermann mit seinem magischen Bann belegen, sofern er sich nur irgendeine Kleinigkeit von dieser Person besorge, wie zum Beispiel eine Haarlocke, einen abgeschnittenen Fingernagel oder auch nur ein bißchen

Spucke (auch hier wieder Sympathiemittel). Aus diesem Grund war im alten Hawaii der königliche Spucknapfträger ein äußerst vertrauenswürdiger Edelmann von hohem Rang, da er die lebenswichtige Aufgabe hatte, die königliche Spucke zu bewachen.

In noch früheren Zeiten glaubten die Hawaiianer an *kilos* bzw. Zauberer, die in der Lage gewesen sein sollen, die Geister der Toten aufzuwecken und manchmal sogar den Geist eines Mannes während seines Schlafes zu stehlen.

Wie man verhext wird

Ein Gewährsmann erzählte dem *Journal of American Folklore,* wie er im Mai 1898 beim Hacken der Baumwolle mit etwas gelbem Schmutz, von dem er genau wußte, daß es Friedhofserde war, verhext wurde. Von Panik erfaßt rannte er in sein Haus und fand einen Beutel unter seiner Türschwelle. Er öffnete den Beutel und entdeckte dort ein paar kleine, etwa zweieinhalb Zentimeter lange Wurzeln, einige schwarze Haare, ein Stück Schlangenhaut und etwas Friedhofserde, dunkelgelb, so wie von einem Sarg. … Er streute etwas Pfeffer, um den Platz zu reinigen und wandte sich unverzüglich an einen Medizinmann, um den Zauber von sich nehmen zu lassen, weil ein Medizinmann oft gegen einen anderen arbeitet.

Der Mann war sicher, daß ein so starker Zauber wie von Friedhofserde nur mit professioneller Hilfe gelöst werden konnte:

Nur Medizinmänner können Friedhofserde loskriegen, nur sie wissen wie und wann; die Geister lassen das nicht jeden machen, man muß sie durch irgend 'nen Zauber loskriegen, denn Friedhofserde bringt Unglück, solange sie nicht wieder eingebuddelt ist, erst dann verschwindet der Zauber. Die Erde muß wieder in die gleiche Tiefe runter, wo sie hergekommen ist. Das ist genauso tief, wie der Sargdeckel von der Oberfläche des Grabes entfernt war.

Bäume

Bäume stehen im Mittelpunkt unzähliger Volksweisheiten und Volksbräuche, die in der Magie verwurzelt sind. Einige davon haben sich bis in unsere Tage erhalten. Nachstehend ein paar Beispiele aus dem englischen Volksglauben:

Apfelbäume:
Es bringt Unglück, wenn man alle Äpfel aus dem Obstgarten aberntet. Einige müssen für die Feen hängenbleiben. Man nennt das die »Elfenernte«. Kinder, die den Bauern mit den restlichen Äpfeln einen Streich spielen wollen, holen sich an der Haustür dann ein paar Bonbons oder einen »Penny« ab, gewissermaßen als Belohnung, daß die Äpfel hängenbleiben.

Esche:
Wollen Sie wissen, ob es einen nassen Frühling geben wird? Hier ein alter englischer Reim, der sich auf das Ausschlagen der Bäume bezieht:

> *If the oak's before the ash,*
> *You will only get a splash.*
> *If the ash preceeds the oak,*
> *You will surely get a soak.*

> Eichen vor Eschen
> Schönwetter versprechen!
> Eschen vor Eichen
> Für viel Regen ein Zeichen!

Mit dem Saft der Esche wurden oft Neugeborene eingerieben, um sie gegen Hexerei zu schützen. Die Esche steht in engem Zusammenhang mit der vorchristlichen Religion. Es waren heilige Eschenhaine, in denen die Druiden ihre religiösen Feiern abhielten. So lebt die Magie der Esche in den vielen Überresten des Wicca-Kultes, dem alten Wissen, noch fort.

Lorbeerbaum:
Tradition oder Aberglaube? Auf jeden Fall soll man immer einen Lorbeerzweig mit sich nehmen, wenn man weggeht, weil man sonst sein Glück hinter sich läßt und schutzlos den Hexen ausgeliefert ist.

Birke:
Ein Birkenzweig über der Tür bedeutet einer Hexe, woanders anzuklopfen.

Schwarzdorn:
Mit einem blühenden Schwarzdornzweig lädt man das Böse zu sich nach Hause ein. Die Blüten des Berglorbeers verheißen noch größeres Unheil.

Kirsche:
Blühende Kirschbäume können böse Geister anziehen. Deshalb segnet man sie am besten, wenn sie in voller Blüte stehen.

Holunder:
Manche Leute empfehlen Holunderholz für Wünschelruten. Es war auch ein alter britischer Brauch, zu einem Kreuz geformte Holunderknospen in der Tasche mit sich herumzutragen, um Böses abzuwehren. Allerdings brauchte man dazu einen Zweig von einem Kirchhofsbaum, sonst wirkte es nicht. Einem Reiter hilft ein Holunderzweig auch gegen Sattelschmerzen.

Weißdorn:
Um den Weißdorn und seine Blüten ranken sich viele abergläubische Weiheiten. Doch ein früher weitverbreiteter Brauch scheint inzwischen in England völlig ver-

schwunden zu sein: Man stellte für die Kinder aus dem Weißdorn kleine Pfeifen her, auf denen sie bei den Feiern zum 1. Mai gewissermaßen die bösen Geister »wegblasen« sollten, da zu dieser Zeit die Hexen immer ganz besonders aktiv zu werden versprachen.

Haselnuß:

Haselnußgerten beim Viehtrieb verwendet, sollten dem Volksglauben nach eine Garantie für fettes und zufriedenes Vieh sein. Weidenruten dagegen verhießen nichts Gutes für die Tiere.

Stechpalmen (Ilex):

Mit Stechpalmen konnte man sich Hexen vom Leibe halten. Viele Traditionen, wie beispielsweise der ilexgeschmückte Junge und das efeubekränzte Mädchen – Ilex als Symbol der Männlichkeit und Efeu für anhängliche Weiblichkeit – haben sich überlebt, aber noch heute werden in England Ilex und Efeu als Weihnachtsdekorationen verwendet, wobei den wenigsten Leuten die Bedeutung dieser Pflanzen in der »alten Religion« bewußt sein dürfte. Trotzdem sollte man vielleicht daran erinnern, daß die Stechpalme auf keinen Fall vor dem Heiligen Abend ins Haus gebracht werden darf (das bringt Unglück); ja, und wenn man schon nicht den alten Brauch beachten will, ein Weihnachtsscheit aufzubewahren, um das nächste Weihnachtsfeuer damit anzuzünden, dann hat man aber doch – selbst in einem modernen Appartement – zumindestens genügend Platz, um ein paar Weihnachts-Ilexblätter bis zum nächsten Jahr beiseite zu legen. Denn einer alten britischen Tradition folgend sollen sie dann unter dem Weihnachtspudding abgebrannt werden. Das hilft vielleicht nicht gegen böse Geister, doch es ist ein reizvolles Stückchen Tradition, das die Jahre miteinander stetig verbindet.

Mit dem mehr oder weniger bekannten Ilex wollen wir die Aufzählung der Bäume und Sträucher, denen der

Volks- und Aberglaube in so mannigfacher Weise Kräfte zuschreibt, kurzerhand beenden. Sie ließe sich endlos fortführen. Heute sieht man in New York niemanden mehr zum Schutz gegen das Böse am Karfreitag seine Pfirsichbäume durchpeitschen; auch Eiben und Ebereschen auf Friedhöfen und die Eschenscheite für das Weihnachtsfeuer haben ihre Bedeutung verloren. Doch selbst die wenigen Bräuche, die heute noch hochgehalten werden, mußten Federn lassen, wenn man zum Beispiel solche Details außer acht läßt, daß Weißdornzweige wenig nützen, wenn sie nicht am Himmelfahrtstag geschnitten wurden.

Magie der Indianer

Bei den Algonkins mußten die jungen Männer eine Art Initiationsfeier über sich ergehen lassen, bevor sie in den Kreis der Erwachsenen aufgenommen wurden. Dies galt in der einen oder anderen Form auch für viele andere Indianerstämme.

Der junge Mann zog sich in eine eigens dafür gebaute abgelegene Hütte zurück und betete und fastete dort so lange, bis er so gereinigt war, daß die »Geister durch ihn hindurchsehen konnten«. Daraufhin wurde ihm ein Traum verheißen, in dem ihm ein Schutzgeist erschien, der ihn in die Geheimnisse der Jagd und der Heilkunst einweihen, ihn gegen Verletzungen durch des Feindes Waffen feien und ihm zur Weisheit verhelfen würde. Wenn der tapfere junge Mann dann erwachte, waren ihm die Klugheit und die Kraft beschieden, die er für sein Erwachsenendasein fürderhin brauchte; seinen Schutzgeist mußte er sein ganzes Leben lang in Ehren halten.

Die ältesten Aufzeichnungen über Magie

Im Britischen Museum in London befindet sich eine Abschrift des ca. 200 Tafeln umfassenden magischen Werkes der Chaldäer, die auf Befehl des Königs Assurbanipal (884-860 vor unserer Zeitrechnung) hergestellt wurde. Sie gibt Auskunft über die Grundzüge der chaldäischen Religion und Dämonologie (Magie, Zaubersprüche, Amulette, Beschwörungen etc.).

4

Hexenprozesse

Es bedurfte nicht viel, um wegen Hexerei angeklagt zu werden. Vielleicht war jemand am Feld des Nachbarn vorbeigegangen, einen Tag, bevor das Vieh wegen irgendeiner Unpäßlichkeit krank wurde. Vielleicht war eine von Natur aus mürrisch und sauertöpfisch, und die Leute in ihrem Dorf mochten sie nicht. Vielleicht hatte ein Ehepaar es in seiner Stadt zu mehr gebracht, als die anderen, und Stadtleute waren eben eifersüchtig.
Aber wenn die Anklage erst einmal erhoben war, dann war das Verurteilungsverfahren praktisch nicht mehr aufzuhalten und schien sich zu verselbständigen. Die Verdächtige – denn es war meist eine Sie – wurde eingekerkert und streng bewacht. Es folgten Verhöre, Verhöre

und nochmals Verhöre. Wenn der Prozeß in England oder einer englischen Kolonie stattfand, durfte keine Folter angewandt werden (mit Ausnahme der Presse, und dann auch nur, wenn die oder der Angeklagte sich weigerte, sich schuldig oder nicht schuldig zu bekennen). Aber die vermeintliche Hexe konnte in den Dorfweiher getaucht werden, um festzustellen, ob sie sank, und es gab auch kein Gesetz dagegen, sie tagelang aufrecht stehend wach zu halten. Wenn sie irgendwo sonst auf dem europäischen Kontinent arrestiert war, gab es überhaupt keine Einschränkungen in bezug auf die Folter: Sie konnte gerädert werden (d.h. auf ein Rad geflochten und systematisch mit einer Eisenstange geschlagen werden), auf der Folterbank gestreckt, ausgepeitscht oder mit glühenden Nadeln traktiert werden; man durfte ihr Daumenschrauben anlegen oder ihr die Augen ausstechen – solange eben, bis sie gestand. Was sie gestehen mußte, war nicht nur ihre eigene Schuld, sondern auch die anderer Hexen. Und alsbald wurden die Personen, die sie genannt hatte, ebenfalls verhaftet und gefoltert, bis sie bekannten und weitere Namen preisgaben.

Aus den »Geständnissen« dieser armen gequälten Kreaturen stammen im übrigen auch die meisten Geschichten über schwarze Messen, Teufelsanbetung, Hexenflug, Zaubersprüche, Seelenverkauf, Hexenzirkel usw. Vieles von dem, was sie »zugaben« wurde ihnen von ihren Peinigern suggeriert.

Sobald sich die Angeklagte zur Hexerei »bekannt« hatte, wurde ihr der Prozeß gemacht – eine Farce. Gelegentlich (nicht oft) kam eine geständige und reumütige »Hexe« frei, aber nur aufgrund eines Freispruchs »wegen Mangels an Beweisen« – »wegen erwiesener Unschuld« war nach all diesem Aufwand nicht zulässig. In der Regel wurde die Hexe jedoch gehängt, lebendig verbrannt, ertränkt oder auf irgendeine andere unsägliche Weise hingerichtet.

Satans Freude

Henry Charles Lea schrieb in seinem Buch *The Inquisition of the Middle Age* (Neuauflage 1961) über die Hexenverfolgungen folgendes:

> Der Teufel muß sich wohl diebisch über die sich in den endlosen Rauchfahnen der Scheiterhaufen manifestierende Anerkennung seiner Macht gefreut haben. … Protestanten und Katholiken machten sich in ihrem Verfolgungswahn gegenseitig Konkurrenz. Ein Bischof von Genf soll innerhalb von drei Monaten 500 Hexen verbrannt haben, ein Bischof von Bamberg 600 und ein Bischof von Würzburg 900. Die Inquisition hatte offensichtlich gelehrige Schüler. Paramo rühmt, daß das Sacrum Offizium in anderthalb Jahrhunderten mindestens 30000 Hexen verbrannt hatte, die, wenn sie ungestraft davon gekommen wären, mit Leichtigkeit die ganze Welt zerstört hätten.

Die Schande von Salem

Aberglaube und Dummheit, gepaart mit den puritanischen Tugenden von Standhaftigkeit und Frömmigkeit, führten im Frühling 1692 zu den schändlichen Ereignissen von Salem.
Die Salemer Hexengeschichte ist, wie an anderer Stelle vermerkt, bei weitem nicht die blutigste in der Geschichte der Hexenverfolgungen. Daß ihr soviel Aufmerksamkeit geschenkt wurde, liegt allein daran, daß es sich um einen kolonialen Einzelfall handelte, der deshalb besonders auffiel. Und natürlich lassen sich auch durchaus Parallelen zwischen unseren puritanischen Vorfahren und unseren politisch und gesellschaftlich aktiven Zeitgenossen ziehen.

Die ganze Geschichte begann im Hause eines Geistlichen, Reverend Samuel Parris. Einige dumme Gören – nicht mehr, aber auch nicht weniger abergläubisch, als andere zu jener Zeit – ließen Eiweiß in Wasser tropfen, in der Hoffnung dadurch den Beruf ihrer künftigen Ehemänner voraussagen zu können. (Die Idee dabei war, daß die entstehenden Formen Aufschluß über die Art der Geschäfte geben würden.) Ein Eiweiß formte sich zu einer Art Sarg, und das Mädchen wurde hysterisch.

Die Hysterie sprang auf andere Jugendliche über, Mädchen bildeten sich ein, schwanger zu sein, und schließlich war die ganze Stadt in Aufruhr. Als die Mädchen merkten, daß sie mit ihren Possen die Aufmerksamkeit auf sich zogen, begannen sie, andere der Hexerei zu bezichtigen.

Die erste, die es traf, war eine karibische Sklavin namens Tituba. Sie hatte in der Tat die leicht zu beeindruckenden Mädchen mit ihren abergläubischen Geschichten vollgestopft, aber sie war keine Hexe. Unglücklicherweise war sie eine Heidin und jedermann »wußte«, daß schwarze Sklaven mit allerlei Voodoo und anderem Zauber herumhantierten. Tituba konnte gegen die Zeugenaussagen der überdrehten Predigertochter Elizabeth und der jungen Abigail Williams samt Freunden nur wenig ausrichten. Sie hatte keine Chance.

Beflügelt von ihrem Erfolg und dem Gefühl, im Rampenlicht zu stehen, denunzierten die Mädchen weitere Personen. Sie behaupteten, Hexen allein durch eine Berührung erkennen zu können. Eine Verhaftung folgte auf die andere. In dieser rein theokratischen Gesellschaft konnte man den Glauben an das Übernatürliche nicht verleugnen, das wäre einer Verleugnung der Existenz Gottes gleichgekommen. So glaubten die Leute die Anschuldigungen oder taten zumindest so. Die Anklagen uferten immer mehr aus. Bald wurde auch Reverend George Burroughs, ein freundlicher Pastor, wegen Hexerei hingerichtet, und der Wahn griff auf die umliegenden Städte über.

Es ist unglaublich: Mehr als 150 Leute wurden aus schwerwiegenden Gründen unter Anklage gestellt, und die Öffentlichkeit – abergläubisch und arglos, töricht und sadistisch – sah tatenlos zu. Auf die Hinrichtung von Bridget Bishop im Juni 1692 folgte der Tod von zwanzig weiteren Personen, wobei drei der Opfer im Gefängnis starben, bevor sie getötet werden konnten. Aber anders als bei ähnlichen Massenhysterien in Europa kamen die, die gestanden, frei, darunter auch die Sklavin Tituba.

Dann schossen die Hexenjäger über das Ziel hinaus: Sie erdreisteten sich, die Frau des Gouverneurs anzuklagen. Damit brach das ganze schaurige System zusammen.

Fairerweise muß gesagt werden, daß es auch zu jener Zeit einige bemerkenswerte Männer, wie Thomas Battle und Increase Mather, gegeben hat, die das Vorgehen der Gerichte und die Handlungsweise der Leute für irrational hielten und auch mutig zu ihrer Meinung standen. Aber Increase Mathers Sohn Cotton trat in den Prozessen als »Hexen-Experte« auf und veröffentlichte das Jahr darauf ein eigenes Buch über das Hexenwesen: *Wonders of the Invisible World*.

Im Jahre 1697 fingen die Hexenjäger langsam an, ihr überstürztes Vorgehen zu bereuen, und Samuel Sewall, einer der vorsitzenden Richter brachte in seinem eigenen Sitzungssaal folgende Notiz an: »Sensible ... as to the Guilt contracted ... at Salem ... he ... Desires to take the Blame ...« (Im Bewußtsein, in Salem Schuld auf sich geladen zu haben, wünscht er die Verantwortung dafür zu tragen ...) Alle Angehörigen der Opfer erhielten noch bis um das Jahr 1711 eine Entschädigung von £600. Eine wirkliche Wiedergutmachung war natürlich nicht möglich, aber die Hexenjäger hatten wenigstens den Wunsch dazu.

In jüngerer Zeit wurde die Geschichte dieser dunklen Tage von Salem noch einmal untersucht und im Licht anderer Formen von Hysterie neu bewertet. 1953 brachte Arthur Miller sein Stück *Hexenjagd* heraus, in dem er, aufbauend auf den Salemer Vorkommnissen, unter dem Eindruck der Kommunistenjagd der McCarthy-Ära die Schuldfrage zu durchleuchten versuchte.

Innozenz VIII. und der Hexenhammer

Der eigentliche Hexenwahn begann 1484 mit der päpstlichen Bulle *Summis desiderantes* von Papst Innozenz VIII. (Innozenz mag gehofft haben, damit von seinen eigenen skandalösen Ausschweifungen und seinen katastrophalen politischen Abenteuern im Mittelmeerraum abzulenken, denn er war alles andere als ein frommer hochherziger Mann.) Durch diese Bulle erhielten zwei Dominikaner, die in Norddeutschland bereits am Werke waren und Jagd auf die »Elenden, die Männer und Weiber heimsuchen und peinigen«, machten, die Vollmacht,

> gegen jegliche Person, ungeachtet ihres Ansehens und ihres Standes, gemäß den Vorschriften der Inquisition vorzugehen und jene, die sie für schuldig befunden haben, zu züchtigen, mit Geldbußen zu belegen, einzukerkern und zu bestrafen, wie ihre Verbrechen es verdienen, wobei die Strafe dem Vergehen gerecht werden muß.

Die beiden Dominikaner hießen Jakob Sprenger und Heinrich Kramer. Um der Bulle von Innozenz mehr Nachdruck zu verleihen, verfaßten sie ihr eigenes berüchtigtes Werk über das Wesen der Hexerei und wie ihre Anhänger aufzuspüren seien: den Hexenhammer *Malleus Maleficarum*. Er

132

sollte Inspiration und Leitfaden für eine der gespenstischsten Verfolgungsjagden in der Geschichte werden.

Summis desiderantes erhob den Glauben an Hexerei nicht zum Dogma der Kirche, aber der Zweifel daran wurde durch dieses Werk ganz sicherlich gefährlicher. In Deutschland kam es unmittelbar nach dem Erscheinen dieses Aktenstückes zu vielen Hexenprozessen, aber auch in Italien waren die Auswirkungen spürbar: Um das Jahr 1510 wurden 140 Hexen in Brescia verbrannt, in Como waren es dreihundert. In Frankreich wurden vermeintliche Hexen unter der Folter verhört – ihre Fußsohlen wurden verbrannt, und sie wurden gezwungen, brennendes Öl zu trinken. Schließlich wurde auch ein elfjähriges Mädchen auf dem Scheiterhaufen verbrannt. Richtlinien für die Bestrafung wurden von den Päpsten Julius II. und Paul III. erlassen.

Bald griff der Wahn auch auf England über, wo nach den Aussagen eines französischen Schriftstellers Heinrich VIII. und Elizabeth die Hexen mit äußerster Härte verfolgten; nicht zu vergessen auch der zwielichtige Jakob I., der die Mühe auf sich nahm, mit eigener königlicher Hand das Traktat *Daemonologia* zu verfassen.

In diesem Werk vertritt die Figur Epistemon den Standpunkt des Königs, als es um die Frage nach dem Mitleid mit den Unschuldigen geht:

EPISTEMON. Meist wird ihnen [den Hexen und Zauberern] der Flammentod beschieden ...

PHILOMATHUS. Meint Ihr, man sollte gewisse Ausnahmen machen oder den Umstand in Betracht ziehen, ob sie männlichen oder weiblichen Geschlechts, reifen oder zarten Alters seine bzw. das Ansehen ihres Standes, ihres Namens oder ihres Ranges berücksichtigen?

EPISTEMON. Ich erkenne darauf, daß es keine Ausnahme geben darf.

Auch eine Art von Dankbarkeit

In dem ersten säkularen Hexenprozeß in Frankreich im Jahre 1390 wurde Jehane de Brigue von einem Mann namens Ruilly angeklagt – weil sie mit Hilfe von Zaubermitteln *sein Leben gerettet* hatte. Ein Pariser Gerichtshof kerkerte sie ein, folterte sie, bis sie sich zur Hexerei bekannte und verbrannte sie – zusammen mit Ruilly's Frau.

Sadducismus Triumphatus

Reverend Joseph Glanville (1636-1680) war einer der ersten Wissenschaftler, die in die Royal Society aufgenommen wurden, und er war auch einer der bedeutendsten Verfasser von Hexenliteratur im 17. Jahrhundert. In seinem Werk *Sadducismus Triumphatus*, das 1681 veröffentlicht wurde, finden wir so traurige Geschichten wie diese hier:

... in Stockholm bezichtigte eine junge Frau ihre eigene Mutter der Hexerei und schwor Stein und Bein, daß diese sie nachts forttrug, woraufhin die Richter und auch die Minister der Stadt ein Geständnis und Bußfertigkeit von ihr forderten. Aber sie wies die Anschuldigungen hartnäckig zurück, beteuerte ihre Unschuld und bestand noch auf ihrem Recht, als sie vor ihren Augen eine andere Hexe verbrannten und den Scheiterhaufen auf dem sie verbrannt werden sollte, vor ihr anzündeten. Sie rechtfertigte sich bis zuletzt, und als sie nicht davon abließ, wurde sie schließlich verbrannt.
Sie war tatsächlich ein sehr böses Weib gewesen, doch mit diesem Verbrechen hatte sie nichts zu tun. Denn zwei oder drei Wochen später erschien ihre Tochter,

die sie denunziert hatte, heulend und zähneklappernd
vor den Richtern und gestand, daß sie ihrer Mutter
Unrecht getan habe und sie nur aus Ärger darüber,
daß sie etwas nicht bekam, was sie unbedingt wollte,
fälschlicherweise dieses Verbrechens bezichtigt habe,
an dem die Mutter so unschuldig war wie ein neugebo-
renes Kind. Daraufhin ordneten die Richter auch ihre
Hinrichtung an.

Gebt dem Teufel, was des Teufels ist

»Alles, was nicht normal ist«, schrieb Nicholas Remy
(1530-1612) in seinem vielbeachteten Werk *Demonola-
treiae* (1595), »ist des Teufels«. Mit dieser Entschuldigung
verurteilte Remy, ein Richter aus Nancy in Frankreich,
eine alte Bettlerin zum Tode, nachdem sie ärgerlich gewesen war, als er ihr ein Almosen abgeschlagen hatte und
sein Sohn kurz nach diesem Vorfall gestorben war.
In diesem Zeitraum von ungefähr zehn Jahren war Remy
– und desssen rühmte er sich – persönlich verantwortlich
für den Tod von ungefähr neunhundert weiteren Hexen,
also durchschnittlich einer Hexe pro Woche. Er konnte
sich dabei auf beinahe genauso viele Gesetze gegen das
Hexenwesen (eine Instanz spricht von achthundert) berufen, während jeder, der wegen Hexerei angeklagt war,
nur mit geringem Schutz rechnen konnte. Es war eine
Welt, in der die meisten Leute vom »Satan und all den anderen bösen Geistern, die in der ganzen Welt umher-
schweifen, um die Seele zu verderben«, (wie ein Prediger
es nach der Messe drastisch beschrieb) heimgesucht wurden.

Das Teufelsmal

Man glaubt, daß der Satanismus die Umkehrung, d.h., so etwas wie das spiegelverkehrte Abbild des Christentums ist.

So wie man mit der christlichen Taufe die Vorstellung von einer Läuterung des Körpers (und einer unauslöschlichen Prägung der Seele) verband, glaubte man umgekehrt auch, daß bei der Aufnahme in den Teufelsbund Körper und Seele gezeichnet, sprich besudelt, würden.

Um eine Hexe zu überführen, brauchte man dann nur noch das Teufelsmal zu finden. Vielleicht hatte der Teufel ein Brandmal (ein Muttermal? eine Narbe?) hinterlassen; vielleicht war die Hexe dort, wo der Teufel sie berührt hatte, unempfindlich, was sich mit einer spitzen Nadel nachweisen ließ.

Derart Verdächtige wurden geschoren – wenn man alle Haare abrasierte, konnte man auch verhindern, daß Amulette oder ähnliches am Körper versteckt wurden – und mit großer Sorgfalt untersucht. Jeder Leberfleck und jede Unebenheit wurde genauestens geprüft.

Jacques Fontaine schrieb 1611 eine Abhandlung »über die Teufelsmale bei Hexen und die faktische Besitzergreifung des menschlichen Körpers durch den Teufel«. Er forderte die Examinatoren zu mehr Mißtrauen gegenüber alltäglich scheinenden Dingen auf. »Diejenigen, die meinen, es sei schwierig, Teufelsmale von natürlichen Unvollkommenheiten, Furunkeln oder Pusteln zu unterscheiden, zeigen ganz klar, daß sie keine kompetenten Ärzte sind.«

Sadistische Kirchenmänner und lüsterne Anwälte stachen die Verdächtigen (oftmals senile alte Frauen) auf der Suche nach einer schmerzunempfindlichen Stelle mit ihren Nadeln nicht selten in Bereiche, die die Opfer in höchste Verlegenheit brachten. Bei manchen Hexen fanden die Peiniger Zeichen, die sie für Extrazitzen hielten; ob daran vielleicht die Hausgeister gestillt wurden?

Selbst in England, wo das Rechtssystem den Angeklagten im allgemeinen so lange als unschuldig betrachtete, bis seine Schuld bewiesen war, fanden sich die der Hexerei beschuldigten Leute in der schwierigen Position, ihre Unschuld beweisen zu müssen. Ein Testverfahren war die »Wasserprobe«. Dabei wurden der betreffenden Person die Hände und Füße kreuzweise zusammmengebunden, so daß der rechte Daumen die linke große Zehe und der linke Daumen die rechte große Zehe berührte. Dann wurde sie ins Wasser geworfen. Wenn sie dann nicht unterging, war das der Beweis dafür, daß der Teufel sie über Wasser hielt.

Einem schnellen Gerichtsverfahren unter dem Vorsitz voreingenommener Richter folgte allzu oft ein grausamer Tod: Man konnte gehängt, geköpft, lebendig verbrannt oder ertränkt werden, je nachdem, was gerade in Mode war. Personen von hohem Rang wurden manchmal zuerst gehängt und anschließend verbrannt, ein Zugeständnis, das sie ihrer Stellung verdankten. So kam Gilles de Retz beispielsweise in den Genuß dieses Privilegs, trotz seiner entsetzlichen Verbrechen.

Die Renaissance war die hohe Zeit der Eisernen Jungfrau und anderer genialer Foltergeräte. Man konnte jemanden auch zwingen, einen gesegneten Ring aus einem Bottich mit kochendem Wasser zu holen. Die verletzte Hand wurde dann verbunden, der Verband versiegelt, und wenn die Hand dann innerhalb von drei Tagen nicht verheilt war, war man eine Hexe. Beliebt war ebenfalls die Eisenprobe, bei der man einen glühenden Eisenbolzen neun oder zwölf Schritte weit tragen mußte ... In früherer Zeit wurden diese Verfahren auch bei gewöhnlichen Verbrechen angewandt.

Die Zusammenhänge zwischen der Hexenverfolgung und der Befriedigung sadistischer psychopathischer Bedürfnisse bedürfen noch einer eingehenden Untersuchung. Auf jeden Fall ist sie in perfider Weise Zeugnis menschlicher Grausamkeit.

Der Fall Elizabeth Dunlop

Sir Walter Scott erzählt die Geschichte der Elizabeth Dunlop aus Schottland. Am 8. November 1576 wurde sie wegen Hexerei vor Gericht gestellt. Sie erzählte den Richtern, daß sie mit einem Familiar in Verbindung stand, der in Wirklichkeit Thomas Reid war. (Thomas Reid war am 10. September 1547 in der Schlacht von Pinkie als Offizier des Laird of Blair gefallen.)
Sie behauptete – und all ihre Nachbarn bestätigten dies auch übereinstimmend –, daß sie sich nur mit kleinen unbedeutenden Zaubereien befasse und ausschließlich nur gute Taten zum Nutzen ihrer Freunde vollbringe. Daraufhin wurde sie sofort verurteilt und verbrannt.

Beweiskraft

Jules Michelets monumentales Werk über den mittelalterlichen Aberglauben *La Sorcière* enthält eine Fülle von Berichten über unglaubliche Ereignisse. Hier nur ein Beispiel:

> Das Verfahren ist denkbar einfach. Man beginne damit, die Zeugen zu foltern und vermittels Schmerzen und Einschüchterung das Zerrbild einer Beweiskette aufzubauen. Dann erpresse man von der Angeklagten durch entsetzliche Marter ein Geständnis und glaube diesem Geständnis entgegen allen augenscheinlichen Beweisen. Eine Hexe gesteht zum Beispiel, sie habe

kürzlich die Leiche eines Kindes auf dem Friedhof ausgegraben, um sie zu ihren Hexensalben zu gebrauchen. Ihr Mann sagt jedoch, ›Geht zum Kirchhof und seht nach; das Kind ist jetzt dort.‹ Das Grab wird geöffnet, und man findet das Kind unberührt in seinem Sarg. Doch der Richter behauptet entgegen seinem eigenen Augenschein, daß dies nur eine teuflische Sinnestäuschung sei. Er legt auf das Geständnis der Frau mehr Gewicht als auf seine eigenen Sinne – das arme Wesen wird verbrannt.

Wie erklärt sich dieser richterliche Aberwitz? Einen Hinweis finden wir im ersten Kapitel von Michelets Werk: »Die Kirche garantiert dem Richter und Ankläger stets das Recht, das Eigentum derer, die wegen Hexerei oder Zauberei verurteilt wurden, zu konfiszieren.«
Hinter dem drängenden Bedürfnis, eine Hexe zu sein, stehen sehr oft das unbändige Verlangen nach Macht und pure Habsucht; hinter der Verfolgung der Hexen verbergen sich pervertierte kirchliche und weltliche Machtgelüste – und noch größere Habgier.

Hexenaugen

Elisabeth Device wurde im Jahre 1612 in Rochdale, England, nur deswegen als Hexe gehängt, weil sie mit dem einen Auge nach oben und gleichzeitig mit dem anderen nach unten gucken konnte.
Isadore de Sevilla, ein gelehrter mittelalterlicher Enzyklopädist, schilderte eindrucksvoll, daß man eine Hexe ganz einfach erkennen könne, weil sie zwei Pupillen in jedem Auge habe. Hier liegt nicht etwa eine Fehlinterpretation seines lausigen Lateins vor, nein, er glaubte allen Ernstes daran.

Arbeit macht durstig

Elspeth McEwen wurde 1697 in Kirkcudbright in Schottland als Hexe in einem Teerfaß verbrannt. Von diesem Ereignis ist uns noch eine alte Rechnung erhalten:

> Payed to Robert Creighton ... 8 shill scots for beating the drum at Elspeth M'Queen's funeral, and to James Carsson his wife thirteen shillings drunken by Elspets executioner at severall times.
> Bezahlt an Robert Creighton ... 8 Schottische Shilling für das Schlagen der Trommel bei Elspeth M'Queens Hinrichtung und an James Carssons Frau 13 Shilling, die Elsbeths Henker verschiedentlich vertrunken hat.

Die Anfänge der Hexenverfolgung

Die Bibel ist das erste bedeutende Buch, das das Töten von Hexen nahelegt.

Tacitus war der erste große Geschichtsschreiber, der Geister ernst nahm.

Agnes Ode war die erste Engländerin, die wegen Hexerei vor Gericht gestellt wurde (13. Jahrhundert) und, nachdem sie den »heißen Schürhaken-Test« bestanden hatte, freigesprochen wurde.

Angela de la Barthe war die erste Französin, die als Hexe angeklagt wurde. Sie wurde 1274 verbrannt.

Agnes Waterhouse war die erste Frau, die in England als Hexe gehängt wurde. Sie wurde 1566 in Chelmsford, Essex, hingerichtet.

Alice Young war das erste Opfer der blutigen Schwurgerichtsverhandlungen von Connecticut, das ihr Leben wegen Hexerei lassen mußte (1647).

Französische Justiz

Von Henri Bouget, dem Autor des *Discours des sorciers* (1602), der für eine ganze Generation *das* Handbuch für Hexenprozesse war, heißt es, er habe über sechshundert arme Seelen in Burgund verurteilt, obwohl diese Zahl mit Rücksicht auf die hohe richterliche Stellung des Verfassers wohl übertrieben wurde.

Das Buch, das den *Discours* verdrängte, war von Le Sieur de Bouvet, einem Kommandeur der französischen Feldgendarmerie. Es hieß übersetzt *Die wunderbaren Wege und Möglichkeiten, alle Arten von Verbrechen und Hexerei aufzudecken* und erschien im Jahre 1659. Wo Benedikt Carpzov August von Sachsen nur ganze 17 Foltermethoden empfahl, war Bouvet weitaus einfallsreicher. Das Buch ist ein Traum für Sadisten.

Es war Bouvet, der die Regel aufstellte, daß ein Gefangener umso mehr gequält werden müsse, je hartnäckiger er seine Schuld abstreite. Für ihn war das Abstreiten der Schuld »ein besonders guter Grund, die Folter fortzuführen«.

Quäkerjustiz

Überlassen wir es dem Verständnis der Quäker, zwischen öffentlicher Meinung und Tatsachen zu unterscheiden. Im Jahre 1684 lautete der Urteilsspruch eines Gerichts in Pennsylvania gegen eine alte, wegen Hexerei angeklagte Frau: »Die Gefangene ist nach allgemeinem Empfinden überführt, eine Hexe zu sein. Aber sie ist nicht schuldig im Sinne der Anklage.«

Spanische Logik

Pedro Sanchez Cirvelo (1475-1560) war zu einer Zeit Domher von Salamanca, als die Universität Studenten von nah und fern anzog. Im Jahre 1521 veröffentlichte er das *Opus de Magica Superstitione* und 1539 *Reprovación de las supersticiones y hechicerias* (Verwerfung des Aberglaubens und der Hexerei), die erste wirklich bedeutende spanische Abhandlung über dieses Thema. Darin vertritt er die eigentümliche Ansicht, daß die Zauberei, obwohl sie *keine* Ketzerei sei, von der Inquisition als solche bestraft werden solle.

Aber vielleicht hatte die Inquisition genug mit anderer Häresie zu tun, denn in Spanien konnten die Hexenverfolgungen nicht so recht in Fluß kommen. Es war das einzige Land in Europa, das sich weigerte, einem solch unglaublichen Wahnsinn zu verfallen. Geoffrey Parrinder schreibt 1958 in *Witchcraft*:

> Als die weltliche Obrigkeit 1526 eine Hexenmanie in Navarra auslöste, diskutierte eine Kongregation der [spanischen] Inquisition ernsthaft die Grundfragen der Existenz des Hexenwesens und dessen mögliche Bestrafung. ... Sie kamen überein, daß ein Bekenntnis kein ausreichender Beweis sei und daß die Hexe auf jeden Fall vor die Inquisition gestellt werden müsse, die das Strafmaß festlegen würde.
>
> Die spanische Inquisition unterband jeden öffentlichen und zivilrechtlichen Versuch, die Hexen auszurotten und rettete damit ihr Leben.

Die letzte Hexenhinrichtung in Schottland

Die letzte schottische »Hexe«, die hingerichtet wurde, war eine alte Frau aus dem Sprengel Loth. Sie wurde von Captain David Ross, dem »sheriff-depute«, verurteilt, der der festen Überzeugung war, daß die Frau auf dem Rücken ihrer in ein Pony verwandelten Tochter geritten sei, das vom Teufel beschlagen war, so daß das Mädchen von da an für immer lahm ging.

Die Angeklagte wurde aufgefordert, das Vaterunser auf Gälisch aufzusagen, und als sie *ein Wort falsch* brachte, wurde sie verbrannt. Der *Witch's Stone* markiert noch heute die Stelle, an der sie starb.

Wie viele starben?

Es ist eigenartig, daß Salem in Massachusetts wegen seiner Hexenverfolgung so berühmt wurde. Einunzwanzig Menschen starben in den Monaten, in denen die Hysterie andauerte. Die Gesamtzahl aller Hinrichtungen wegen Hexerei in allen dreizehn amerikanischen Kolonien betrug während der gesamten Kolonialzeit 32. Für den gleichen Zeitraum wird die Zahl der Todesopfer aus den Hexenprozessen in Deutschland auf sage und schreibe 300000 geschätzt (nach Meinung moderner Experten allerdings eine Zahl, die viel zu hoch gegriffen ist; selbst 100000 wäre noch übertrieben). Viele von ihnen wurden ertränkt oder verbrannt oder standen die Folterungen, denen fast alle Verdächtigen unterzogen wurden, nicht durch. Sogar in England, wo Folter als Bestrafung nicht erlaubt war, sind nach heutigen vorsichtigen Schätzungen 1000 Hexen ums Leben gekommen, und in Schottland waren es drei- bis viermal so viel. Aber welche Gemeinde ist für seinen Hexenjagd berühmt geworden? Salem in Massachusetts natürlich!

Sonderbehandlung

Wenn man eine Frau war, die ihren Mann umgebracht hat, oder ein Fälscher oder ein Ketzer oder irgendeiner anderen der wenigen Sondergruppen zuzurechnen war, denen das Todesurteil drohte, dann konnte man auf dem Scheiterhaufen verbrannt werden. Hexen wurden fast immer auf dem Scheiterhaufen verbrannt, zum Teil, weil das als eine Art Reinigung von der Häresie angesehen wurde, zum Teil aber auch aus der Angst heraus, daß die Körper der Verurteilten, wenn sie beerdigt würden, aus ihren Gräbern steigen und die Lebenden angreifen könnten – ähnlich wie Vampire.

Dame Alice und der Bischof

Mit der Geschichte Irlands verbindet sich eine Reihe von sensationellen Hexenprozessen. Der wohl berühmteste Prozeß behandelt den Fall der Dame Alice Kyteler im 14. Jahrhundert. Es ist das einzige Mal, daß in Irland im Zuge der Hexenverfolgungen gefoltert wurde.

Dame Alice kam aus einer vermögenden seit langem in Kilkenny ansässigen normannischen Familie, und ihr Geld brachte ihr eine Reihe von Ehemännern ein. Der erste war William Outlaw, ein Bankier. Er starb – an Gift, so wird gemunkelt –, was jedoch Adam le Blund und Richard de Valle nicht davon abhielt, mit ihr ebenfalls die Ehe einzugehen. Beide starben nach der Hochzeit – angeblich auch durch Gift. Ihr vierter Ehemann war Sir John le Poer. Diesmal gingen Gerüchte um, sie habe ihn mit Hilfe eines Liebestrankes verführt und ihm dann mit anderen üblen Getränken die Sinne verwirrt.

Schließlich ermittelte der Bischof von Ossory im Jahre 1324 gegen sie, und ein Untersuchungsausschuß fand heraus, daß Dame Alice ein vermeintliches Mitglied einer ortsansässigen Gruppe von Zauberern sei. Diese Zauberer lehnten den christlichen Glauben ab und distanzierten sich von den heiligen Sakramenten. Sie brachten den Dämonen Tieropfer dar und legten an Straßenkreuzungen Teile von Tierkadavern zu Ehren eines niederrangigen Dämons aus, den sie »Son of Art« nannten. Die Dämonen verliehen ihnen im Gegenzug Macht. Die Mitglieder trafen sich nachts, um ihre Feiern abzuhalten (von denen einige blasphemische Parodien auf christliche Riten waren), und mit Hilfe eines Hexengebräus ihren Nachbarn Böses anzutun. Das Gebräu enthielt neben anderen Zutaten die Eingeweide der Opfertiere, Kräuter, Fetzen von Leichentüchern ungetaufter Säuglinge oder das Gehirn, das Haar und Nägel männlicher Leichen, alles zusammengekocht im Schädel eines geköpften Diebes.

Man erzählte sich, daß sie sogar ihre eigenen Ehemänner mit Flüchen und Zaubersprüchen belegten. Die Kinder von Dame Alices ersten drei Ehemännern klagten sie an, ihre Väter durch Hexerei ermordet und sie um ihr rechtmäßiges Erbe gebracht zu haben. Sie sagten aus, daß ihr jetziger Gatte, Sir John, all sein Haar und seine Kraft verloren habe und auch gestorben wäre, wenn nicht eine Hausangestellte ihn auf die Hexerei seiner Frau hingewiesen und ihm gezeigt hätte, wo er einige Zutaten des Hexengebräus versteckt in einer geheimen Truhe finden könne.

Die versteckten Dinge wurden den Behörden übergeben, aber die Ankläger waren nicht in der Lage, den Inkubus (mit Namen Art oder Robin), mit dem Dame Alice angeblich sexuelle Beziehungen unterhielt oder den großen schwarzen Hund Aethiops, ebenfalls ein Inkubus und Alices Familiar, beizubringen. Einige Zeugen schworen, Dame Alice »zwischen Komplet und Zwielicht« auf der Straße gesehen zu haben, wie sie allen Abfall zur Haustür ihres Sohnes William Outlaw gekehrt und dabei folgendes gesungen habe:

> *To the house of William, my son,*
> *Hie all the wealth of Kilkenny town.*

Zum Haus von William, meinem Sohn,
Eil all der Reichtum von Kilkenny-Town

Es kam zu einem erbitterten Machtkampf zwischen dem Bischof und den mächtigen Verwandten von Dame Alice, den der Bischof letzten Endes dann doch gewann. Aber Alice floh nach England, ihr Sohn William als ihr Komplize war zu einflußreich, um, abgesehen von einer kurzen Haft, noch weiter bestraft zu werden, und so traf die ganze Hauptlast Alices Dienerin Petronilla.

Der Bischof hatte das Mädchen sechsmal auspeitschen lassen, um sie dazu zu bringen, die Einzelheiten von Alices und Williams obszönem Treiben preiszugeben. Sie führte die Autoritäten an den Ort, wo, wie sie sagte, Dame Alice ihre magische Flugsalbe aufbewahrte (»womit sie den Stock einrieb, mit dem sie durch dick und dünn ritt, wobei ›wann‹ und ›in wessen Namen‹ von ihr stets vermerkt wurden«) und zeigte ihnen eine entweihte Hostie, auf der der Name von Jesus Christus durch den Namen des Teufels ersetzt worden war.

Dieser Beweis gegen Dame Alice brach Petronilla letztendlich jedoch das Genick. Er brachte sie unter zusätzlicher Berücksichtigung ihres Geständnisses am 3. November 1324 in Kilkenny auf den Scheiterhaufen. Dies war der erste Fall in Irland, bei dem jemand wegen Häresie verbrannt wurde.

Die übrigen Mitglieder der Gruppe – »die anderen Ketzer und Zauberer, die der verderbten ›Society of Robin,

Son of Art‹ angehörten« – wurden einem alten Bericht zufolge zusammengetrieben und bestraft:

Im Namen des Gesetzes wurden einige von ihnen öffentlich verbrannt; andere, die ihre Verbrechen vor allem Volke bekannt hatten, wurden in eine Kutte gesteckt, die auf der Vorder- und auf der Rückseite mit einem Kreuz gezeichnet wurde, nachdem sie der Häresie abgeschworen hatten – so war es Brauch; andere wurden zeremoniell durch die Stadt und über den Marktplatz gepeitscht; andere wurden aus der Stadt und der Diozöse verbannt; andere, die sich der Gerichtsbarkeit der Kirche entzogen, wurden exkommuniziert; während andere wieder in großer Furcht flohen und nie mehr etwas von sich hören ließen.
Diese Geschichte von Dame Alice und ihrem Sohn veranschaulicht wieder einmal in eindrucksvoller Weise, wie sich die Hexengesetze überwiegend gegen Arme richtete.

Hexenwahn in Boston

Die vier Kinder von John Godwin, die 1688 in Boston vom Teufel besessen gewesen sein sollen, bilden den Mittelpunkt von Cotton Mathers *Memorable Providences*, die im Jahr darauf veröffentlicht wurden. Es handelt sich dabei um zwei fünf- bzw. elfjährige Jungen und zwei sieben- bzw. dreizehnjährige Mädchen, die die gesamte Einwohnerschaft von Boston in Alarm versetzten, als sie plötzlich »seltsame Anfälle, die weit über die bei der Epilepsie, Katalepsie oder bei den sogenannten hysterischen Krankheiten bekannten Anfälle hinausgingen«, bekamen. Wann immer jemand die Kinder morgens aus dem Bett holen oder abends zu Bett bringen oder anziehen wollte, brach die Hölle los. Sie verdrehten ihre Körper so, daß sie nicht angezogen werden konnten, sie schrien und kreischten, sie schienen taubstumm oder blind zu werden und sie drehten ihr Köpfe fast einmal um ihre Achse.

Heutzutage würden aufgeschlossene Eltern hinter einem derart renitenten Verhalten ihrer Kinder ein bloßes Sich-aufspielen oder eine Art Hypertonie vermuten, aber im 17. Jahrhundert gab es in Boston nur eine einzige Erklärung dafür: »Nichts anderes als höllisches Hexenwerk konnte die Ursache für diese Krankheiten sein.«

Man vermutete, daß Goody Glover dahintersteckte, der Beschreibung nach ein »skandalöses altes Weib«, das man beschuldigte, die Kinder mit einem »bösen Zauber« belegt und durch einen Fluch in ihre Wutanfälle getrieben zu haben. Goody Glover war nichts weiter als eine alte Irin, die nur wenig Englisch sprach, aber die Tatsache, daß sie das Vaterunser nicht in Englisch aufsagen konnte, wurde als übles Zeichen gewertet. Als die Behörden ihr Haus aufsuchten, entdeckten sie »verschiedene kleine Figuren oder Puppen oder Babys, die aus Lumpen hergestellt und mit Ziegenhaar und ähnlichen Materialien ausgestopft waren«. Sie berichteten, daß sie gestanden habe, den Kindern dadurch Schaden zuzufügen, daß sie ihren Finger befeuchte und ihn auf verschiedene Stellen der Puppen drücke. Sie entschuldigte sich dafür, daß sie keine Gebete in Englisch könne, sie spreche sie in Irisch und – welch ein Graus! eine Katholikin womöglich! – in lateinischer Sprache.

Goody Glover wurde von Richter Stoughton zum Tode verurteilt, der damals Vizegouverneur von Massachusetts war und später bei den Salemer Hexenprozessen noch viel mehr von sich reden machen sollte. Nachdem auch eine zweite Hexe verurteilt worden war, beruhigten sich die Dinge in Boston wieder.

Aber Cotton Mather (1663-1728) gab sich damit nicht zufrieden, und bald darauf erschien eines seiner bedeutendsten Bücher (von nahezu vierhundert Werken) mit dem Titel *Memorable Providences, Relating to Witchcraft and Possession* (1689). »Ich bin fest entschlossen«, schrieb Cotton Mather, »danach [nach dem Bostoner Vorfall] niemals mehr auch nur einen Funken von Nachsicht gegenüber jemandem walten zu lassen, der mich zu einer Ableugnung der Existenz von Teufeln und Hexen drängen sollte.«

König Jakob I. und die Hexerei

Jakob I. von England ist wegen seiner »King James Version« der Bibel berühmt. Er gab diese Übersetzung zwar in Auftrag, aber sie ist selbstverständlich nicht sein Werk. Was er wirklich schrieb, war die *Daemonologia*, eine wütende Replik auf Reginald Scots *Discoverie of Witchcraft*, in dem die schwarzen Künste als »geschickter Schwindel« bezeichnet werden. Jakob verteidigte die Existenz des Hexenwesens, weil er sicher war, aus persönlichen Erfahrungen heraus seine weit verbreiteten Gefahren zu kennen.

Im Jahre 1591, zwölf Jahre bevor er den englischen Thron bestieg (er war damals Jakob VI. von Schottland), wurde in North Berwick eine hexerische Verschwörung aufgedeckt. Die Frauen und Männer, die gefaßt wurden, bekannten sich zu äußerst bizarren Taten: Sie waren in einem Sieb in See gestochen und hatten durch das Ertränken einer getauften Katze einen heftigen Sturm auf See entfesselt und ähnliches mehr. Sie gestanden, daß es ihr Ziel war, das königliche Schiff zum Kentern zu bringen, um den König zu töten (der König kam zu der Zeit gerade aus Dänemark mit seiner neuen Gemahlin Prinzessin

Anna zurück). Bei ihrem Prozeß schworen sie, daß Francis Stewart, Graf von Bothwell und Sohn eines unehelichen Sohnes von Jakob V. (also ein Halbvetter vom König), ihr Führer gewesen sei.

Jakob hatte seinen Cousin immer schon verdächtigt, es auf den Thron abgesehen zu haben, und die Denunziationen waren möglicherweise nur der Versuch, sich den König gewogen zu machen. Wenn dem so war, so kannten sie ihren Jakob schlecht. Der nämlich ließ die Gruppe durch die Mangel drehen und zum Tode verurteilen, wobei er einen gewissen Dr. Fian solange foltern ließ, bis er »weniger ein Mann als eine blutende Masse« war und befahl, eine Frau »lebendig einäschern« zu lassen.

Bothwell selbst entzog sich der Verhandlung durch seine Flucht nach England. Doch an Weihnachten des darauffolgenden Jahres kehrte er nach Edinburgh zurück und versuchte, sich Einlaß in den Holyrood-Palast, die Residenz des Königs, zu verschaffen und um eine Audienz beim König nachzusuchen. Jakob zog sich zitternd vor Angst in seine Gemächer zurück und weigerte sich, seinen Cousin zu empfangen, der schließlich aufgab und aus Furcht, der König könne ihn heimlich ermorden lassen, zuerst in die Normandie und dann nach Neapel flüchtete, wo er den Rest seines Lebens verbrachte.

Unterdessen schrieb Jakob seine *Daemonologia* und wurde König von England.

Radikale Ansichten

In der Regel durfte ein Geständnis auf der Folterbank nicht als gültiger Beweis anerkannt werden. Aber ein Geständnis fünf Minuten vor oder nach der Folterung galt nicht als Nötigung. Clever, nicht wahr?

Peter Binsfield (1540-1603), Verfasser eines in rudimentärem Latein abgefaßten Traktats über »Bösewichter und Zauberer« (1589), war zwar willens, die unter Nötigung zustande gekommenen Beweise anzuerkennen, bat aber trotz der »Geständnisse« darum, die Echtheit der Ailuranthropie (Verwandlung in eine Katze), der Cynanthropie (Verwandlung in einen Hund) und der Lepanthropie (Verwandlung in einen Hasen) in Frage stellen zu dürfen. Dieser Standpunkt wurde von anderen Autoritäten dieser Zeit als querköpfig und gefährlich angesehen.

Schwedische Hexen

Die Schweden waren im allgemeinen besonnener als die Franzosen und die Deutschen, als die Hexenverfolgungen in Mode kamen. Aber im Jahre 1670 wurden in Mora siebzig Frauen und fünfzehn Kinder wegen Hexerei hingerichtet, und 136 Kinder im Alter von neun bis sechzehn Jahren wurden dazu verurteilt, »Spießruten zu laufen und sich an der Kirchentüre auf die Hände schlagen zu lassen«, und zwar manchmal ein ganzes Jahr lang einmal wöchentlich. Ein paar Jahre später, zwischen 1674 und 1677, wurden in Schweden etwa siebzig Personen wegen Hexerei enthauptet oder verbrannt.

Die harten Urteile Anfang des 16. Jahrhunderts unter der Regentschaft von Gustav II. Adolf (1618) schienen eher auf Giftmischer als auf Hexen abzuzielen. Königin Christina setzte den Hexenprozessen ein Ende. Trotzdem griffen die Denunziationen um sich, und die eben erwähnten Hinrichtungen von Mora führten zu 47 weiteren Fällen in Falun und einer noch größeren Anzahl von Hinrichtungen in Uppsala (einer alten Hochburg des Hexenwesens) und Stockholm. Das Todesurteil für Hexerei wurde in Schweden im Jahre 1799 abgeschafft.

Heute ist das Hexenwesen in Schweden fast gänzlich ausgestorben (ganz im Gegensatz zu England beispielsweise), wenn auch bestimmte Volksbräuche und Hausmittelchen einen ganz kleinen Beigeschmack heidnischer Vergangenheit haben.

Mehr über den Hexenprozeß von North Berwick

Bei dem bereits erwähnten Hexenprozeß in North Berwick war auch König Jakob I. in persona zugegen. An einer Stelle der Verhandlung kam Bewegung in den König; er schrie Agnes Simpson an und unterstellte ihr, daß sie auf der Anklagebank lüge.
Sie bat darum, den König unter vier Augen sprechen zu dürfen, und wiederholte Wort für Wort, was Jakob und seine Gemahlin in ihrer Hochzeitsnacht im Bett gesprochen hatten. Das überzeugte den König davon, daß sie letztendlich doch eine Hexe war. So wurden alle Verteidiger einschließlich Alice Simpson hingerichtet.

Die Schweiz und das Eierlegen

Zu Beginn und gegen Ende des 16. Jahrhunderts kam es in der normalerweise friedlichen Schweiz zu einer Welle von Hexenverbrennungen: fünfhundert Hinrichtungen in Genf im Jahre 1515 und dreihundert Hinrichtungen in Bern im Zeitraum von 1591-1600, um nur zwei Beispiele zu nennen. 1474 wurde in Basel ein Geflügeltier zum Tode verurteilt, weil es ein Ei gelegt hatte. Ja, das Tier war ein Hahn!

Hoher Prozentsatz

In der ruhigen protestantischen Kleinstadt Quedlinburg im Harz schafften es die 12000 Einwohner im Jahre 1589, in einer einzigen Woche 133 Hexen zu verbrennen. Es wären eigentlich 137 gewesen, aber vier der Verurteilten waren hübsche junge Mädchen, und der Scharfrichter rettete sie, indem er einfach behauptete, der Teufel habe sie weggezaubert.

Der Vater der Kriminalistik

Benedikt Carpzov II. (1595-1666), ein Rechtsgelehrter, der als »Vater der Kriminalistik« bekannt wurde, prahlte mit zwei stolzen Rekorden: daß er erstens die Bibel dreiundfünfzigmal gelesen und zweitens 20000 Hexen auf den Scheiterhaufen gebracht habe.
Zeitgenössische Historiker sind solchen Zahlen gegenüber eher skeptisch, selbst wenn man berücksichtigt, daß Carpzov ein Aufschneider war. Wie dem auch sei, Carpzov tat ganz offenkundig sein bestes.

Die letzten Hinrichtungen

Eines der schärfsten Gesetze, das jemals gegen »Hexerei, Beschwörungen und Zauberei« in Kraft gesetzt wurde, war das Statut von 1542 unter Heinrich VIII. Doch nach diesem Gesetz wurde letztendlich nur eine einzige Person verurteilt, und die wurde begnadigt. Unter anderen Gesetzen jedoch gingen die Anklagen und das Töten weiter. 1604 brachte Jakob I. sogar ein Gesetz durch, das die Anklage wegen Hexerei einer Verurteilung effektiv gleichsetzte.

Aus zuverlässiger Quelle wird berichtet, daß unter diesem Gesetz in einem Zeitraum von zweihundert Jahren insgesamt 30000 »Justizmorde« wegen Hexerei durchgeführt wurden. König Jakob I. verurteilte einmal ein ganzes Schwurgericht, weil es gewagt hatte, eine wegen Hexerei angeklagte Frau freizusprechen.

Über ein Dutzend Hexen wurden in Northhamptonshire in den ersten paar Jahren des 18. Jahrhunderts hingerichtet, und 1716 wurde eine gewisse Mrs. Hicks mit ihrer neun Jahre alten Tochter wegen Hexerei in Huntingdonshire aufgehängt. Die Gesetze gegen das Hexenwesen wurden dann im zehnten Regentschaftsjahr von Georg II. (1736) aufgehoben, während zum gleichen Zeitpunkt – so Joseph Haydens *Dictionnary of Dates* (1841) – »eine ignorante Person in dem Bestreben, sie wieder in Kraft zu setzen«, einen »Gesetzentwurf gegen ein armes altes Weib in Surrey wegen der Ausübung von Hexenkunst« einbrachte.

Die letzte Hinrichtung wegen Hexerei fand in Schottland 1722 statt, wie wir an anderer Stelle beschrieben haben. Damit endeten jedoch die Hexenverfolgungen auf den Britischen Inseln keineswegs. Die Hetze un die Marterungen gingen oft im geheimen weiter. In den fünfziger Jahren des 18. Jahrhunderts wurden in Hampshire versehentlich zwei Alte getötet, als ihre Untersuchungsrichter sie der Wasserprobe im Dorfteich unterzogen.

In den amerikanischen Kolonien waren die Hexenprozesse nicht auf Neuengland begrenzt – obwohl zugegebenermaßen dort das Geschäft besonders blühte –, aber Maryland ist die einzige andere Festlandkolonie, in der tatsächlich auch eine Hexe hingerichtet wurde. 1685 hängte man Rebecca Fowler wegen Ausübung »teuflischer Künste«. Maryland war auch der Schauplatz des letzten kolonialen Hexenprozesses im Jahre 1712, als ein gewisser Virtue Violl von der Anklage der Zauberei freigesprochen wurde. Die letzte Hinrichtung wegen Hexerei fand in den britischen Kolonien auf dem Bermudas im Jahre 1730 statt. Hier wurde Sarah Bassett, eine Sklavin, gehängt, weil sie ihren Herrn durch Zaubersprüche getötet haben soll.

In den Spanisch sprechenden Teilen von Amerika dauerte die Hexenverfolgung weit länger als in Europa an. Die letzte Person, die als Hexe verbrannt wurde, scheint eine Frau gewesen zu sein, die 1888 in Peru hingerichtet wurde.

In Deutschland verbrannte der Bischof von Bamberg im 17. Jahrhundert mehr als hundert Leute wegen Zauberei, vielleicht sogar mehr als zweihundert (die Angaben variieren). Philipp Adolf von Ehrenberg, Bischof zu Würzburg und Herzog zu Franken, und sein Cousin Johann Georg II. Fuchs von Dornheim zeichneten gemeinsam für fünzehnhundert Tote verantwortlich. 1627 bauten die Deutschen ein »Hexenhaus«, um dort die Angeklagten unterzubringen, bis man aus ihnen die Bekenntnisse zur Hexerei herausfoltern konnte. Ende des 18. Jahrhunderts fanden dann die letzten großen Hexenprozesse statt. Die Zeit, in der Wolfenbüttel und all die anderen – viel zu zahlreichen – deutschen Städte »ein Wald von Scheiterhaufen« gewesen waren, war endgültig vorüber.

Die Schuld der Hexen

In Zeiten, in denen ein Sündenbock gebraucht wurde oder die Kirche sich bedroht fühlte, wurde das Hexenwesen zu einem schändlichen und ketzerischen Verbrechen hochstilisiert, gegen das sich die ganze Gewalttätigkeit der Gesellschaft in selbstgerechter Manier richtete. Aber gab es da wirklich so etwas wie einen Pakt mit dem Teufel?

Wallace Notesteins *History of Witchcraft in England from 1558 to 1718* (1911), ein Werk, das sich in erster Linie auf Gerichtsprotokolle stützt, pflichtet im großen und ganzen Reginald Scots elizabethanischer, damals unorthodoxer Meinung bei, daß nämlich Hexenkunst eine Täuschung sei und daß »Hexen« eher senil als satanisch seien. Aber noch 1926 gab es tatsächlich Leute, die sich über diesen Standpunkt mokierten. So veröffentlichte Montague Summers in diesem Jahr seine *History of Witchcraft and Demonology*, in der er schreibt:

> Einige Autoren haben die mittelalterliche Hexe in den schönsten Farben auf Seide gemalt. Sie wurde als eine Art exzentrische aber liebenswürdige alte Dame dargestellt, gewieft und scharfsinnig, kundig der Heilpflanzen und Arzneimittel und immer bereit, ihren Nachbarn mit Rat und Tat beiseite zu stehen. ... Ohne ersichtlichen Grund wurde sie also das wehrlose Opfer fanatischer Richter und besessener Inquisitoren, den bekanntermaßen größten Ignoranten und Dummköpfen unter den Sterblichen, die sie fingen, zur Wasserprobe in den Fluß warfen, verhörten, folterten und schließlich auf dem Scheiterhaufen verbrannten. ...

Es entspricht sicherlich der Wahrheit, daß einige Hexen in der Tat asozial, gesetzlos, rachsüchtig, gedungene Mörder, Giftmischer, Terroristen, Häretiker waren, aber andere waren auch tatsächlich freundliche alte Damen mit irgendwelchen alten Hausrezepten. Sei dem wie es sei: Wie das Gesetz mit ihnen umging, war barbarisch.

5

Amulette, Talismane und andere Magiemittel

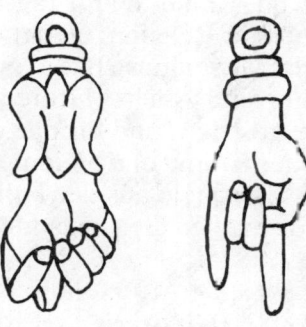

Talisman-Magie ist eine Art der Magie, die die meisten Leute in der einen oder anderen Form schon irgendwann einmal in ihrem Leben praktiziert haben. Haben Sie nicht schon mal eine Hasenpfote oder einen Glückspfennig oder einen ähnlichen Gegenstand mit sich herumgetragen, nur weil Sie sich davon Glück versprachen? Kennen Sie nicht auch andere Leute, die das tun?

Nun, viele der Dinge, von denen die Rede sein wird, sind keine Talismane, sondern Amulette. Amulette wenden das Böse ab, während Talismane den Erfolg anziehen sollen. Allein schon das Bewußtsein, etwas zu besitzen, was für einen arbeitet, hilft Ärger abzubauen, schafft Zuversicht und steigert auf diese Weise die Leistungsfähigkeit des Trägers.

Wenn sie so wie viele Okkultisten – darunter auch Paracelsus und Colin Wilson – der Meinung sind, daß Magie eine Sache des Bewußtseins ist, dann ist die persönliche Haltung des Amulett- bzw. Talisman-Trägers von ausschlaggebender Bedeutung. Aber Magier glauben, daß eine Astralkraft oder eine sonstige übernatürliche Kraft dem Amulett bzw. Talisman buchstäblich einverleibt werden kann und daß diese Kraft auch dann wirkt, wenn der Träger sich dieses Gegenstandes überhaupt nicht bewußt ist.

Für viele Leute sind Amulette und Talismane integraler Bestandteil orthodoxer Religion: Gebetsriemen und Mesusas, Kreuze und Medaillons. Die Ägypter verwendeten Skarabäuskäfer und Anchs (Urkreuze), die Afrikaner arbeiten mit Fetischen, und für die Mohammedaner sind es die Hand der Fatima und andere Sinnbilder.

Hier nun ein paar Beispiele aus der Fülle des Angebots an magischen und rituellen Gegenständen.

Gris-Gris

Der Brauch der Afrikaner, kleine Götzenfiguren bzw. Abbilder ihrer Schutzgeister herzustellen, gelangte mit dem Sklavenhandel auch in die Länder der westlichen Hemisphäre. Heute werden diese Objekte als Amulette getragen und finden noch oft im Voodoo-Kult und ähnlichen Kulten Verwendung.

A.M.S.G.

Die Gesellschaft Jesu setzt oben auf ihre Dokumente immer das Kürzel A.M.D.G. für *Ad Maiorem Dei Gloriam*, »Zum höheren Ruhm Gottes«. Andere bedienen sich der

Initialen J.M.J. (»Jesus, Maria und Josef«) und dergleichen mehr.

Bei den Teufelsanbetern finden wir des Kürzel A.M.S.G. (*Ad Maiorem Satanae Gloriam*, »Zum höheren Ruhme des Satans«) auf Dokumenten, in den Pentakeln, auf Amuletten, auf Talismanen usw. Manchmal steht noch der Zusatz D.V. (*Dei veri*, »Der wahre Gott«) dabei.

Kostenloser Service

Die okkultistische Tradition schreibt vor, daß der Hersteller von Amuletten und Talismanen für seine Dienste kein Entgelt annehmen darf, wenn es auch zulässig ist, daß er sich von dem künftigen Träger des Amuletts bzw. Talismans das Metall (im allgemeinen Silber oder Gold) besorgen läßt.

Deshalb funktioniert es auch nicht, wenn man sich seine eigene Metallscheibe besorgt und die dann von seinem Juwelier am Ort gravieren läßt. Denn den Juwelier müssen Sie ja bezahlen. Außerdem kennen Sie auch nicht den genauen Zeitpunkt, wann er sich ans Werk macht. Und der ist nun einmal wesentlich, denn genau dann müssen Sie sich gedanklich mit den Intentionen, die Sie mit dem Amulett bzw. Talisman verbinden, auseinandersetzen, um die richtige »Aufladung« des guten Stücks zu gewährleisten.

Ein christlicher Glücksbringer

Der *Malleus Maleficarum* (Hexenhammer) erlaubte den Christen Glücksbringer unter der Voraussetzung, daß keine unbekannten Namen verwendet wurden (aus Angst, es könnten die Namen heidnischer Götter oder

Dämonen sein), daß kein Pakt mit dem Teufel besiegelt wurde, daß kein Glaube an irgendeine andere Macht als die Macht Gottes damit verbunden war, daß nichts Unwahres oder Heidnisches dargestellt wurde (nur das Zeichen des Kreuzes »ging als Gebärde durch«) und daß ausschließlich Bibelsprüche Verwendung fanden.

Nur ein Zahn

Wenn Sie als Kind einen Zahn verloren hatten, legten Sie ihn dann auch unter das Kopfkissen in der Hoffnung, von der Zahnfee ein Geldstück zu bekommen?
In bezug auf die Zähne gibt es die seltsamsten Arten von Aberglauben. So hat es etwas zu bedeuten, wenn ein Baby mit einem vollausgebildeten Gebiß auf die Welt kommt (wird sicher ein Vampir oder schlimmeres) oder in welcher Reihenfolge das Kind zahnt; Weisheitszähne spielen eine Rolle; Pferdezähne um den Hals eines Kindes sollen die Zähne des Kindes kräftigen (eine alte skandinavische Idee) und dergleichen mehr.
Wußten Sie, daß die Zigeuner empfehlen, den ersten Zahn eines Kindes in einen hohlen Baum zu werfen? Sicherlich als Ehrengabe für die, unseren alten Vorstellungen nach, in den Bäumen hausenden Götter gedacht.
Zähne, die nach dem siebenten Lebensjahr ausfallen, sollten aufbewahrt werden. Sie können noch einmal nützlich werden. Wenn ein Kind dann später starke Zahnschmerzen hat, kann man den ausgefallenen Zahn in einen Fluß werfen. Unsere frühere Verehrung der Wassergeister klingt hier an.
Ausgefallene Zähne erweisen sich auch als nützlich, wenn man etwas zu verkaufen hat, aber keinen Käufer findet. Man lege sie zusammen mit den Knochen eines Laubfrosches oder einer Kröte oder einem Eschenzweig in einen

kleinen Beutel. Wenn dann Markt ist, reibe man nur an dem Beutel und denke an seinen Wunsch, und schon werden die Käufer erscheinen – man muß nur fest genug daran glauben und den Beutel sorgfältig gepackt haben. (Das Hauptproblem besteht darin, die kleinen Knöchelchen sauber zu bekommen. Am besten vergräbt man sie in einem perforierten Behälter in einem Ameisenhaufen. Die Ameisen werden sie ganz sauber abnagen.

Ich bin diesem alten Aberglauben nur einmal in der modernen Welt live begegnet. Auf dem Kaledonischen Markt, einem Freilicht-Antiquitätenmarkt in Bermondsey, einem Stadtteil von London, sah ich 1969 einen alten Mann mit seinem kleinen Beutel an einem verlassenen Stand. Er brauchte alle Hilfe, die er bekommen konnte. Seine wenigen Habseligkeiten sahen ein bißchen schäbig aus. Es war ein regnerischer Freitag und noch sehr früh am Morgen. Ich tauchte plötzlich hinter ihm auf und fragte: »Sind in Ihrem kleinen Beutel Zähne und Knochen?« Er fuhr zusammen und war noch überraschter, als er erfuhr, daß ich mein Wissen aus Büchern hatte.

»Ich wußte nicht, daß solche Dinge in Büchern stehen«, sagte er. »Vielleicht hat ein Zigeuner so ein Buch geschrieben, aber er hätte das nicht tun dürfen.«

Ich plauderte noch eine Weile mit ihm und kaufte schließlich ein altes Gemälde, das er unter dem Tisch hervorholte. Schön sauber gemacht, entpuppte es sich als eine gute Kopie eines Originalporträts von Lord Byron. Der alte Mann verpackte meinen Kauf sorgfältig in einigen alten Zeitungen, und als ich bezahlte, bemerkte ich scherzhaft, daß man nie an einem Freitag ein Geschäft abschließen sollte, weil der Freitag (Christus starb an einem Freitag) Unglück bringe.

»Das ist alles richtig, mein Freund«, antwortete er, »aber der Kaledonische Markt ist nur am Freitag. Was soll man also machen?«

Ja, was denn? Nun gut, warum sollte ein Mann sich nicht an seinen Aberglauben klammern? In gewisser Weise hat sein kleiner Zauberbeutel ja auch funktioniert. Er brachte mich direkt an seinen Stand, und ich war sein erster Kunde. Und was mich betrifft, so hat mir mein Lord-Byron-Porträt immerhin eine gute Story eingebracht – das ist doch kein schlechter Handel für £3.

Der Londoner Fluch

Auf einem Grundstück in der Princes Street in London fand man bei Ausschachtungsarbeiten eine Bleiplatte, die möglicherweise einmal an eine Tür genagelt war. Darauf steht:

T [ITUS] EGNATIUS TYRANUS DEFIC [T]US EST ET P [UBLIUS]
CICEREIUS FELIX DEFICTUS E[S]T

Titus Egnatius Tyranus und Publius Cicereius Felix werden hier mit einem Fluch belegt. Man wüßte natürlich gerne, was aus ihnen geworden ist. Wenn sie diesen Fluch je zu Gesicht bekommen haben, dann mag er durchaus seine Wirkung gezeigt haben.

Linien und Kreise

Ihr Metaphysiker und Magier,
Ihr Zauberbücher, schließt den Himmel auf!
Ihr Linien, Zirkel, Zeichen und Figuren,
Ihr seid's, die Faust am meisten sich ersehnt!
Oh, welche Welt des Nutzens und der Lust,
Der Macht und Erde und Allwissenheit
Erschließt sich da dem lernbegierigen Kopf!

Doktor Faustus
Christopher Marlowe

Ein Talisman

Der französische Kaiser Napoleon III. (1808-1873) hinterließ seinem Sohn testamentarisch »als Talisman das Siegel, das ich, an meiner Taschenuhr befestigt, zu tragen pflegte.«

Die Hand des Priesters

Eric Maple, aktives Mitglied der »Society for Psychical Research« und Autor zahlreicher Bücher, der auch schon bei vielen Rundfunkdiskussionen mitgewirkt hat, schreibt in *The Complete Book of Witchcraft and Demonology* (1966):

Zur Zeit des aufblühenden Protestantismus war – wenn wir einmal von der Hexenjagd absehen – kein Sport populärer, als der, die Jesuitenpater, die versuchten, den Geist des römisch-katholischen Glaubens in England lebendig zu halten, zu Tode zu hetzen. Diese Priester wurden gewöhnlich in den Wohnungen alter katholischer Familien aufgespürt, wo sie oftmals in geheimen Verstecken Unterschlupf fanden [»priest holes«]. Nach ihrer Gefangennahme wurden sie häufig gefoltert und mit grausamen Strafen belegt, die männlichen Verrätern vorbehalten waren: teilweises Hängen, Kastration, Ausweidung und schließlich Enthauptung.

Unter der Regentschaft von Charles I. wurde Pater Edward Arrowsmith [1585-1628], ein Jesuit, allein deshalb verurteilt und hingerichtet, weil er ein römischer Priester war. Aber kurz vor seinem Tode bat er die ihm am nächsten Stehenden, seine Hand nach seinem Tode aufzubewahren und erklärte ihnen, daß dieser

Talisman ihnen die Macht geben würde, Wunder zu wirken.

In der Tat mußte die Hand für manchen Fluch und manches »Wunder« während der nächsten drei Jahrhunderte herhalten. Im *Dictionary of National Biography* ist nachzulesen, daß sie als Reliquie in Newton-le-Willows in Yorkshire aufbewahrt wird.

Kosmetika

Auch wenn man davon ausgeht, daß man Kosmetika meist dazu verwendet, um durch Verschönerung seines Aussehens seine Mitmenschen »anzuziehen«, so kann man sie doch schwerlich als talismanisch bezeichnen. Und doch gibt es einige alte Rezepte, die die natürliche Wirkung der Inhaltsstoffe mit Magie, den natürlichen Zauber mit magischem Zauber verwechseln.

Der Überlieferung nach sollen Schönheitsmittel – zusammen mit Astronomie und Astrologie, Metallbearbeitung und Fertigung von Brustharnischen, Schilden und Schwertern sowie Magie und Hexenkunst – von den sogenannten Söhnen des Himmels (Wächtern) stammen. Das waren 200 Engel, die unter Führung von Azaziel auf die Erde herabgestiegen sind (auf Ardis, den Gipfel des Armon-Berges) und sich mit den Töchtern der Menschen vermählt haben, wie das apokryphe Buch Henoch (erstes vorchristliches Jahrhundert) berichtet. Was diese Engel nun über die magischen Schönheitsmittel lehrten, gehört zu den bestgehüteten Geheimnissen der Adepten magischer Künste. Tatsächlich wissen nur wenige Zirkel darüber Bescheid, welche Wirkung von der Bemalung und Parfümierung des Körpers bei magischen Zeremonien ausgeht.

Kosmetische Zaubermittel werden angeblich als eine Art Kriegsbemalung in dem Kampf, den die Satanisten führen, eingesetzt. Wenn diese Rezepturen wirklich alten Ursprungs sind, dann müssen die frühen Adepten der Magie schon ganz genau über die Chemikalien Bescheid gewußt haben, die eine sexuelle Erregung bewirken, denn darauf läuft ihre Anwendung in erster Linie hinaus. (Diese Mittel taten auch bei Tieren ihre Wirkung. So wird glaubwürdig berichtet, daß Aleister Crowley mit seiner parfümierten Salbe immer die Pferde in Trab setzte und sie zum Wiehern brachte, wenn er an ihnen auf der Straße vorbeiging.)

Der Fluch

Abergläubische Menschen fürchten den Fluch von Hexen und Magiern, und Bösewichter riskieren den Fluch der kirchlichen Obrigkeit. Hingegen schrieb Plato in *Die Gesetze*, daß kein Fluch so wirkungsvoll sei wie der Fluch, mit dem Eltern ihre Kinder belegen. Vielleicht erinnern Sie Ihre Kinder hin und wieder einmal daran, wenn sie widerspenstig sind.

Beeinflussung eines Richters

Als MacGregor Mathers eine gerichtliche Verfügung erwirkte, die es Aleister Crowley verbot, die Geheimnisse des »Ordens der goldenen Morgenröte« zu veröffentlichen (1910), erhob Crowley Einspruch und verwendete dabei ausgerechnet einen Talisman aus Kapitel 19 des Buchs *The Sacred Magic of Abramelin*, das Mathers selbst übersetzt hatte, und zwar den Talisman, der einen Richter dazu bringen soll, eine gerichtliche Verfügung zurückzuziehen:

```
A L M A N A H
L
M A R E
A A L B E H A
N
A R E H A I L
H                    A
```

Sollten Sie jemals vor Gericht stehen, dann versuchen
Sie, diese Buchstaben auf ein Pergament zu schreiben.
Bei Crowley wirkten sie – zumindest erkannte das Ge-
richt seinen Einspruch an.

Basmala

Basmala ist die arabische Formel für »Im Namen Allahs,
des gnädigen, barmherzigen Gottes«. Im Arabischen
sind das neunzehn Zeichen genauso wie bei *zabaniah*
(Engelschar unter Malik).
Schreiben Sie es einundsechzigmal hintereinander und
tragen Sie es bei sich, und falls Sie unfruchtbar sind, werden Sie fruchtbar werden. Schreiben Sie es sechshundert-
mal hintereinander und tragen Sie es bei sich, und Sie
werden es zu hohem Ansehen bei den Menschen bringen.
Das wird jedenfalls behauptet.

Fetisch

Das Wort *Fetisch*, so wie es heute gelegentlich von Euro-
päern gebraucht wird, hat im allgemeinen einen sexuellen Sinngehalt. Es stammt aber von einem alten portugie-
sischen Wort ab, das soviel wie »trügerisch, falsch« bedeutet, und ist wortverwandt mit dem landläufigen Be-

griff für Zauberer: *feiticeiro*. Seine ursprüngliche Bedeutung liegt noch im dunkeln: irgendein Artefakt oder natürlicher Gegenstand, der seinem Besitzer übernatürliche Kräfte verleiht.

Gegengift

Secretum Secretorum (»Geheimnis der Geheimnisse«) war ein mittelalterliches Magiebuch, das fälschlicherweise Aristoteles zugeordnet wird. In ihm steht, daß ein Bezoar Epilepsie bei Kindern verhindert. Ein Bezoar ist ein mineralischer Klumpen, eine Konkretion ähnlich wie ein Gallenstein, die sich in der Mägen von Wiederkäuern, vor allem von Ziegen und Rotwild findet. Deshalb nennt man ihn auch Magenstein. Epilepsie war nur ein Anwendungsgebiet unter anderen. In Form von Pulver wurde er als Heimittel bei Lepra und Fieber verschrieben, und wenn man ihn mit sich herumtrug (vorzugsweise in einer goldenen Schachtel), versprach er Schutz gegen die Pest, d.h., er war ein echtes Amulett.
Weitaus am häufigsten aber wurde der Bezoar als Gegengift verwendet. Als ein spanischer Edelmann Karl IX. von Frankreich einen solchen Stein verkaufen wollte, ließ der König seinen Hofarzt kommen, der zufälligerweise Ambroise Paré, der »Vater der Chirurgie«, war, und fragte ihn, ob der Stein wirklich wirke. Paré, der für seinen gesunden Menschenverstand berühmt war, sagte, daß eine einzige Substanz unmöglich bei allen Giften als Gegenmittel wirken könne. Daraufhin versuchte der König ein Experiment. Einer seiner Köche sollte gerade wegen Diebstahls hingerichtet werden. Karl bot dem Mann seine Freilassung an, wenn er sich einem Versuch mit dem Bezoar unterziehen würde. Als der Verurteilte eifrig zustimmte, wurde ihm das Gift, ein ätzendes Sublimat, ver-

abreicht. Unmittelbar darauf schluckte er etwas von dem pulverisierten Stein. Der arme Mann starb sieben Stunden später »unter großen Schmerzen und Schreien«, wobei er aus allen Öffnungen seines Körpers blutete. Karl IX. verbrannte den Rest des Bezoars.

Zaubermittel sind Sünde

Die griechischen Fischer, die in der Umgebung von Tarpon Springs in Florida nach Schwämmen tauchen, wissen, daß ihnen ihr tiefverwurzelter christlicher Glaube jede Form von Aberglauben verbietet, der ihnen aus vorchristlicher Zeit überliefert wurde. Aber sie schaffen es, das alte Gedankengut mit dem neuen zu verquicken. So stechen sie beispielsweise nicht an einem Dienstag in See (Dienstag ist für den Beginn eines Unternehmens ein Unglückstag) und beginnen die Fischsaison auch nicht vor Epiphanias. Wenn auf See ein Sturm aufkommt, dann glauben sie sich vor seiner Gewalt schützen zu können, indem sie ein Kreuz in den Schiffsmast schnitzen und das Messer dort hineinstecken.
Folklore in Amerika (eine Textauswahl von T.P. Coffin und Henning Cohen) sagt dazu weiter:

> Dies rettet sie vor der Gewalt des Sturmes. Derjenige, der dieses Zaubermittel anwendet, begeht eines Sünde und muß in irgendeiner Weise Buße tun. Der Fischer zögert jedoch nicht, auf dieses Zaubermittel zurückzugreifen, wenn er in Gefahr ist.

Anthropologen in aller Welt sind sich darin einig, daß Fischer in unbedrohlichen Situationen (wie beim Fischen in der Lagune) wohl nicht ins Schatzkästchen der Magie greifen, bei Gefahr aber darauf zurückkommen.

Messer für das Wohlergehen

Viele Leute halten das Messer für ein wirkungsvolles Zaubergerät. Die obenerwähnten Griechen stecken es in den Mast, um Stürme zu besänftigen. Englische Seeleute tun das gleiche in umgekehrter Absicht, nämlich um bei Flaute einen Wind aufkommen zu lassen oder um aus ungünstigen Winden günstige zu machen.

Die Schotten sind besonders stolz auf ihren Messer-Aberglauben. Mit einem Messer in der Tasche kann man sich davor schützen, des Nachts von Feen entführt zu werden (Feen haben nämlich Angst vor kaltem Eisen). Ein kürzlich erlegtes Wild muß über Nacht mit einem Messer im Körper gelagert werden, sonst holen es die Feen. Wenn man das Haus einer Fee oder einer Hexe betritt, muß man ein Messer in die Tür stechen, dann kann der Besitzer nicht abschließen. Wenn man dann glücklich wieder draußen ist, nimmt man das Messer wieder an sich und geht seiner Wege. Wenn man an einem ansonsten ruhigen Tag sieht, wie eine Windbö Staub und Heu aufwirbelt, dann bedeutet das, daß die Feen Leute wegtragen. Man muß dann schnell ein Messer in Richtung Bö werfen, damit die Feen ihre Beute loslassen.

Der Fluch der Mumie

Die alten Ägypter sahen die Person des Pharao als heilig an und setzten alles daran, sie sowohl im Leben als auch im Tode zu schützen. Ihre Priester waren kluge Leute, aber sie waren auch rachsüchtig. Sie pflegten ein Bild ihrer Feinde an den Sohlen ihrer Sandalen zu befestigen, so daß sie sie mit jedem Schritt treten konnten. Man glaubte, daß die Priester jeden mit einem Fluch belegten, der die Ruhe der geheiligten Gebeine eines toten Königs störte.

Wenn dem so war, dann war so ein Fluch aber nicht sehr effektiv, denn egal, wie sorgsam die Gräber der Pharaonen auch versiegelt und bewacht waren, die Reihe der Grabplünderer riß nicht ab. Nur ein einziges Pharaonengrab blieb bis ins 20. Jahrundert hinein unversehrt.

Nach sieben Jahren Forschungsarbeit entdeckte der Archäologe Howard Carter am 4. Nobvember 1922 das Grab des Tutanchamun, der im 14. Jahrhundert v. Chr. gelebt hatte. Er öffnete es und war überwältigt. Er fand die Mumie des Kind-Gott-Königs geschmückt mit etwa hundert erlesenen Stücken einer phantastischen Goldschmiedekunst und – ergreifend anzusehen – einem Gebinde verblaßter Blumen, möglicherweise ein letzter Gruß seiner jungen Gemahlin. Der Rest war eine einzige und einzigartige Schatzkammer. Durch die Entdeckung des Grabmals wurde Tutanchamun, ein obskurer Knabe, der nur ein paar Jahre lang mit wenig Erfolg regiert hatte, der bekannteste Pharao der Geschichte.

Doch als Lord Carnarvon (1866-1923), der Auftraggeber Carters, während der Ausgrabungsarbeiten an Lungenentzündung starb, kamen Gerüchte auf, daß er das Opfer eines Pharaonenfluchs geworden sei. In der Folgezeit starben noch andere Mitglieder der Expedition an verschiedenen, meist natürlichen Ursachen. Obwohl man nicht einmal auf die Inschrift eines Fluches auf dem Grab verweisen konnte, nahmen sensationslüsterne Zeitungen dennoch diese Ereignisse zum Anlaß, den Mythos eines alten Fluches, der sich gegen jeden richtete, der die Ruhe des toten Königs störte, aufzubauen.

Es ist schwer einzusehen, warum. Denn wenn es so etwas wie einen Fluch gab, dann hatte er zumindest nicht Howard Carter als ersten getroffen. Er lebte noch bis 1939 und war bei seinem Tode sechsundsechzig Jahre alt.

Unentzifferte Runen

Im Britischen Museum von London wird ein Talisman-Ring aufbewahrt, der folgende Inschrift in Runenzeichen trägt:

AERKRIUFLTKRIURIPONGLAESTAEPON

Es ist noch niemandem gelungen, diese Zeichen zu entziffern. Möchten Sie sich nicht einmal daran versuchen?

Der Zahntempel

Kandy war einst die Hauptstadt eines eigenen Königreichs. Heute ist sie das Juwel von Sri Lanka, dem ehemaligen Ceylon.

Zu seinen vielen Wundern gehört auch der Zahntempel, eines der größten Heiligtümer des Buddhismus, in dem als Reliquie ein angeblicher Zahn des Budda Gautama selbst aufbewahrt wird. Er soll von einer Prinzessin in das Land geschmuggelt worden sein, die die Reliquie in ihrer kunstvollen Frisur versteckt hatte.

Als die Christen den Tempel seinerzeit entweihten, verbrannten sie die Reliquie und warfen die Asche ins Meer. Doch die Buddhisten schworen, daß der von den Christen zerstörte Zahn eine Fälschung und der echte Zahn des Begründers einer der bedeutendsten Weltreligionen heimlich gerettet worden war.

Heute ist der Zahn in einem Ersatztempel inmitten eines großartigen Schreins ausgestellt.

Ich habe den Mantel Mohammeds in den Schatzkammern des Topkapi, dem ehemaligen Palast der ottomanischen Kaiser in Istanbul, der heute als Museum dient, gesehen, und ich habe auch Reliquien von Jesus Christus, wie zum Beispiel das Leichentuch von Turin, gesehen.

Aber das alles sind quasi nur »Zweiter-Klasse«-Reliquien, die mit diesen Männern nur assoziiert werden. Der Zahn hingegen ist eine »Erster-Klasse«-Reliquie, ein Teil von Buddha höchstpersönlich.

Wenn magische Kräfte schon von Dingen ausgehen, die von Heiligen nur »besprochen«, gesegnet oder berührt worden sind, ist es nur natürlich, daran zu glauben, daß ein Stück der Person selbst noch weit mehr vermag. Man denke nur an das Blut von Heiligen beispielsweise oder – um die weltliche Ebene miteinzubeziehen – an die Ehrfurcht, mit der allein schon das blutbefleckte Hemd von Karl I., eine Locke von Napoleon oder auch nur das Autogramm eines Stars betrachtet wird.

Des Zauberers Fluch

Poussinière, der zum Tode auf dem Scheiterhaufen in Fougères in Frankreich verurteilt worden war, sagte kurz vor seinem Tod, daß sich noch am selben Tage der Turm der Kirche von St. Sulpice ganz in der Nähe zur Seite neigen werde. Er tat es, und jahrhundertelang hatte die Kirche einen schiefen Turm, wobei die Kirchturmspitze etwa einen halben Meter gegen den Mittelpunkt der Grundmauern verschoben war.

Zauberspruch gegen Nachtmare

Hängen Sie über Ihr Bett ein Kruzifix oder einen natürlichen Lochstein. Bevor Sie sich dann zum Schlaf niederlegen, sprechen Sie langsam folgende Verse:

Heiliger Georg, Glaubensritter,
Bei Tag und bei Nacht die Lande durchschritt er,

172

Bis zu den Zeiten, da er sie gefunden,
Er sie besiegt und er sie gebunden,
Bis er ihr Versprechen zum Pfand gemacht,
Er würde nicht kommen zu ihr diese Nacht.

Bäume und Steine

Die Anbetung von Bäumen wird in Aelfrics *Homily on
the Passion of St. Bartholomew The Apostle* heftig kritisiert:

> Einem Christenmenschen ist es nicht erlaubt, sein
> Wohlergehen aus irgendeinem Stein oder irgendei-
> nem Baum zu schöpfen

Man beachte, daß Aelfric nicht etwa sagt, man *kann* das
nicht, sondern strikt meint, man *darf* das nicht. Über eine
lange Zeit hinweg war für die Engländer die Anbetung
von Bäumen passé.
In *Ancient Laws and Institutes of England* zitiert Thorpe
die *Canones Edgari*, die besagen, daß »der Baumkult
und der Steinkult und jenes Teufelswerk, Kinder dabei
durch die Erde zu ziehen« ausdrücklich verboten ist.
Letzteres bedarf einer Erklärung. Es gab einen Brauch,
bei dem ein Kind drei Freitage hintereinander (Freitag,
der Tag der Kreuzigung – eine hübsche Verbindung zwischen der neuen und der alten Religion) schweigend
durch einen Bogen aus Dornengestrüpp kriechen mußte.
Noch bis in die jüngste Zeit hinein ließ man in Schweden
schwangere Frauen durch »Elfenlöcher« (Löcher in Bäumen) klettern.
Doch bei uns werden keine Bäume mehr angebetet, wir
klopfen auf Holz.

Das Kreuz

Die symbolhafte Verwendung des Kreuzes ist bei nach-christlichen Amuletten u.ä. selbstverständlich gang und gäbe. Das Zeichen des Kreuzes hat eine Reihe von Hand-gebärden, die früher magische Handlungen begleiteten, abgelöst. Da es in Meßbüchern und anderen religiösen Büchern immer wieder auftaucht, konnten Laien früher leicht zu der Überzeugung gelangen, daß magische Sym-bole in der römisch-katholischen Kirche Verwendung fanden. Sogar Teufelsanbeter benutzen dieses Symbol, obwohl es für sie eigentlich bedeutungslos sein sollte.

Das Kreuz überragt viele Kirchen, auch die St. Pauls Ka-thedrale in London. Der Architekt Sir Christopher Wren wollte allerdings eine Ananas auf die Spitze setzen.

Symbolik der Edelsteine

Seit altersher wurden bestimmten Edel- und Halbedel-steinen Zauberkräfte zugeschrieben.

In Island wird der Gagat oder schwarzer Bernstein als Schutz getragen. In Afrika werden bestimmte Steine oft dem Bündel beigelegt, das man unter der Türschwelle ei-nes Feindes vergräbt, um ihn mit einem Fluch zu belegen. Im mittelalterlichen Europa wurde Gagat oft dazu ver-wendet, die Jungfräulichkeit zu testen (ich weiß aller-dings nicht genau, wie das funktionierte). Man ver-brannte ihn auch in der Absicht, böse Geister zu vertrei-ben.

Die Hohepriester der Juden trugen auf ihrer Brust eine Komposition aus Edel- und Halbedelsteinen, wobei je-der Stein seine besondere magische Bedeutung hatte. (Ich habe mich mit diesem Thema in meinem Buch *The Wonderful World of Superstition, Prophecy, and Luck*

174

(1984) näher befaßt und will deshalb hier nicht noch einmal die Bedeutung der Steine wiederholen).

Es konnte nicht ausbleiben, daß himmlische Kräfte auch solchen Steinen zugeschrieben wurden, die vom »Pflaster des Himmels« auf die Erde niederfielen. Tondriau und Villeneuve sind in ihrem *Wörterbuch der Teufel und Dämonen* ein bißchen vom Thema abgeschweift, um sich auch mit dem Aerolithen zu befassen, der als »Stück eines Sterns, das auf die Erde gefallen ist«, definiert wird. Aber Meteoriten und ähnliches spielten in der Magie eine geringere Rolle als die Mineralien, die aus der Erde abgebaut werden.

Zu den Steinen, die dem Träger Schutz verheißen, gehören der Gagat (gegen Gift), der Amethyst (gegen Trunksucht) die Koralle (gegen Gewalttätigkeit), der Jadestein (gegen Ungerechtigkeit und Kränkung), der Türkis (gegen Mord) und der Zirkon (verschiedene Verwendungsmöglichkeiten).

Beryll, Smaragd und Lapislazuli dienen dazu, die Liebe von jemandem zu gewinnen oder zurückzuerobern. Mondstein, Onyx und Opal sind für die meisten Leute Unglückssteine, obwohl dem Opal nachgesagt wird, er warne den unglücklichen Träger durch Eintrübung.

Millionen von Menschen befassen sich auch heute noch mit Geburtssteinen. Ich habe sie zwar schon in meinem obenerwähnten Buch aufgezählt, möchte diese Liste hier aber noch durch einen Kommentar zu jedem einzelnen Stein erweitern:

Januar
Granat – verleiht Beständigkeit, Ehrlichkeit, Freundlichkeit, Offenheit, Großzügigkeit

Februar
Amethyst – heilt Alkoholismus, schafft Zufriedenheit, erobert das Wohlwollen der Vorgesetzten

März
Aquamarin – gibt Hoffnung und Zuversicht, heitert Unglückliche auf

April
Diamant – versöhnt Liebende, verleiht Beständigkeit, verheißt Treue und Unschuld

Mai
Smaragd – festigt Liebe und erhöht die Intelligenz, macht eloquent und beliebt

Juni
Perle – verleiht Reinheit, Treue und Sanftmut, bringt Freuden- oder Kummertränen

Juli
Rubin – verheißt Mut und Tapferkeit, Wut, Zorn, Loyalität, Barmherzigkeit, Grausamkeit, Elend und Not

August
Sardonyx – verleiht intellektuelle Fähigkeiten, kann bei magischen Riten verwendet werden

September
Saphir – verleiht Loyalität, Gerechtigkeitssinn, Wahrheitsliebe, Frieden, Zufriedenheit, Demut

Oktober
Turmalin – verleiht Vitalität, Potenz, Kraft, Heiterkeit, Aufregung

November
Topas – verheißt Nüchternheit, Treue, Liebe, zieht Ehre und Reichtum an, besänftigt Wut

Dezember

Türkis – verhindert Mord oder zufälligen Tod, bürgt für Sicherheit.

Wenn Sie meinen, Perlen bringen Unglück – viele glauben daran – können Sie statt dessen auch Alexandrit tragen. Dies ist eine sibirische Abart des Chrysoberyll, der seine Farbe je nach Beleuchtung verändert und deshalb wohl bei manchen Leuten die Vorstellung weckt, er vereine die Vorteile anderer Steine in sich: Er kann einem Saphir, einem Smaragd oder einem Amethysten gleichen.

Der Grund dafür, daß der Rubin mit so völlig entgegengesetzten Eigenschaften in Verbindung gebracht wird, liegt darin, daß man glaubt, Rubine könnten ihr Aussehen verändern. Wenn sie es tun, dann bringen sie das Negative hervor: die grausame und unkontrollierte Seite eines Menschen schlägt durch.

Es soll Unglück bringen, einen anderen Monatsstein als den Geburtsmonatsstein zu tragen, nur Jade und Quarze sind von dieser Regel ausgenommen. Jedem wird das Glück beschieden, wenn er Jade oder Quarz trägt. Der Jadestein ist etwas für Personen von höchster innerer Moral, während Quarz eher dafür geeignet ist, diese innere Moral zu verbessern, indem er den Intellekt schärft und damit das innere Gleichgewicht ausbalanciert. Jeder kann auch den Beryll tragen, um das andere Geschlecht anzuziehen, während der Gagat immer gegen Ängste und Erscheinungen hilft und der Zirkon einen gesunden Schlaf und gute Gesundheit ebenso verspricht wie Sicherheit bei Ausflügen.

Der Opal, von dem man einst glaubte, er bringe jedem Unglück, der nicht im Oktober geboren ist, ist mittlerweile selbst für die Oktober-Geborenen passé. An seine Stelle ist der Turmalin getreten, wobei Oktober-Leute den Opal allerdings weiterhin ohne Sicherheitsrisiko tragen können, sofern sie ihn sofort ablegen, wenn er sich eintrübt (bringt Unglück).

Der am meisten verehrte Stein der Welt ist wahrscheinlich der in Silber gefaßte »Schwarze Stein«, der in die Kaaba in Mekka eingemauert ist. Eine Wallfahrt zu dieser Kultstätte ist der Traum jedes Moslems in der Welt. Jedes Jahr pilgern unzählige Anhänger des Islam dorthin. Man erzählt sich, daß dieser schwarze Stein einst Teil von Salomons Tempel gewesen sei.

Häresie

Die Inquisition hat in Saragossa, Spanien, 1585 feierlich erklärt, daß die Aufbewahrung des Fingers eines Toten als Glücksbringer Häresie sei.

Schwedisches Brauchtum

Neben dem Aufbewahren und Tragen bestimmter Gegenstände, die Glück bringen oder Schutz verleihen sollen, spielt auch der Brauch eine Rolle, Gott oder dem Teufel bestimmte Dinge zu opfern.

Sacha Segal Scarlet schreibt in *A Key to Stockholm* (1960):

Eine Tradition, die langsam ausstirbt, läßt die Kinder an Weihnachten eine Schüssel mit Reisbrei für Robin Goodfellow (Teufel) oder den Hauskobold auf den Speicher stellen. Möglicherweise bedauern es die Hauskatzen, daß dieser Brauch heute nur noch so wenig Beachtung findet.

Seit frühester Zeit haben die Menschen Tieropfer dargebracht. Die Germanen pflegten Rentiere, ihre wertvoll-
ste Lebensgrundlage, zu opfern. Die Griechen hingegen
schütteten Wein auf den Boden. Melchisedech, König
von Salem (Jerusalem) und Priester des Allerhöchsten
Gottes, ersetzte das Tieropfer durch Brot und Wein und
begründete die Tradition, die von den Christen weiterge-
führt wurde. Dieser Brauch, den Göttern menschliche
Nahrungsmittel darzubringen, ist in vielen Religionen
rund um die Welt verbreitet, auch der Reisbrei für schwe-
dische Kobolde gehört dazu.

Die tiefere Bedeutung eines Namens

Namen spielen auf Amuletten und Talismanen eine bedeutende Rolle. Viele Inschriften beginnen mit »Im Namen«, worauf die Namen bzw. *Shemonth* (Ersatznamen)
Gottes, die Namen von Dämonen oder von Erzengeln
folgen.
In der Magie wird ein Name als Teil der Person, die ihn
trägt, betrachtet und oft in der gleichen Weise wie eine
Haarlocke oder ein paar abgeschnittene Fingernägel verwendet. Magiern wurde nachgesagt, sie könnten Geister
und Dämonen durch die Kenntnis ihrer Namen beherrschen. Im Schutze ihres magischen Kreises mit den Namen Gottes würden sie die übernatürlichen Wesen herbeirufen und sie zwingen, indem sie sie bei ihrem Namen
nannten, die Bitten der Sterblichen zu erfüllen.
In der schwarzen Magie werden viele Namen umgedreht
oder in Form eines Anagramms verwendet.
Man sollte nie seinen eigenen Namen auf einem Amulett
oder Talisman anbringen, dafür aber möglichst sein ganzes »Ich« in die Fertigung desselben hineinlegen und es
ständig bei sich tragen, um seine Kraft zu mehren und

den optimalen Nutzen daraus zu ziehen – selbst wenn man sich noch nicht ganz darüber im klaren ist, ob man nun an seine Wirkung glauben soll oder nicht.

Spucken

Ball-Werfer spucken auf den Ball. Arbeiter spucken in ihre Hände. Leute spucken auf den Boden, um ein Geschäft zu besiegeln. Sie spucken auch auf ihren Gegner, um ihren Spott und ihre Verachtung zu dokumentieren.

Das Spucken hat magische Bedeutung. Voodoo-Zauberer spucken auf ihre kleinen Figuren, um sie zum Leben zu erwecken. Auch Christus verwendete zu seinen Wunderheilungen seinen Speichel.

Ein gewisser Dr. Gregory erklärte in einem Vortrag vor der British Association in Oxford 1894, wie er und der Häuptling des kriegerischen Massai-Stammes in Afrika nach einer Meinungsverschiedenheit Frieden schlossen: »Wir spuckten uns gegenseitig an.«

Spucken ist unhygienischer als Händeschütteln (das auf den alten Brauch zurückgeht, dem anderen zu zeigen, daß man unbewaffnet ist), aber insofern besser, als man dabei ein Stück seines Selbst auf den anderen überträgt. Auch eine Art Blutsbrüderschaft einfach und schmerzlos!

Manche Leute spucken auch auf Glückspfennige und andere Glücksbringer oder küssen glückverheißende Dinge. Haben Sie sich schon einmal gefragt, warum? Jetzt wissen Sie es.

Der Davidstern

Ein Symbol, das man häufig auf Amuletten, Talismanen wie auch in Pentagrammen, etc. findet, ist der sechszakkige Davidstern. Er wird von den Juden verehrt und wurde von Hitler, der aus ihm ein Abzeichen der Minderwertigkeit machen wollte, entehrt.

Es war jedoch König Salomon und nicht König David, der einen Siegelring mit diesem alten Stern trug. Mit der Inschrift des »wahren Namen Gottes« soll er ihm Macht über die Dämonen verliehen haben. Der Ring ging verloren; er wurde mit ihm begraben.

Die Kabbalisten übernahmen den sechszackigen Stern, da er für sie das Symbol des Feuers – ein auf der basis stehendes Dreieck – und das Symbol des Wassers – ein auf der Spitze stehendes Dreieck – in sich vereinte.

Sie nannten es das Siegel Salomons und verwendeten es für Talismane ebenso wie sie es auf ihrer Ausrüstung, wie beispielsweise ihren Zaubermänteln, anbrachten. Es findet sich als Zeichen der Macht in den magischen Büchern, die im Mittelalter Salomon selbst zugeschrieben wurden. Diese Bücher wurden neu bearbeitet und neu gedruckt, was jedoch ein sinnloses Unterfangen war. Denn Magier bestehen darauf, daß sie handschriftlich abgefaßt sind.

Dieses »jüdische« Symbol trifft man auch in christlichen Kirchen an (manchmal in Verbindung mit den griechischen Buchstaben *alpha* und *omega*, die den Anfang und das Ende versinnbildlichen). Ebenso findet man es auf Zauberhüten aus Wales, Algerien, Nepal (wo es mit einem Schwert, als Insignum des Königs, kombiniert ist) und Mexiko.

Nächtliche Magie

Lenormants *Chaldean Magic* (1877) und ähnliche historische Studien über die Sumerer, Babylonier und Assyrer vermitteln eine Vorstellung von den uralten Wurzeln der Magie.

181

Eine chaldäische Zauberplatte stellt einen Talisman dar, der Dämonen vom Haus fernhalten soll. Übersetzt bedeutet die Inschrift etwa Folgendes:

> Talisman, Talisman,
> Grenze, die nicht weggenommen werden kann,
> Grenze, die die Götter nicht überschreiten können,
> Unverrückbare Barriere,
> Die sich dem Bösen entgegenstellt,
> Sei es ein böser *utuq*,
> Ein böser *alal*, ein böser *gilgum*,
> Ein böser Gott, ein böser *maskim*,
> Ein Phantom, ein Geist,
> Ein Vampir, ein Inkubus,
> Ein Sukkubus, ein Nachtmahr,
> Mögen die Schranke des Gottes Ea
> Ihn aufhalten.

Dazu einige Erläuterungen: *Utuq*, *alal*, und *gilgum* sind bestimmte Dämonen; *maskim* sind sieben unterirdische Dämonen. Die anderen dürften bekannt sein. Wie ich bereits erwähnt habe, ist ein Vampir nicht wirklich ein Dämon (da er nicht tot ist), aber verwandt mit den Dämonen im Umfeld des blutrünstigen Molochs. Der Nachtmahr oder Alp galt als eine Art Tierdämon, der die Leute während des Schlafes heimsuchte, wie auch Inkubus und Sukkubus es taten. Ea war der Gott der Weisheit.
»Nun leg' ich mich zum Schlafe nieder. ...« Die Nacht hat schon immer ihre Schrecken für den Menschen bereitgehalten. Sie ist nach wie vor die Zeit des Teufels. Auch die chaldäischen Dämonen kamen des Nachts. Gegen sie wirkte so ein *teletē* (griechisch für »Ritus«), ein Amulett gewährte passiven Schutz.
Heutzutage verwenden die Leute ein vierblättriges Kleeblatt oder den Pompon einer Seemannsmütze, das *fas-*

cinum (geflügelter Phallus, von dem noch einige Exemplare in den Ruinen von Pompeji zu finden sind; allzu viel Gutes haben sie dort allem Anschein nach nicht vollbracht) und ähnliche Dinge mehr.

Wie sagte doch O'Henry auf seinem Sterbebett? – »Wir gehen nicht gern im Dunkeln nach Hause.«

Weitere Steine

Edel- und Halbedelsteinen wurden sowohl medizinische Heilkräfte als auch magische Zauberkräfte zugeschrieben. Medizin und Magie waren auf jeden Fall eng miteinander verbunden, so wie die Schlangen auf dem *Caduceus* (Botenstab des Hermes). Ein römischer Kaiser vertrank ein Vermögen in Form zerkleinerter Rubine und anderer wertvoller Gemmen, in der vagen Hoffnung, damit eine böse Krankheit zu heilen. Bei Shakespeare lösen Herrscher Perlen in Wein auf – auch ein teurer Drink.

Doch eigentlich konnte jedweder seltsam geformte Stein, den man auf dem Boden oder in der Erde fand, für oder gegen etwas verwendet werden und wurde es auch. Islan hatte das »Siegel der Schlange«, ein Stein, der für Liebeszauber gut zu gebrauchen war. Der *Quirin* oder »Stein des Verräters« (im Nest eines Kiebitzes gefunden) war nichts weiter als einfaches Natriumpentathol. Legte man ihn aber auf die Stirn eines schlafenden Mannes, so sorgte er dafür, daß dieser die Wahrheit sagte und Geheimnisse preisgab.

Nicht zu vergessen auch die größeren Steine: die Runensteine von Skandinavien, die Steine von Irland mit den eingeritzten Ogham-Inschriften, die massiven Kultsteine der Druiden, der »Scone-Stein« (auf dem alle britischen Monarchen gekrönt wurden, nachdem er im Jahre 1306 von den Schotten gestohlen worden war). Der Scone-

Stein besteht aus schottischem Sandstein; er stammt also nicht aus dem Heiligen Land, wird aber trotzdem von vielen für Jakobs Kissen gehalten, d.h., er soll der Stein sein, auf dem Jakob mit seinem Kopf ruhte, als er von den Engeln träumte, die an der Himmelsleiter »auf- und niederstiegen«. Kein noch so gutes Argument könnte die Leute davon überzeugen, daß andere Steine nicht ebenso voller Magie steckten und in sich – allerdings nicht im Shakespeareschen Sinne – »Botschaften« trugen.

Datenmagie

Schon immer haben Magier Zauberdinge mit astrologischen Konstellationen assoziiert. Tatsächlich können magische Gegenstände ihre Wirkung nur zu bestimmten astrologisch berechneten Zeiten voll entfalten. Hier ein kurzer Überblick über eine Reihe von »Korrelationen«:

Widder
Diamant · Axt · Eisen · Mars · 1987, 1994, 2001, 2008

Stier
Smaragd · Eule · Silber · Mond · 1984, 1991, 1998, 2005

Zwillinge
Achat · Caduceus · Silber · Merkur · 1983, 1990, 1997, 2004

Krebs
Rubin · Anker · Silber · Mond · 1984, 1991, 1998, 2005

Löwe
Sardonyx · Herz · Gold · Sonne · 1981, 1988, 1995, 2002

Jungfrau
Saphir · Spinne · Silber · Merkur · 1983, 1990, 1997,
2004

Waage
Opal · Waage · Kupfer · Venus · 1982, 1989, 1996, 2003

Skorpion
Topas · Tau (T) · Eisen · Mars · 1987, 1994, 2001, 2008

Schütze
Türkis · Pfeilspitze · Zinn · Jupiter · 1986, 1993, 2000,
2007

Steinbock
Granat · Katze · Blei · Saturn · 1985, 1992, 1999, 2006

Wassermann
Amethyst · Schlüssel · Blei · Saturn · 1985, 1992, 1999,
2006

Fische
Heliotrop · Fisch · Zinn · Jupiter · 1986, 1993, 2000,
2007

Damit haben Sie also eine Übersicht über alle Sternzei-
chen mit den dazugehörigen Geburtssteinen, Symbolen,
Metallen und Planeten und können feststellen, in wel-
chen Jahren des laufenden Sonnenzyklus (1981-2016)
»Ihr« Planet seine optimale kosmische Wirkung entfaltet.
Natürlich können Sie auch allgemein gehaltene Magie-
mittel verwenden, wie beispielsweise ein Kreuz oder eine
Eichel (eine Zinn-Kupfer-Eichel verspricht beständige
Vitalität und soll auch in der Lage sein, den abtrünnigen

Geliebten zurückzugewinnen) oder auch einen Toten-kopf in Silber (allerdings gelten Rubin-Augen als vulgär); doch die meiste Kraft und der größte Schutz wird Ihnen zuteil, wenn Sie die mit Ihrem Sternzeichen korrespon-dierenden Magiemittel tragen. Magiemittel eines ande-ren Sternzeichens dagegen bringen dem Träger großes Unglück, heißt es: Der Caduceus der Zwillinge verheißt also ebenso wie z.B. der Opal der Waage jedem anderen Sternzeichen nur Böses. Die meisten »gläubigen« Leute tragen Amulette bzw. Talismane aus Gold oder Silber, doch nützen tun diese Gegenstände nur weniger als der Hälfte dieser Leute. Weisen Sie also Ihren Geliebten bzw. Ihre Geliebte darauf hin, daß gegebenenfalls das billigere Zinn oder Blei das Beste für Sie sei.

Ein Talisman oder Amulett muß vor allem auch an einem bestimmten Tag gefertigt bzw. gekauft werden. Andern-falls können Sie es vergessen. Orientieren Sie sich dabei an der folgenden Aufstellung:

Sonne	Sonntag	Löwe
Mond	Montag	Krebs
Mars	Dienstag	Widder, Skorpion
Merkur	Mittwoch	Zwilling, Jungfrau
Jupiter	Donnerstag	Schütze, Fische
Venus	Freitag	Waage, Stier
Saturn	Samstag	Steinbock, Wassermann

Sie können Ihr Tierkreiszeichen entweder anhand des Jahrestages, an dem Sie geboren sind, bestimmen (in meinem Fall wäre das Schütze) oder an Hand des Wo-chentages, auf den Ihre Geburt fiel (bei mir wieder Schütze oder Fische), ermitteln. Jeder Wochentag hat »positive« (gerade) und »negative« (ungerade) Stunden. Wenn Sie Ihre genaue Geburtszeit und dazu noch den Längen- und den Breitengrad Ihres Geburtsortes ken-

186

nen, können Sie sich von Ihrem Astrologen ein genaueres Horoskop erstellen lassen.

Wenn Sie Ihr Tierkreiszeichen und Ihren Glücksbringer bestimmt und sich entschlossen haben, nicht mehr nur eine einfallslose Münze mit eingraviertem Geburtsdatum mit sich herumzutragen, dann machen Sie aber auch Nägel mit Köpfen, und fertigen bzw. kaufen Sie Ihren Talisman, Ihr Amulett oder sonstiges Magiemittel zu einer ganz bestimmten Stunde, nämlich dann, wenn der Planet seinen größten Einfluß hat, und das ist um 1 Uhr nachts, um 8 Uhr morgens, um 3 Uhr nachmittags und um 10 Uhr abends.

Tragen Sie niemals einen Ring, der einem Toten gehörte, bevor Sie den Stein nicht neu fassen ließen (nicht einmal an einer Kette um den Hals). Frauen können aus alten Ringen zum Beispiel Broschen machen lassen.

Ich gebe zu, das alles klingt sehr kompliziert. Ist es auch. Doch wenn Sie irgend etwas tragen wollen, sei es nun ein ägyptisches Urkreuz (Anch), einen religiösen Orden, ein Kreuz, ein Gris-Gris, ein Amulett, einen Talisman, egal was, bedenken Sie eins: Wenn Sie abergläubisch genug sind, um es mit magischen Ambitionen zu tragen, dann sollten Sie auch gewissenhaft genug sein, alles ganz richtig zu machen.

Prophetische Träume

Stehen Sie irgendwann im Juni zwischen 3 und 4 Uhr nachts auf, gehen Sie leise hinaus und pflücken eine vollerblühte rote Rose. Gehen Sie damit in Ihr Zimmer zurück und »räuchern« Sie die Rose mindestens fünf Minuten lang über einer Schale mit brennendem Schwefel. Schreiben Sie den Namen der Person, die Sie lieben und Ihren eigenen Namen auf ein sauberes Blatt Papier und

187

wickeln Sie die Rose darin ein. Versiegeln Sie das Papier mit drei Wachssiegeln und vergraben es unter dem Strauch, von dem Sie die Rose gepflückt haben. Markieren Sie die Stelle mit einem großen A (für Amor = Liebe).

Am 6. Juli um Mitternacht müssen Sie die eingewickelte Rose wieder ausgraben, in Ihr Zimmer bringen und unter Ihr Kopfkissen legen. Schlafen Sie drei Nächte hintereinander darauf: Sie werden mit zukunftsweisenden Träumen beglückt werden.

Wie man eine Dinner-Party platzen läßt

»Nehmen Sie die vier Füße eines Maulwurfs und schieben Sie sie heimlich unter das Tischtuch. Die Gäste werden sich hundertprozentig in die Haare geraten.« Der Magier, der dieses Rezept »als Schabernack« empfahl, nannte sich Paul Christian.

Wie man beim Glücksspiel gewinnt

In seinem Buch *The History and Practice of Magic* macht der obenerwähnte Autor den ewigen Verlierern mit folgendem Rezept Hoffnung:

Möchten Sie gerne beim Glücksspiel gewinnen? Schreiben Sie am ersten Donnerstag nach einem Neumond zur Stunde Jupiters, bevor die Sonne aufgeht, folgende Worte auf ein jungfräuliches Stück Pergament: »Non licet ponare in egarbona quia pretium sanguinis.« Nehmen Sie dann den Kopf einer Viper und legen Sie ihn mitten auf die Schrift. Falten Sie die vier Ecken des Pergaments über dem Vipernkopf zusammen und ziehen Sie dann, wann immer Sie Ihr Glück versuchen wollen, das Ganze mit einem roten Seidenband zu Ihrem linken Arm, und niemand wird gegen Sie eine Gewinnchance haben.

Falls Sie dieser Methode nicht so ganz trauen sollten und nicht alles auf diese eine Karte setzen möchten, hat Paul Christian noch acht weitere Rezepte anzubieten. Außerdem fügt er hinzu: »Welche dieser Methode Sie auch immer wählen, vergessen Sie nie, den zehnten Teil Ihres Gewinnes für die Armen beiseite zu legen. Wenn Sie diese Anweisung mißachten, werden Sie nichts gewinnen und alles verlieren.«

Weitergabe von Krankheiten

Eine äußerst widerwärtige und heute hoffentlich nicht mehr praktizierte Methode, sich von Geschlechtskrankheiten zu befreien, bestand darin, mit jemand anderem sexuell zu verkehren und ihm die Krankheit gewissermaßen »zuzuschieben«. Diese Art magischen Denkens trifft man bei vielen Kulturen an. In Haiti beispielsweise läßt man bei einer Krankheit etwas von seiner Nahrung an einem Wegekreuz liegen. Wenn jemand nun diese Nahrungsmittel findet und davon ißt, bekommt er diese Krankheit und nimmt sie damit von einem selber weg.

Reliquien

Die römisch-katholische Kirche hat lange Zeit die Verwendung von Reliquien als Devotionalien anerkannt. Es handelt sich dabei um Objekte, die wegen ihrer [körperlichen Verbindung zu Heiligen oder Personen von großer]

Frömmigkeit und Inspiration Christen zu einem tieferen Gefühl der Verehrung verhelfen. Die Heiligenverehrung – die in ihrer Quintessenz dem treuen Gedenken eines persönlichen Bekannten entspricht – kann durch das Betrachten oder Berühren einer Reliquie des entsprechenden Heiligen stark belebt werden. Reliquien vermitteln ein Gefühl von Nähe.

Es gibt drei Klassen von Reliquien. Erster-Klasse-Reliquien sind tatsächliche Überreste einer Person, wie zum Beispiel der Schädel der Heiligen Katharina von Siena (mit zwei fehlenden Schneidezähnen, die sie verlor, als der Teufel sie über eine hohe Steintreppe hinunterstieß) oder der Arm des heiligen Francis Xavier, der nach Rom geschickt wurde, nachdem der Rest von ihm in Goa begraben worden war, oder aber auch kleine Knochensplitter eines Geweihten, die in einem Altar aufbewahrt werden. Zweiter-Klasse-Reliquien sind Gegenstände, die von einem Heiligen zu seinen Lebzeiten benutzt wurden, wie Kleidungsstücke, Kruzifixe, Bücher usw. Bei einer Dritter-Klasse-Reliquie handelt es sich um einen Gegenstand, der von der entsprechenden Person nur berührt wurde.

Über die Authenzität von Reliquen hat es viele Diskussionen gegeben. Die Fälschung von Reliquien war selbst im Mittelalter eine alte Kunst. Aber im Glaubenszeitalter legten die Leute großen Wert auf die Echtheit des Fragments vom Kreuz Jesu, das in ihrer Kirche ausgestellt war, oder der Dornenkrone in einem Reliquienschrein. Ein Nagel, der dem Anschein nach aus dem echten Kreuz stammt, wurde in die juwelenbesetzte Krone der Habsburger eingearbeitet. Teile des Kreuzes selbst, die der Überlieferung nach von der hl. Helena, der Mutter von Konstantin dem Großen, gefunden worden sind, waren in vielen westlichen Kirchen zu sehen. Leute unternahmen abenteuerliche Pilgerfahrten, um an den Reliquienschreinen berühmter Heiliger oder deren Gräbern zu beten, wobei die Grufte mit Öffnungen versehen waren, so daß die Gläubigen hineingehen und den Leichnam berühren konnten. Wohlhabende Leute kauften freudig Knochen oder zerschlissene Umhänge als »garantiert echte Reliquien« von diesem oder jenem Märtyrer, von diesem oder jenem berühmten Bischof und bewahrten sie dann in juwelenbesetzten Schreinen auf. Die Kathedrale von Chartres war einst im Besitz von Kleidungsstücken, die angeblich von der Jungfrau Maria bei Christi Geburt getragen worden waren. Aus Konstantinopel nach Chartres gebracht, entgingen sie zwar den Flammen, als die Kirche im Mittelalter zufällig in Brand geriet, wurden jedoch dann während der Französischen Revolution absichtlich vernichtet.

Der Franzose Roger Peyrefitte geht in seinem Satireroman *Die Schlüssel von Sankt Peter* (1955 in Paris, 1956 in Karlsruhe erschienen) unter anderem auch mit dem Reliquienrummel ins Gericht. Er läßt darin den zwar weltaufgeschlossenen, aber frommen Kardinal Belloro folgendes sagen:

Eine ganze Reihe outrierter Reliquien wurde während der Religionskriege und während der Französischen Revolution vernichtet. So zum Beispiel ein Niesen des Heiligen Geistes, ein Seufzer, den der heilige Joseph beim Holzsägen ausstieß, die Gräten des Fisches, den Christus vervielfachte, der Schwanz von des Herren Eselin, die Strahlen des Sterns von Bethlehem, eine Feder vom Engel Gabriel, die Kerze von Arras, die brannte, ohne sich je zu verbrauchen. Einige ähnlich kuriose Reliquien gibt es heute noch in Italien, aber ... die Vernunft scheint langsam auf dem Vormarsch begriffen; Johannes der Täufer hat zwar noch sechzig Finger, doch früher hatte er mehr als ein

Korallenriff; die heilige Giulia hat jetzt vierzig Köpfe, doch einst hatte sie mehr als die Hydra von Lerna; die heilige Agatha hat noch fünf Brüste, hatte aber einmal beinahe so viele wie Diana von Ephesus. Noch ein paar Jahrhunderte, und unsere Heiligen werden einen Kopf, zwei Hände und zwei Arme haben, wie wir alle auch.

Was auch immer die kirchlichen Autoritäten mit ihrer Unterstützung der Reliquienverehrung im Sinn hatten, Tatsache ist, daß einige Leute sie mißbrauchten. Anstatt die Reliquien als Andachtshilfen anzubieten, wurde in sie eine eigene unabhängige magische Kraft hineingeheimnist. Reliquien wurden oft gestohlen und bei magischen Beschwörungen oder Mitternachtsorgien dazu benutzt die Geister der Toten auferstehen zu lassen oder durch sie die Zukunft vorherzusagen. Viele durchaus fromme, jedoch einfältige Menschen mißverstanden die Idee der Verehrung und glaubten fest daran, daß der verehrte Gegenstand durch die bloße Berührung auf wunderbare Weise ihre Wünsche erfüllen würde.
In viel zu vielen Fällen wurde die Reliquie eines heiligen Mannes bzw. einer heiligen Frau zu einem Amulett, einem Talisman oder sonst irgendeinem Magiemittel umfunktioniert.

Abraxas-Steine

In der vor- und frühchristlichen Zeit gab es bestimmte Strömungen und Sekten – die sogenannten Gnostiker –, die daran glaubten, daß die geistige Wahrheit allein durch den Glauben erfaßbar sei. Als Geheimwort für die gesamte Hierarchie der Geister, die von einem höchsten Wesen abstammten, diente ihnen das Wort »Abraxas«.

Addiert man die einzelnen Buchstaben des Wortes »Abraxas« anhand ihrer Stellung im griechischen Alphabet, so ergibt sich die Zahl 365, und so glaubte man, daß es 365 Rangordnungen für diese Geister gäbe. »Abraxas« findet man häufig als Inschrift auf alten Talisman-Steinen, die man deshalb Abraxassteine oder Abraxasgemmen nennt. Man vermutet auch, daß sich das Wort »Abraxas« möglicherweise aus der talismanischen Formel »Abrakadabra« entwickelt hat – wenn auch einige Kabbalisten behaupten, daß es aus dem hebräischen *Ab* (Vater), *Ben* (Sohn) und *Ruach Acadsch* (Heiliger Geist) entstanden ist.

Der böse Blick

Der berühmte Schriftsteller W. Somerset Maugham verwendete auf dem Umschlag seiner Bücher und auf den Toren seiner legendären Villa Mauresque an der französischen Riviera ein östliches Symbol, das dazu bestimmt war, den »bösen Blick« abzuwenden.
Auch Rudyard Kipling schmückte das Cover seiner Bücher mit einem alten Symbol, und zwar einem Glückssymbol, das von so unterschiedlichen Völkern wie den Indianern und den Indern verwendet wurde und später einen tragischen neuen Sinngehalt bekommen sollte: Es war die Swastika (das Hakenkreuz).

Der Totenschädel

Der menschliche Schädel, von dem man glaubte, er enthalte die »Persönlichkeit«, wurde mehr als jeder andere Körperteil mit dem Geist des Verblichenen in Verbindung gebracht. Der Totenkopf stellt den Toten dar. Als in *Hamlet* der Totengräber Yoricks Schädel ausgräbt, läßt er in Hamlet eine Fülle von Erinnerungen an diesen Hofnarren und an seine eigene Jugend wiederaufleben.

Die Wikinger tranken aus den Schädeln ihrer Feinde. Nekromanten verwenden sie in ihren schwarzen Zeremonien.

Es gibt christliche Kapellen, die im Sinne eines *memento mori* mit zahllosen Totenschädeln und Gebeinen »geschmückt« sind. Sie üben besonders auf Spanier eine starke Anziehungskraft aus, aber auch in Frankreich und Deutschland gibt es schaurige Beinhäuser. Im österreichischen Hallstadt werden die Toten nach zehn Jahren exhumiert; ihre Schädel werden gebleicht und dann mit einer entsprechenden Beschriftung in langen Reihe nebeneinander aufgestellt. In Irland galt der Eid auf einen Totenschädel als unverbrüchlich.

Kopfjäger vom Amazonas und aus Afrika stellen ihre Schädelsammlungen sowohl außerhalb als auch innerhalb ihrer Hütten zur Schau. In Taiwan dokumentiert man mit aufgereihten menschlichen Schädeln seine Position und demonstriert damit Wohlstand. In Sarawak mußte die Regierung, nachdem sie die Kopfjägerei als barbarische Unsitte verboten hatte, eine Art Schädelausleihe einrichten, aus der die Kopfjäger sich für ihre uralten Riten einen alten Schädel aussuchen und ausleihen konnten.

Die Medizinmänner in Afrika tragen Halsketten mit Totenschädeln. Der Häuptling des papuanischen Sanem-Stammes verwendet den Schädel eines Feindes als Kopfkissen, um sich die Tapferkeit des Toten anzueignen. Auch in Tibet werden Totenschädel häufig zu magischen Zwecken verwendet.

In den westlichen Ländern stellt man die Totenschädel von Helden und Heiligen aus. So wird zum Beispiel der Totenschädel des heiligen Valentin jedes Jahr am Valentinstag in der Kirche von Santa Maria in Cosmedin in Rom gezeigt, und manche Leute glauben, daß ein Blick darauf genügt, um die Stirne seines/seiner Geliebten ein ganzes Jahr lang frei von Sorgenfalten zu halten.

Einst pflegten wir einen Totenschädel auf unserem Schreibtisch aufzubauen, um stets an den Tod erinnert zu werden. Maria Stuart, Königin von Schottland, besaß eine Uhr in Form eines Schädels, die sie in ihrer Hand mit sich herumtrug, um die Vergänglichkeit der Zeit und die Unausweichlichkeit des Todes im Auge zu behalten. Manche Leute bewahrten auch die Schädel ihrer verstorbenen Geliebten auf. So dürfen bei den Azeras in Neu-Guinea die Witwen als einzigen Schmuck nur den Totenschädel ihres Gemahls tragen.

Die Buschmänner von Maleluka auf den Neuen Hebriden fertigen aus menschlichen Schädeln Gedenkplastiken, die sie bei ihren Begräbnisfeierlichkeiten mit Geistpuppen unterhalten. Die Eingeborenen der Nicobar-Inseln in der Bucht von Bengalen graben alljährlich die Schädel ihrer toten Verwandten aus, umhüllen sie mit farbenprächtigen Decken und laden sie dann als Ehrengäste zu einem vier Tage dauernden Fest ein. Diese Bräuche zielen darauf ab, die Toten versöhnlich zu stimmen. Während allerdings die Neu-Hebridianer die Toten dazu bringen möchten, ihnen gefällig zu sein, hoffen die Nicobar-Insulaner lediglich, ihre toten Verwandten so bei Laune zu halten, daß sie von ihnen für ein weiteres Jahr in Ruhe gelassen und ihre Kreise durch sie nicht gestört werden.

Auf manchen alten Abbildungen kann man Totenschädel als Kerzenhalter bewundern. Kein seriöser Magier würde einen derart »starken« Gegenstand, wie den Totenschädel, jemals zu so profanen Zwecken mißbrauchen oder auch nur auf einem Amulett oder Talisman abbilden.

Magische Musik

Wagners *Parsifal* war für mich immer nur die Geschichte vom »reinen Toren und dem heiligen Gral«, wenngleich die Oper voller kabbalistischer Lehren und Symbolik steckt. Das gleiche gilt für Mozarts bezaubernde *Zauberflöte*, wobei anzumerken ist, daß Mozart selbst und sein Librettist Emanuel Schikaneder beide der Freimaurerloge angehörten.

Wie man zu Geld kommt

Man kann heute hin und wieder Leuten aus der Wirtschaftsbranche – aus dem eher konservativen Lager – begegnen, die eine Krawatte mit kleinen Bildnissen von Adam Smith tragen. Sie sollten es statt dessen vielleicht lieber einmal mit folgendem Talisman versuchen: ein Ring mit einem eingelegten roten Chalzedon, auf dem das Bild eines Mannes mit einem Szepter in der Hand eingraviert ist. Die alten Griechen und Römer haben darauf geschworen, daß er Wohlstand bringe.

Gescheiterter Pakt mit dem Teufel

Der französische Romancier Nicholas Edmé Réstif de la Bretonne (1734-1806) erinnert sich in seiner Autobiographie an ein Beschwörungserlebnis in seiner Jugend. Ein Junge namens François Courtcou fand in einem alten Almanach eine Beschreibung darüber, wie ein Schafhirte den Teufel herbeirufen kann. Er überredete den kleinen Nicholas dazu, es einmal zu versuchen. Als der Teufel erschien, schlotterte Nicholas so sehr, daß er den »Pakt« nicht niederschreiben konnte, den Courtcou, wie er immer wieder schrie, von der heiseren Stimme, die man hörte, »bekommen« hatte. Vierzig Jahre später erinnerte sich Nicholas noch lebhaft an diese Begebenheit, war aber inzwischen zu dem Schluß gekommen, daß François wohl betrunken war und dem Spuk ein wenig mit Bauchreden nachgeholfen hatte. Aber vielleicht hat ja auch der gläubige Montague Summers recht gehabt, der meinte, Courtcou habe nur »irgendeinen der ganz niedrigen Geister herbeigerufen«.

Ein Talisman für böse Absichten

Das Amulett soll böse Kräfte abwehren, der Talisman gute Kräfte anziehen. In seinem zwar konfusen, aber vermutlich kompetenten Buch *The Magus, or Celestial Intelligencer* (1801) behauptet Francis Barret allerdings, daß ein Talisman auch böse Kräfte anziehen kann und deshalb in der Lage ist, Unheil über jemanden zu bringen. So wie ein Talisman aus Silber – sofern das »Mondmetall« in der richtigen Mondphase verarbeitet wurde – Gesundheit und Ansehen herbeiwirken kann, so steckt in einem Talisman aus Blei, dem Metall, das mit dem übelwollenden Planeten Saturn korrespondiert, auch die Kraft, dem Feind Unglück zu bringen, sofern er bei der richtigen Planetenstellung mit einer entsprechenden Formel graviert und in der Nähe des Hauses seines Widersachers vergraben wurde.

Heilmittel gegen Tollwut

Schreiben Sie HAX, PAX, MAX, DEUS ADMAX auf eine Apfelscheibe und essen Sie sie. *Deus* (»Gott«) und *pax* (»Friede«) sind zwar richtige lateinische Wörter, doch der Rest sind sinnlose Silben.

Magiemittel gegen Skorpionbisse

Versuchen Sie es mit Vergißmeinnicht, die Sie an Ihre Kleidung stecken.

Heilmittel bei verrenkten Gelenken

Wir wir bereits anderer Stelle erwähnt haben, wurden magische Sprüche und Beschwörungsformeln häufig berühmten Leuten, wie Vergil, Agrippa, Paracelsus u.a., zugeschrieben. Hier nun ein aus völlig sinnlosen Silben zusammengesetzter Satz von »Cato«, wobei dahingestellt bleibt, ob es sich dabei um Cato den Älteren (234-149 v. Chr.), seinen berühmten Urenkel Cato den Jüngeren (95-46 v. Chr.) oder etwa um »Dionysius Cato« handelt, dessen Namen man mit 164 Moralvorschriften des 4. vorchristlichen Jahrhunderts verbindet.
Wer auch immer dieser »Cato« gewesen sein mag, er rät jedenfalls allen Verrenkten, in den Pentakel-Kreis zu treten und folgende Beschwörungsformel zu murmeln:

HUAT HANAT HUAT, ISTA PISTA SISTA,
DOMINABO DAMNAUSTRATA

Ganz gleich, ob Sie nun ein Armband aus Elefantenhaar
oder einen Fetischbeutel aus Teufelsdreck oder – wie Ho-
noré de Balzac es sein Leben lang tat – einen Talisman mit
einem magischen Zahlenquadrat (Quersumme immer
15) tragen, ich wünsche Ihnen auf jeden Fall viel Glück!
Der Talisman von Karl dem Großen war ein großer Saphir, der Splitter des Kreuzes Jesu enthalten haben soll.
Diesen Stein soll der Kaiser von Harun al-Rashid, dem
berühmten Kalifen von Bagdad, erhalten haben. Er war
das Symbol für das Protektorat über Jerusalem und das
Heilige Grab und sollte seinen Träger schützen.
Karl der Große trug ihn ständig bei sich, und als er in vollem kaiserlichen Ornat aufrecht auf seinem Thron sit-
zend zu Grabe getragen wurde, nahm er den Stein mit
sich. 186 Jahre später ließ Otto III. das Grab öffnen. Er
bettete den Kopf von Karl dem Großen in einen juwelenbesetzten goldenen Reliquienschrein, der heute im Aa-
chener Dom steht, während er den Talisman in einer
kirchlichen Schatzkammer aufbewahren ließ. Im Jahre
1804 fiel er Napoleon in die Hände und gelangte nach
dessen Tod in die Schatzkammer der Kathedrale von
Reims. Er blieb dort bis zum heutigen Tag, obwohl Kaiser Wilhelm II. sich sehr bemüht hatte, diesen Stein
käuflich zu erwerben.
Harun erlag, kurz nachdem er Karl dem Großen dieses
hübsche Präsent gemacht hatte, einem Schlaganfall
(809), und die Nachfolger des Kalifen lehnten es ab, die
politische Bedeutung dieses Geschenkes anzuerkennen.
Aus dieser Uneinigkeit entwickelten sich schließlich die
Kreuzzüge.

Wie man Diebe ausfindig macht

Es gibt Amulette, die vor Diebstahl schützen. Bei den To-
mes in Afrika sind solche Amulette allerdings so gut wie
überflüssig, denn Diebe lassen sich ganz einfach ausfindig machen: Sie tragen Talismane, die ihnen bei ihren
Diebereien Glück bringen sollen.

Magie auf dem Lande

Um Hexen vom Vieh fernzuhalten, soll es genügt haben,
dem Vieh um die Hörner oder um den Hals Girlanden
aus Ebereschen zu legen, die mit roten Fäden zusammen-
gebunden waren. (Die Hexen ließen sich besonders von
Kordeln abschrecken, denn sie mußten angeblich zuerst
die Fäden zählen, bevor sie daran gehen konnten, dem
Vieh Böses anzutun.) Hexen ließen sich aber auch durch
grell angemalte landwirtschaftliche Geräte und Wagen –
möglichst in Rot – abhalten.
Diese Vorsichtsmaßnahmen – Ebereschen in den Ställen
und »Brillen«-Zeichnungen bzw. gemalte »Schmetter-
lingsflügel« auf den Wagen als magische Symbole gegen
den bösen Blick – haben das Vieh in England prächtig geschützt. Auch die Messingplättchen am Zaumzeug des
Pferdes, hinter denen die Amerikaner heutzutage in England so wild her sind (und die heute massenhaft kopiert
werden) waren oft mit Symbolen verziert, die den Gedanken nahelegten, es handele sich hierbei um Amulette, die
das Böse abwehren sollten. Ebenso hatten die Glöck-
chen an dem Pferdegeschirr sicherlich den Zweck, irgendwelche Geister, die möglicherweise die Gespanne
heimsuchen wollten, zu ärgern.
»Kränze aus Ilex und Bittersüß schützten die Pferde vor
Hexerei, und nach Einbruch der Dunkelheit bevorzugten

die Marschkutscher Peitschen mit Griffen aus Ilex-Holz«, schreibt Margaret Baker in ihrem maßgeblichen, einschlägigen Werk *Folklore and Customs of Rural England*.

Wall Street-Report

Wenn die Menscheit lange genug überlebt, um unsere heutige Zeit aus einem genügend großen Abstand als weit zurückliegende Vergangenheit betrachten zu können, wird sie manche Dinge, die wir heute gelegentlich tun, wohl auch als bizarr, wenn nicht als grotesk bewerten.

In Island hängte man in alten Zeiten eine Falkenkralle über den Feuerplatz, um Heim und Herd vor Unglück zu schützen. Haben wir nicht manchmal ähnlich verquere Vorstellungen?

Ein Freund von mir, der als Führungskraft überaus erfolgreich in einer großen wahrlich seriösen Gesellschaft tätig ist, kann sich seit Jahren nicht von seiner »Glückskrawatte« trennen. Er sagt, sie habe ihm bei seinen ersten wichtigen Einstellungsgesprächen Glück gebracht, und seither habe er sie bei ähnlichen Gelegenheiten immer wieder getragen.

»Ein Übergangsobjekt«, werden Leser psychoanalytischer Literatur (oder Leser von Charles Schulzes *Peanuts*) sagen. Die Krawatte gab ihm Selbstvertrauen und die Gewißheit, einen guten Eindruck zu machen, und seine Selbstsicherheit verhalf ihm zu den Jobs.

Nun aber, da mein Freund ganz oben angekommen ist, hat er immer noch die Krawatte. Wenn ich richtig vermute, braucht er jetzt keine Einstellungsgespräche mehr zu fürchten; warum dann aber diese Krawatte? Er sagt, er behalte sie »aus Dankbarkeit« und weil er ein ungutes

Gefühl hätte, sie wegzuwerfen; »und wer wisse schon, was passiere?« Ob wohl jemand anders die Krawatte aufheben und seine Firma übernehmen würde?

Er lachte zwar über die Albernheit, daß sein Wolkenkratzer keinen dreizehnten Stock habe, aber ich denke, mein Freund glaubt an Magie.

Nun, unterscheiden wir uns wirklich so sehr von den Indianern, die die Herzen ihrer Feinde aßen in der Hoffnung, deren Mut zu erlangen? Sind wir im Zeitalter der »intelligenten Raketen« so viel anders als die alten Bretonen, die die Steine für ihre Steinschleudern mit dem Gehirn ihrer erschlagenen Feinde einrieben, um ihre Geschosse »intelligenter« zu machen?

Ein wertvoller Opal

Plinius d. Ä. (23-79 v. Chr.) hat in seinem Sammelwerk *Naturalis historia* 20000 Fakten dokumentiert, die er für wert befunden hatte, niederzuschreiben. Aus dieser Fundgrube stammt auch folgende Kostbarkeit: Um seinen wertvollen Opal nicht in die Hände Marc Antons fallen zu lassen, kehrte der Senator Nonius Rom den Rükken und wählte das Exil.

Seit alters her wurde der Opal zwar als wertvoller, für den Besitzer aber gefährlicher Stein eingestuft. Die nordische *Edda* erzählt von Edelsteinen, die aus Kinderaugen hergestellt waren – wahrscheinlich Opalen, denn dieser Edelstein wurde immer schon mit den Augen assoziiert. Im Venedig des Mittelalters glaubte man während der großen Pest, daß die Leute, die Opale trugen, die Steine heller werden sahen, wenn sie sich mit dieser schrecklichen Krankheit infiziert hatten, und daß die Steine sich erst wieder beim Tod des Trägers eintrübten. George Stimpson sagt in *A Book About Thousand Things:*

»Vieles von dem heutigen Aberglauben verdankt seinen Ursprung zweifellos der Geschichte von Sir Walter Scott mit dem Titel *Anna von Geierstein*, die 1829 veröffentlicht wurde und die den Opal als Unglücksstein darstellt, der dem Besitzer nur Elend und Leid bringt.«

Albertus Magnus, der große Heilige des 13. Jahrhunderts, Theologe (Thomas von Aquin war sein Schüler) und schließlich auch Bischof von Regensburg, glaubte ebenfalls fest an die Kraft von Opalen. Darauf weisen *Die ägyptischen Geheimnisse des Albertus Magnus* (die vermutlich von einem seiner Studenten kompiliert wurden) hin:

Nimm den Stein, der sich *Ophtalamus* [Opal] nennt, und wickle ihn in das Blatt des Lorbeers; und er nennt sich *Lapis Obtalmicus*, dessen Farbe keinen Namen hat, denn er ist von vielerlei Farben. Und er ist von solcher Reinheit, daß er die Blicke derer, die um ihn stehen, blendet. Constantius [ein Mönch im 11. Jahrhundert], der ihn in seiner Hand trug, wurde durch ihn unsichtbar.

Der im 16. Jahrhundert lebende Autor Stephen Bateman stimmte mit Albertus hinsichtlich dieser Eigenschaft des Opals überein: Er schwächt die Augen anderer Menschen so sehr, daß er sie blind macht, so daß sie nicht sehen können, was vor ihnen geschieht, weshalb er als der Patron der Diebe gilt.

Der Talisman

In Sir Walter Scotts *The Talisman* (1825) rettet Saladin das Leben von Richard Löwenherz mit einem Schlangenstein, der das Gift aus einer Wunde zieht, mit eben diesem Talisman, der dem Buch den Titel gab.

Vielleicht verdankt Scott seine Idee der Familie Lockhart aus Lanarkshire, die so einen glücksbringenden Talisman, den sogenannten *Lee penny* aufbewahrt, den einer ihrer Vorfahren, Sir Simon Lockhart, einst von den Kreuzzügen mitgebracht hatte.

Auch in Amerika war in früheren Zeiten der Glaube an die Wirksamkeit von Schlangensteinen bei Vergiftungen weitverbreitet. Einige Indianervölker sollen sie als Gegengifte verwendet haben, und selbst Abraham Lincoln nahm seinen ältesten Sohn Robert von Springfield mit nach Haute Terre in Indiana, um einen Schlangenbiß mit Hilfe eines Schlangensteins zu kurieren. Robert überlebte zumindest.

Das Wunder der Holy Cross Abbey

Die Holy Cross Abbey in der Grafschaft Tipperary in Irland verdankt ihren Namen einem Stück des heiligen Kreuzes, in dessen Besitz zu sein sie sich rühmte. Die Legende berichtet von einer Frau, die, gepeinigt von einem magischen Bann, dadurch geheilt worden war, daß sie einen Schal, der die Reliquie berührt hatte, um ihren Bauch gewickelt hatte.

»Plötzlich erbrach sie kleine Stoff- und Holzstückchen«, schrieb Patrick Byrne in *Witchcraft in Ireland* (1967), »und einen ganzen Monat lang spuckte sie derartige Dinge aus ihrem Körper heraus. ... Er [der Abt] trug Sorge dafür, daß dies schriftlich niedergelegt wurde.«

Nur ein bißchen Glauben

Manche Leute behaupten, daß die Kraft von Amuletten und Talismanen, einschließlich ihrer Fähigkeit, das eigene Wohlbefinden zu steigern, aus dem Glauben entsteht. Werfen Sie also Ihre Pülverchen und Pillen, Ihre Tropfen und Salben weg, und denken Sie positiv! Kündigen Sie Ihre Versicherungen und besorgen Sie sich ein paar Amulette.

Um ganz sicher zu gehen, besorgen Sie sich einen Sonnen-Talisman (eine gravierte Plakette aus hochkarätigem Gold), der an einem Sonntag zur rechten Zeit gefertigt wurde, und weihen Sie ihn über einem irdenen Räucherkessel, in dem Sie Zimt, Weihrauch, Safran und roten Lorbeer zusammen mit Lorbeer- und Heliotropstengeln verbrennen. Das ist der beste Schutz gegen Feuer.

Aber wenn Sie von einem purpurfarbenen Stoff träumen sollten, dann gehen Sie dennoch schnell zum Arzt, Sie werden nämlich dann bald sehr krank werden.

Ein langes Leben

Warum sollte man es im Hinblick auf die Verheißung eines langen Lebens nicht einmal mit einem Talisman aus einer Holzscheibe der Makrosamia versuchen? Diese Palmfarne wachsen in den Tambourine Mountains von Queensland in Australien und gehören zu den ältesten lebenden Pflanzen der Erde.

Gedächtnistraining

Viele Magier beklagen, daß man bei komplizierten Ritualen zwar eine Art Handbuch für den Ablauf zu Rate ziehen, nicht aber die Zeichnung eines Amuletts oder eines Talismans als Vorlage benutzen darf, um eine Kopie anzufertigen. Es wird erwartet, daß man dergleichen aus dem Gedächtnis reproduziert, sei es nun das »Magier-Alpha-

bet«, hebräische Buchstaben, einfach alles. Man darf
Amulette niemals aus Büchern kopieren!

Sichtbar unsichtbar

Es gibt ein kabbalistisches Amulett, das Sie eigentlich
niemals jemanden tragen sehen sollten. Wenn sich jemand dieses Amulett nämlich vor Sonnenaufgang sonn-
tags um den Hals legt, sollte es ihn unsichtbar machen.

6

Rezepte und Formeln

Der Volksbrauch kennt viele eigenartige Rezepte und Heilmittel. Einige dieser Rezepturen wirken tatsächlich, weil sie nützliche Arzneimittel enthalten, die unsere Vorfahren entdeckten. Aspirin (in Form von Weidenrinde), Digitalis (Fingerhutextrakt), Atropin und Hyoszyamin (Tollkirsche) sind alles alte Arzneimittel. Bei einigen dieser Entdeckungen spielten auch magische Vorstellungen mit. So schrieb man zum Beispiel dem Erscheinungsbild einer Pflanze eine bestimmte Bedeutung zu. Eine Pflanze mit, sagen wir, herzförmigen Blättern oder Blüten sollte beispielsweise bei Herzkrankheiten helfen. Und einige Medizinen wirkten nur, weil sie unter magischen Beschwörungen verabreicht wurden und der Empfänger von deren Wirksamkeit überzeugt war.

Zusätzlich zu der Einnahme von Medizin, die oft bitter oder sonst irgendwie ekelhaft schmeckte, um der Überzeugung Nachdruck zu verleihen, daß sie einem auch wirklich gut tat, hatte man noch die Möglichkeit, seine Leiden an irgendeine andere Person oder ein Tier, ja sogar einem Baum oder Stein abzugeben. Es kam dabei nur darauf an, die richtigen magischen Worte zu kennen.

Manche Leute, und zwar insbesondere die »weisen Frauen« spezialisierten sich auf die Volksheilkunde unter Einbeziehung der magischen Komponente. Wenn sie ihre »Kräfte« für das Gute einsetzten und für ihre Heilverfahren keine Gegenleistung verlangten, waren sie »weiße Hexen«. Waren sie dagegen Giftmischerinnen, brauten Liebestränke und dergleichen mehr und taten Böses, dann waren es die »schwarzen Hexen«. [*Wicca*, von dem sich die englische Bezeichnung für Hexen (»witches«) ableiten soll, bedeutete Weisheit und auch Magie.]

Diese »weisen Frauen« waren es, die einem sagten, daß dieser oder jener geheimnisvolle Trank nur unter bestimmten astrologischen Voraussetzungen zubereitet werden durfte, daß diese oder jene Salbe nur mit der geeigneten Beschwörungsformel und nur zum richtigen Zeitpunkt – und vor allem niemals mit dem »Giftfinger«, dem Zeigefinger, aufgetragen werden durfte. Diese »weisen Frauen« behaupteten auch, sie hätten die Kräuter- und Pflanzenkenntnisse, die Zaubersprüche und die Flüche mit in die Wiege gelegt bekommen und alle, die diese Kunst beherrschten, hätten ihre Fähigkeiten bereits mit der Geburt erworben, d.h., von ihren »begabten« Vorfahren ererbt oder durch andere ganz spezielle Umstände erlangt. Diese »weisen Frauen« oder auch weisen Männer wußten auch, daß Lauch nicht nur ein wirksames Magiemittel gegen die Brandgefahr im eigenen Haus war, sondern daß sein cremiger Saft (natürlicherweise) auch gut dafür war, Feuer zu »besänftigen«. Ja, und diese Personen waren es auch, die – um vorsorglich jedes Risiko auszuschalten – ihre Heilanwendungen mit Beschwörungen begleiteten, die eine Kombination aus einem geheimnisvollen Kauderwelsch der alten Religion und der starken Formel »im Namen des Vaters und des Sohnes und des Heiligen Geistes« aus der neuen Religion waren.

Die Volksmedizin driftete in die Volksmagie ab. Wenn man drei – nicht zwei – (Binsen-)Rohre durch den Mund eines Kindes das an Soor litt, zog (weil Rohr wie Soor klingt) und dann das Rohr in einen Fluß warf, damit die Krankheit mit ihm zusammen weggespült wurde, dann war das Magie; so wie es auch Magie war, wenn man der Meinung war, daß Gänseschmalz einem erkälteten Kind nur dann als Brustumschlag etwas helfen könne, wenn das Schmalz vorher auf ein herzförmiges Stück Papier aufgebracht worden war; oder daß eine Breipackung nur dann nützen könne, wenn sie mit einem roten Tuch umgebunden wurde. Und wenn eine bittere Medizin nur nach dem Aufsagen einer Beschwörungsformel genommen werden durfte, dann hatte das eben etwas mit Aberglauben zu tun und nicht mehr nur mit Medizin.

Wenn der Patient nur Nahrung zu sich nehmen durfte, die ihm von einer Frau gereicht wurde, deren Name sich bei der Heirat nicht geändert hatte, wenn man den scharfen Gegenstand, an dem man sich geschnitten hatte, solange rein und hellglänzend aufbewahren mußte, bis sich die Wunde geschlossen hatte (Rost hätte die Wunde verschlimmert), dann ist das nichts anderes als imitative Magie mit Sympathiemitteln und Aberglaube.

Wie wir gerade ausgeführt haben, basierte die Zubereitung und Anwendung von Pharmaka bei den Hexen bzw. »weißen Frauen« zum großen Teil auf imitativer Magie und der Erscheinungsbildlehre. Manche der Hexen-Heilmittel wurden am Ende auch als sehr heilkräftig anerkannt. Von der Wurzel des gemeinen Beinwells, die bei Knochenbrüchen angewendet wurde, weiß man zum Beispiel heute, daß sie Allantoin, ein kristallines Surrogat enthält, daß das Knochenwachstum fördert. Andere Anwendungen waren nichts als abergläubischer Humbug in unseren Augen, und manche Vorstellungen haben zu bedauerlichen Schäden geführt, wie zum Beispiel die Empfehlung, Alabasterstückchen in bestimmten Mischungen zu verwenden. Die Folge war, daß große Alabasterbrokken aus Kirchendenkmälern – als den geeignetsten Lieferanten – herausgeschlagen wurden.

Natürlich hat der Glaube an die Wirksamkeit der Arznei bzw. an die Fähigkeiten des Arztes immer eine entscheidende Rolle bei der Gesundung gespielt. Ein eingerahmtes Diplom oder eine Halskette mit Totenschädeln hilft eine ganze Menge. Der siebte Sohn eines siebten Sohnes zu sein, kann auch nicht schaden, weil der Gaube an die natürlichen Kräfte einer solchen Person weitverbreitet ist. Auch alte Weiber sind populär.

Ein Kranker kann eine Art von »Magnet« aufhängen, der seine Krankheit gewissermaßen auf sich zieht; das kann beispielsweise ein Lochstein, eine geschälte Zwiebel oder eine Strohpuppe sein. Er kann auch ein bißchen Weihwasser herumspritzen oder auf einem gescheckten Pferd reiten oder einen Zauberspruch sagen.

Eine andere Möglichkeit besteht darin, sein Bett in den Kuhstall zu stellen und dort die Ammoniakdämpfe des Dungs einatmen. (Dung wurde auch für verschiedene

Packungen empfohlen – König Karl II. wurde auf seinem Sterbebett mit Taubenmist und Gott weiß was noch allem eingeschmiert.) Um eine Blutung zu stillen, kann der Kranke sich von einem Schmied die Hand auflegen lassen oder die Wunde mit Spinngewebe umhüllen. Förderlich für die Manneskraft ist der Verzehr von etwas Alraunwurzel oder die Anwendung irgendeines der zahlreichen ländlichen Hausmittel, die Margaret Baker in ihrem Buch *Folklore and Customs of Rural England* (1974) in amüsanter Form beschreibt.

Hier ein paar Beispiele für die magischen Praktiken auf dem Lande:

Warzen: Stich jede Warze mit einer neuen Nadel an und wirf dann die Nadel in eine Esche (Übertragung der Krankeit auf den Baum); dabei sage folgenden Spruch auf:

> Esche, bitte nimm von mir
> Alle meine Warzen hier.

Man kann aber auch in einen Holunderstock so viele Kerben einschneiden, wie man Warzen hat, und diesen Stock vergraben. Wenn der Stock dann verrottet, verschwinden die Warzen.

Gelbsucht: Iß neun Läuse auf einem Butterbrot.

Tuberkulose: Bevor man zu modernen Heilverfahren überging, wurde »eine Emulsion aus in Salz aufgelösten Schnecken mit Sahne und Zucker« eingenommen, oder »man ließ den Patienten über dem Kuhstall schlafen. ... Eine Brühe aus Natternfleisch und Hühnchen wurde in Lancashire genommen«, berichtet Margaret Baker. Andere Leidende verwendeten »Eichenlungen«, die

Flechte *Sticta pulmonaria*, die an Eichenbäumen wächst.
Oder man versuchte – wiederum mit einem Sympathiemittel – die Krankheit dadurch zu heilen, daß man die
Lunge eines gesunden Schafes an die Füße des Patienten
band.

Arthritis und Rheumatismus: Die Haut eines Aales oder
einer Schlange erhält elastisch und verhindert Krämpfe.
Es hilft auch eine gestohlene getrocknete Kartoffel oder
ein kreuzförmiger Trieb eines Holunderbaums vom
Kirchhof. Imker verdanken ihre Immunität gegen Rheumatismus den Bienenstichen (ein weiteres Heilmittel,
dessen Wirkung wissenschaftlich nachgewiesen werden
konnte). Man hat es auch mit Schlägen eines Ilex-Zwei-
ges versucht, ebenso wie man an die Heilwirkung von getrockneten Maulwurfsvorderfüßen geglaubt hat, die man
in der Tasche möglichst nah bei dem betroffenen Körperteil tragen sollte. Natürlich wurde auch oft Aspirin empfohlen, von dem wir allerdings nicht genau wissen, wie es
wirkt. Aber es wurde das erstemal aus der Weidenrinde,
einem alten Heilmittel der »weisen Frauen«, von einem
unbekannten Chemiker der Friedrich Bayer AG in Elber-
feld im Jahre 1899 künstlich hergestellt.

Immer ruhig Blut

Das Baden in menschlichem Blut wurde früher von den
Hexen bei unzähligen Krankheiten – von der Lepra bis
zur Epilepsie – als Heilmittel empfohlen. »Blutbäder«
sollten auch gegen das Altern gut sein. Die Gräfin Elisabeth Bathory (gest. 1614) hat sich durch ihre Schönheits-
bäder in Blut einen Namen gemacht. Ihre Agenten lock-
ten junge Bauernmädchen mit der Aussicht auf gutbe-
zahlte Stellungen auf ihre Burg, um sie dann der Gräfin

212

zu übergeben, die ihnen so lange Blut abzapfen ließ, bis sie starben. Schätzungen zufolge soll die Zahl ihrer Opfer zwischen siebenunddreißig und sechshundert gelegen haben. Die Gräfin starb im Gefängnis und ging in die Legende der ungarischen Vampire als eine der Ihren ein.

Magisches Gift

Die Zubereitung eines der stärksten und auch eigenartigsten magischen Gifte verlangte unter anderem Ingredienzien die Fingerkuppen von Zwillingen.

Rezepte für Flugsalben

Reginald Scot (1538-1599), der in bezug auf das Hexenwesen zur Mäßigung riet, verfaßte 1584 das Buch *Discoverie of Witchcraft*. In diesem Buch sind Rezepte angeführt, nach denen viele seiner Zeitgenossen suchten: Man nehme

Kinderfeiste [das Fett von Kindern] und siede es in einem Messingkessel mit Wasser, und nehme das oben schwimmende Fett ab, siede das andere aber starck ein und behalte es bis die Gelegenheit sich böte, es zu verwenden. Hernach vermische man diese Materien mit Epfich, Wolffswurz, Pappelzweigen und Weyrauch.
Oder sie sollen auch nehmen Wasser-Merck, Ackerwurz, Fünff-Fingerkraut, Fledermaus-Blut, Nachtschatten und Öl. Sie stampfen diese alle zusammen und dann schmieren sie sich alle Teile ihres Körpers ausgiebig, bis sie roth und sehr heiß, die Schweiß-Löchlein aber offen werden und das Fleisch locker

wird. Sie thun Fett oder Öl darüber her, daß die Säfte hinein dringen und die Würckung desto stärker werde.

Und es heißt weiter, daß »sie beym Monden-Schein in der Nacht in den Lüften umfahren zu scheinen, Schlemmen, Seiten-Spiel hören, Tantzen, Küsse Rauben und anderer Fleisches-Lust frönen und bey jungen Gesellen sind, die sie am meisten liebe haben und begehren.« Aber er schreibt dies nicht der Magie zu, sondern der Drogenwirkung auf ihre Einbildungen, die so vehement ist, »daß fast der ganze Teil des Gehirns, woraus das Gedächtnis besteht, gantz erfüllt, besessen und eingenommen ist mit solchen Dingen.«
Es gibt auch noch ein anderes englisches Rezept für Hexensalben, das zweifellos seine Wirkung tat, wenn man bedenkt, daß der Hauptbestandteil seiner neun Ingredienzien *Cannabis indica* war.

Allzweck-Beschwörungsformel gegen Krankheit

Folgende Formel stammt von Albertus Magnus höchstpersönlich: Tritt in den Pentakel (fünfzackiger Stern) und sprich langsam: OFANO, OBLAMO, OSPERGO, HOLA NOA MASSA. LUX, BEFF, CLEMATI, ADONAI, CLEONA, FLORIT. PAX, SAX, SARAX. AFA AFACA NOSTRA. CERUM, HEAIUM, LADA FRIUM. (Eine Mischung aus richtigem und Nonsense-Latein).

»Star Child«

»Star Child«, eine Firma in Whitby, Yorkshire – eine Art Kaufhaus der damaligen Zeit – vertrieb im Versandhandel Magierzubehör, wie Wünschelruten aus Eschenholz

(Haselnußruten waren »in diesem Küstenklima« zu schwer zu trocknen), Kräuter, Harze, Balsam, Öle, Gewürze, Weihrauch und andere Aromen, Salomonische Schwerter, Dolche mit schwarzem und mit weißem Heft, Dreizacke und Radiernadeln und andere »magische Werkzeuge«. Der Versandkatalog verwies zwar darauf hin, daß es leider nicht möglich sei, »die magischen Gerätschaften für Sie zu weihen«, aber er versprach dafür die Lieferung von unberührtem Pergament (für Talismane und ander Dinge), Bienenwachs (für Kerzen und Sympathiepuppen), Chinesischem Waschwasser (zur Reinigung der Türschwelle und des magischen Kreises) und eines nach altem Rezept hergestellten Salbungsöls.

Die Kataloge und das Absatzgeschäft von »Star Child« ließen deutlich erkennen, wie lebhaft das Interesse an Hexenkunst in England und anderen europäischen Ländern, speziell unter jungen Leuten war.

»Star Child« bot unter anderem auch das Rezept für Elfen-»Weihrauch« an. Während Azteken-»Weihrauch« »kraftvoll ... leicht dunkel ... wirkungsvoll bei Opferhandlungen und Sex-Magie, für schwache Herzen ungeeignet« ist, und Saturn-»Weihrauch« »zu unangenehmen Überraschungen führen kann«, beschwört der Elfen-»Weihrauch« »die dunklen Wälder ländlicher Gegenden und die Volksmärchen von den Elfen und Feen, die unser Land in grauer Vorzeit bevölkert haben«, herauf. Und so wurde Elfen-»Weihrauch« hergestellt:

Zerbrich 2 Teile *Rhus aromatica* (wohlriechender Sumach) und zerstoße ihn zusammen mit 1 Teil Wacholderbeeren, mische darunter 2 Teile Weidenrinde, 2 Teile rotes Sandelholz und nach Belieben Honig.

Für *Ruthvah*, das Parfüm der Unsterblichkeit – der bekannteste unter den okkulten Duftstoffen, auch Satyr oder Duft der ewigen Dreiheit genannt – benötigt man teurere Ingredienzien, aber man darf sicher sein, es ist sein Geld wert: Mische 1 Teil echten Ambergris (*Kether*), 2 Teile Moschus (*Chocmah*), 3 Teile echtes Zibetkatzenöl (*Binah*) zusammen. Es gibt wirklich Leute, die auf seine Wirkung schwören. Dieses Parfüm soll nicht nur von den Schönheiten des alten Morgenlandes mit Erfolg verwendet worden sein, sondern auch von Aleister Crowley, der schrieb:

> Es muß auf dem Körper, und zwar vor allem an den Haarwurzeln, wo die Haut nicht so fest gespannt ist, so gründlich eingerieben werden, daß das zarte Parfum [!] von anderen nicht bemerkt, ja nicht einmal vermutet wird. Der Benutzer ist auf diese Weise mit einer äußerst starken Waffe ausgerüstet, die um so wirkungsvoller ist, als sie geheim getragen wird; sie richtet sich gegen die tiefsten Elemente im Wesen derer, die sie anziehen soll. Sie gehorchen, und sie werden sicherlich um so mehr zum Gehorsam gezwungen, als sie nicht wissen, daß sie befehligt werden.

Wäre das nicht einen Versuch wert? Crowleys eigener Erfolg mit Frauen und Männern war erstaunlich, aber ich muß auch dazu sagen, daß ein Freund von mir in New Orleans, dem ich das Rezept auf seinen Wunsch hin gegeben habe, kurze Zeit später ermordet wurde.

Rheumatismus-Kur

Bei Rheumatismus wurden die Patienten auf den »St. Fillan's Chair« gesetzt, eine Steinplatte in Renfrewshire in Schottland, und dann an ihren Fersen den Hügel hinabgezogen.

Modernisierte Medizin

In *The Lost Gods of England* (1957) veranschaulicht Bruce Branston, wie die Ärzte des Mittelalters die alten magischen Formeln dem christlichen Gedankengut anpaßten und in derart abgewandelter Form dann dem Patienten ins Ohr flüsterten.

Aus dem Althochdeutschen ist dieser *Zweite Merseburger Zauberspruch* aus dem 10. Jahrhundert bekannt, der zur Heilung von Verstauchungen Verwendung fand:

Phol ende uuodan uuorun zi holza.
du uuart demo balderes uolon sin uuoz birenkit.
thu biguol sinhtgunt, sunna, era suister;
thu biguol en friia, uolla, era suister;
thu biguol en uuodan, so he uuola conda;
sose benrenki, bluot zi bluoda,
Lid zi geliden, sose gelimida sin!

Phol und Wodan ritten in den Wald.
Da wurde Balders Fohlen der Fuß verrenkt.
Da besprach ihn Sinthgunt [und] Sunna, ihre Schwester;
da besprach in Frija [und], Volla ihre Schwester;
da besprach ihn Wodan, so wie er es gut konnte:
Ob Beinverrenkung, ob Blutstau, ob Gliedverrenkung:
Knochen zu Knochen, Blut zu Blut,
Glied zu Gliedern, als ob sie geleimt wären!

Für den christlichen Gebrauch wurde daraus:

Unser Herr ritt aus,
da verrenkte sein Pferd sich den Fuß,
da sprach der Herr:
Bein zu Bein, Krümmung zu Krümmung,
Fleisch zu Fleisch, Blut zu Blut

im Namen des Vaters und des Sohnes
und des Heiligen Geistes.

Die alten Germanen verwendeten auch Gebetsriemen
(Tefillin). Orthodoxe Juden tragen diese Riemen noch
heute beim Gebet um den linken Arm und die Stirn. Auf
jedem Riemen befinden sich in einem schwarzen Käst-
chen Pergamentstückchen mit Versen des Alten Testa-
ments. Die Germanen verwendeten dafür eine eigenartige Mischung aus heidnischen Zaubersprüchen und bi-
blischen Texten. Die Verwendung von medizinischen
Amuletten in Verbindung mit Zaubertränken und Zau-
berpulvern ist dagegen so alt wie das Volk der Assyrer.

Ein Brauch aus Cumberland

Cumberland war immer schon ein bißchen fremdartig. Es
kam erst im Jahre 1157 zu England und ist noch heute
ziemlich ungewöhnlich, sehr nordisch mit schottischem
Einschlag. Die Bevölkerung ist ihren alten Traditionen
eng verbunden.
Hier ein Brauch, der eigentlich größere Verbreitung finden sollte: die Cumberland Rumbutter. Man zerlasse ein
halbes Pfund Butter (Essenz des Lebens), gebe ein Pfund
braunen Zucker (die Süße des Lebens) und großzügig
Rum (der Geist) dazu. Darüber streue man Muskat (die
Würze des Lebens).
Nun ist man für die Geburt eines Kindes gerüstet. Wenn
die Besucher den neuen Erdenbürger besichtigen kommen, bietet man jedem eine Kostprobe der Rumbutter,
und zwar möglichst auf einem Haferkuchen an. Der Besucher läßt dann für das Baby eine Münze zurück. Wenn
die Rumbutter aufgebraucht ist, legt man in den unausge-
waschenen Napf die Münzen. Auf diese Weise wird das

Geld an dem Kind gewissermaßen »kleben« bleiben und es wird niemals arm sein.

Hexenkelch

Ein Teil ihrer Ausrüstung, den die Hexe niemals selber kaufen darf, ist der Pokal. Der Kelch muß immer ein Geschenk von einem anderen Mitglied der Zunft sein.

Schriftgetreu

Hugh Dalziel Duncan (*Communication and Social Order* – 1962) erinnert daran, daß die geheiligten starken Worte der Magie, wenn sie nicht absolut korrekt gebraucht werden, den gewünschten Effekt versagen können, ja, schlimmer noch, sie können sich gegen den Magier wenden und das Unheil, das er anderen antun wollte, über ihn selber bringen. Duncan schreibt:

> Magische Beschwörungen müssen absolut authentisch überliefert werden. Die geringste Abweichung vom Original wäre fatal.

Schutz gegen Hexen

Wenn man es schafft, auch nur einen Tropfen Blut von einer Hexe zu bekommen, können einem ihre Zaubereien nichts mehr anhaben – »vorerst nicht«, heißt es jedenfalls.

Ein Heilverfahren

»Krankheiten lassen sich durch das Tragen eines Farngür-
tels heilen. Dabei sind die Farne, die am Johannistag um
Mitternacht gesammelt werden müssen, so anzuordnen,
daß sie die magischen Zeichen HVTY bilden.« Dieses
Heilverfahren empfiehlt Jacques Collin de Plancy (1793-
1887) in seinem *Hexenlexikon*.

Überführung eines Schuldigen

Cornelius Agrippa beschreibt in einem seiner Bücher ein
Verfahren, mit dessen Hilfe man einen Dieb oder andere
Delinquenten aus einer Gruppe von Unschuldigen her-
ausfinden kann. Der Zeichendeuter nimmt ein Sieb (im
15. Jahrhundert war dies ein flaches, kreisrundes Uten-
sil), ergreift es mit einer Pinzette oder einer Zange, die
ihrerseits von zwei Helfern mit den Mittelfingern fixiert
wird. Das heißt, das Sieb wird durch einen ganz leichten
Griff in der Luft gehalten. Der Zeichendeuter spricht
denn die folgenden sechs Wörter:

DIES, MIES, JESCHET, BENEDOEFET,
DOWIMA, FNITEMAUS

Anschließend an die Beschwörung werden die Namen
der Verdächtigen verlesen. Wenn der Name des Schuldi-
gen ausgesprochen wird, dreht sich das Sieb – »durch die
Hilfe des Dämons«, wie Agrippa sagt – um.

Mutter Demdikes Verfahren

Dem Werk *Wonderful Discovery of Witches in the County
of Lancaster* (1613) ist folgendes sympathetisches Verfah-

ren entnommen, mit dem eine Frau, die deshalb als Hexe verbrannt wurde, ihre Feinde zu attackieren pflegte:

> Die schnellste Methode, einem Menschen durch Hexerei das Leben zu nehmen, besteht darin, ein Bild [Figurine] aus Lehm anzufertigen, das der Person, die getötet werden soll, nachgestaltet ist. Dies läßt man gründlich trocknen. Und wenn man nun möchte, daß diese Person an irgendeiner Stelle mehr krank wird, als an einer anderen Stelle, dann nehme man einen Dorn oder eine Nadel und steche sie in den entsprechenden Teil des Abbildes. Und wenn man möchte, daß irgendein Teil des Körpers zerstört werde, dann nehme man diesen Teil des Abbildes und verbrenne ihn. Und so wird der Körper mit Hilfe dieses Verfahrens absterben.

Hexenküchlein

In einem von Shakespeares Schauspielen hält eine Gruppe ausgelassener fröhlicher Leute dem spießigen Malvolio entgegen, daß es keinen Grund gäbe, auf Kuchen und Bier zu verzichten, nur weil er düster gestimmt und niedergedrückt sei.

Kuchen und Bier sind die charakteristischen Merkmale für den *Esabat* (häufiges Treffen von Hexen mehr informeller Natur und weniger selten als ein Sabbat). Diese Tradition hat auch bei den Kuchen-und-Wein-Zeremonien, die die Hexenzirkel in Anlehnung an die Heilige Kommunion der Christen zelebrieren, ihren Niederschlag gefunden.

Der Wein ist gewöhnlich süß (oftmals Sherry oder Weißwein), und die Küchlein werden aus Vollkornmehl, Salz, Honig, Wein, Öl und manchmal Blut hergestellt. Sie sind mondsichelförmig zu Ehren der Mondgöttin, der *magna mater,* der Verkörperung des weiblichen Prinzips.

Bei der Herstellung des Gebäcks rezitiert die Hexe folgende Beschwörung:

> Ich backe weder Mehl noch Salz, noch koche ich den Honig und das Öl mit dem Wein. Ich backe das Blut und den Körper und die Seele der Großen Aradia, auf daß sie weder Rast noch Ruhe finde und ewiglich grausame Qualen erleide, bis daß sie meine geheimsten Wünsche erfülle. Wenn deine Gunst mir zuteil wird, o Aradia, will ich dir zu Ehren ein Fest geben. Wir werden den Becher bis zur Neige leeren.
> Wir werden ausgelassen tanzen und springen.
> Und wenn du mir die Gunst erweist, die ich begehre, dann werden wir, wenn der Tanz am wildesten, die Lampen löschen, uns frei lieben ohne Ansehen des Alters und der Verwandtschaft.

Es lohnt sich, darauf hinzuweisen, daß die Magie immer dort, wo die Religion besänftigend wirkt, mit Drohungen und Nötigung arbeitet.

Ein Liebestrank

William Butler Yeats war ein berühmter irischer Dichter, der sich eingehend mit dem Okkultismus und dem irischen Brauchtum beschäftigte. In einem seiner Bücher über irische Märchen und Sagen schreibt er, daß Liebende

> einen Liebestrank herstellen können, indem sie die Leber einer schwarzen Katze trocknen und zu Pulver zerstoßen. Gemischt mit Tee und aus einer schwarzen Teekanne serviert, ist er unfehlbar.

In Malaysia nimmt man aus den Fußspuren der geliebten Person Sand und röstet ihn. Dies soll angeblich bewirken, daß er bzw. sie sich in Sehnsucht nach einem selbst verzehrt.

Die Araber schreiben bestimmte Zeichen mit Öl auf ihre Handflächen und reiben sie dann heimlich in Gegenwart der Geliebten auf ihr Gesicht. Das macht sie unwiderstehlich.

Amerikanische Mädchen verdrehen den Stiel eines Apfels und sagen dabei das Alphabet auf. Wenn der Stiel sich löst, kennt man den Anfangsbuchstaben des Geliebten. (Jungen, die Zacharias heißen, haben dabei nur geringe Chancen.) Man kann auch einen Apfel in einer langen zusammenhängenden Spirale schälen und sie dann über die linke Schulter hinter sich werfen. Der Buchstabe, der sich dabei formt, gibt Auskunft, mit welchem Buchstaben der Name des künftigen Liebhabers beginnt. Man kann auch beim Seilspringen mit dem ABC orakeln:

> Himbeereis mit Sahne drauf,
> Zeig meines Liebsten Namen auf!
> A, B, C, D, …

Sobald der Anfangsbuchstabe des Liebsten fällt, verheddert man sich. Wenn man bis zum Z kommt, beginnt man noch einmal von vorne.

Mary und Herbert Knapp haben sich in ihrem liebenswerten Buch *One Potato, Two Potato* (1976) mit den Volksbräuchen der amerikanischen Kinder befaßt. Sie beschreiben darin nicht nur das, was sie das »wigglewaggle«-Papierorakel nennen, sondern noch viele andere Methoden, mit denen die amerikanischen Kinder die Zukunft vorhersagen. Am häufigsten taucht dabei die

Frage auf »Liebt er bzw. sie mich?« oder »Wann werde ich heiraten?«

Wenn man etwas anspruchsvoller ist und es nicht dabei bewenden lassen will, einem Gänseblümchen die Blütenblätter mit der bangen Frage »Sie liebt mich, sie liebt mich nicht« auszuzupfen, dann kann man es auch mit folgendem Lied versuchen, das die Knapps ein Mississippi-Mädchen haben singen hören, während es die Kerne ihres Apfels zählte:

> *One I love, two I love, three I love, I say.*
> *Four I love with all my heart,*
> *Five I'll cast away.*
> *Six he loves, seven she loves,*
> *eight they both love.*
> *Nine he comes, ten he tarries,*
> *Eleven he courts, twelve he marries.*

> Eins ich liebe, zwei ich liebe, drei ich liebe, ja!
> Vier ich lieb von ganzem Herzen,
> Fünf hinweg, ist nicht mehr da.
> Sechs er liebt, sieben sie liebt,
> Acht sie lieben beide.
> Neun er kommt, zehn er noch wartet,
> Elf er wirbt, zwölf er heiratet.

Ein weiteres Liebesrezept

Man nähe an einem Freitag in einen grünen Seidenbeutel eine Mischung aus Eisenkraut, Süßholz und Gilgenwurzel, die man vorher zwischen Sandsteinen zerstoßen hat. Diesen Beutel trage man, an seiner Unterkleidung befestigt, möglichst hautnah.

Chinesisches Rezept

Der Chinese sagt: »Achte die Geistwesen – aber halte dich von ihnen fern.« Sollten Sie diesen weisen Rat nicht beherzigen wollen, hier ein guter Trick: Sammeln Sie so viele Skorpione, wie Sie finden können, und legen Sie sie in ein Glas. Schrauben Sie den Deckel fest zu und warten Sie ein Jahr ab (zugegeben, eine lange Zeit). Die Skorpione werden sich gegenseitig auffressen, bis nur noch einer übrig bleibt. Auf diese Weise haben Sie sich eine in der Tat phantastisch giftige Kreatur herangezogen, die Sie nun auf Ihren Feind ansetzen können.

Man nennt das *ku*, Gegenmagie. *Ku* bedeutet aber auch die Vernichtung eines Feindes mit Hilfe eines Strohpuppenmodells, das man mit Wasser übergießt (um den Feind zu ertränken), mit Nadeln durchsticht und so weiter.

Das Ausgraben eines Hexenkrautes

Iris foetidissima ist eine Pflanze, die in vielen Rezepten eine Rolle spielt. Sie ist genauso wie die Alraune (deren »Schrei« beim Ausgraben die Leute in den Wahnsinn getrieben haben soll) nicht leicht zu sammeln. Wenn es einem nicht gelingt, sie an den Schwanz eines Hundes zu binden, den man sie dann herausziehen läßt, wenn man außer Hörweite ist, muß man mit einem zweischneidigen Schwert (das eine gewisse Ähnlichkeit mit einem Kruzifix hat) dreimal einen Kreis um die Pflanze ziehen und sicherheitshalber an der Stelle, wo die herausgezogene Pflanze stand, einen Weizenfladen hinterlassen. Das ist gewissermaßen das Entgelt für die Kräfte der Natur – kein Ersatz für die Blume, aber so etwas wie eine Grundsteuer.

Magie aus dem Buch der Bücher

Manche Christen nahmen (und nehmen zum Teil heute immer noch) ihre Bibel zur Hand, um die Zukunft vorauszusagen. Dazu schlagen sie die Bibel wahllos an irgendeiner beliebigen Stelle auf und deuten mit dem Finger auf eine Botschaft. Im Islam essen abergläubische Moslems die Tinte, mit der bestimmte Korantexte geschrieben sind, in der Hoffnung, die Botschaft auf diese Weise zu absorbieren.

Wann schlägt meine letzte Stunde?

Lassen Sie sich Ihr Horoskop erstellen oder rufen Sie einen Dämon an und befragen Sie ihn. Es besteht auch die Möglichkeit, mit dem Teufel einen Zeitvertrag abzuschließen, nach dessen Ablauf Sie mit Ihrem Abgang rechnen können, d. h. notfalls – wie Faust – auch gewaltsam aus dem Verkehr gezogen werden. Es gibt eine ganze Reihe von Methoden, die eine Antwort auf diese wichtige Frage versprechen; Sie haben die Wahl, vorausgesetzt, Sie wollen den Zeitpunkt überhaupt wissen. Denken Sie darüber nach!
Wie die Mexikaner einerseits und die Moslems andererseits dieses Problem lösten, sei im folgenden beschrieben:
Die Mexikaner pflegten ihre Arme um eine bestimmte Säule im Tempel von Mitla zu legen und den Abstand zwischen ihren Fingerspitzen zu messen. Daraus ergab sich dann die Lebensdauer. Ich habe es auch versucht und dabei mit Genugtuung festgestellt, daß ich als Ausgleich für meine zu kurzen Arme – ich muß meine Hemdenärmel immer um fast zwei Zentimeter kürzen lassen – ein hohes gesegnetes Alter zu erwarten habe.

Das System der Moslems ist komplizierter und hängt von der Jahreszeit ab.

Im ersten Monat schließen Sie Ihre Augen um Mitternacht und sagen zehnmal »Gott ist einzig« (auf Arabisch); dann öffnen Sie schnell Ihre Augen und schauen sofort in den Mond. Sieht er schwarz aus, werden Sie bald sterben. Im fünften und sechsten Monat ist es nur sinnvoll, die Frage mittwochs nachts zu stellen, und außerdem braucht man dazu dann eine Lampe und nicht den Mond. In allen anderen Monaten blicke man an den wolkenlosen Himmel oder in eine Schüssel mit Wasser. Bei einer rötlichen Färbung ist das Ende nahe.

Die Moslems kennen, abgesehen von der Astrologie, keine andere Methode der längerfristigen Zukunftsvorhersage. Man muß also bei seiner Befragung immer wieder einen neuen Anlauf machen.

Gegen Krämpfe

Der Teufel hat mein Bein angekettet.
Johannes, Markus, Lukas mich rettet.
Bei drei Kreuzen die Erlösung geschehen muß:
Zwei für die Schächer und eines für Jesus.

Gegen Trunkenheit

Man trage an einer Schnur um den Hals ein Stück Papier oder Pergament mit folgender Formel: IAEO, IEALO, IOE-LET, SABAOTH, ITHOTH BAE (eine Aneinanderreihung meist sinnloser Silben).

Schutz gegen Magie

Man schreibe auf ein Stück Pergament, das man immer und überall mit sich herumtrage, folgendes:

> DULLIX, IX, UX.
> JA, DU KANNST NICHT ÜBER PONTIUS KOMMEN.
> PONTIUS IST ÜBER PILATUS.

Nein, ich komme auch nicht hinter den Sinn.

Beschwörungsformel aus Lancashire zum Schutz des Hauses

In Lancashire hat sich im Volksbrauchtum eine Beschwörungsformel erhalten, die allen Schaden vom Haus abwendet, und zwar schreiben die Bewohner über ihre Türe:

> *Sun, Moon, Mars, Mercury, Jupiter, Venus, Saturn, trine, sextile, dragon's head, dragon's tail, I charge ye all to gard this house from all evil spirits whatever, and gard it from all desorders, and aney thing being taken wrangasly, and give this famaly good ealth und welth.*

Sonne, Mond, Mars, Merkur, Jupiter, Venus, Saturn, Dreifaltigkeit, ..., Drachenkopf, Drachenschwanz, ich rufe euch auf, dieses Haus vor allen bösen Geistern jedweder Art zu bewahren, es vor allen störenden Einflüssen zu schützen, jedweden Streit und Zank fernzuhalten und dieser Familie gute Gesundheit und Reichtum zu bescheren.

Gegen Unfruchtbarkeit

In einem alten Grimorium wird folgendes Rezept gegen
Unfruchtbarkeit angeboten:

> Wenn eine Frau nicht empfangen kann. Man nehme
> ein Hirschhorn und lasse es sich in pulverisierter Form
> mit Kuhgalle vermischen. Man achte darauf, daß die
> Frau es immer bei sich habe ... und sie wird schwanger
> werden.

Man könnte dieses Rezept ja noch als Hausmittel dekla-
rieren, wenn man vom Benutzer erwartete, daß er die Mischung trinkt, doch da der Frau nahegelegt wird, sie »immer bei sich zu haben«, haben wir es hier eindeutig mit
Magie zu tun.

Ein altes Magiemittel gegen Sumpffieber

Dieses Rezept stammt aus dem englischsprachigen Raum
und empfiehlt, drei Hufeisen mit einem schweren Kruzifix
(Holy Crok, ehemals der Hammer des Thor) an den Bett-
pfosten zu nageln und dabei folgende Verse zu psalmodie-
ren, um den Gott der Christen, Wod (Wodan) und Lok
(Loki) dazu zu bewegen, einen gemeinsam zu schützen:

> FATHER, SON AND HOLY GHOST
> NAIL THE DEVIL TO THIS POST!
> THRICE I SMITE WITH HOLY CROK,
> WITH THIS MELL I THRICE DO KNOCK,
> ONE FOR GOD, AND ONE FOR WOD, AND ONE FOR LOK.

> Vater, Sohn und Heil'ger Geist,
> Nagelt den Teufel an diesen Pfosten.

Dreimal schlag ich mit dem heil'gen Kreuz,
Mit diesem Hammer ich dreimal klopf':
Einmal für Gott, einmal für Wod und einmal für Lok.

Hilfe für die Heimgesuchten

Kennen Sie Sax Rohmer, den geistigen Vater des unglaublichen Dr. Fu Manchu? Er fand in einem Traktat aus
dem 17. Jahrhundert folgende Anweisung und schrieb sie
ab. Hier – der besseren Verständlichkeit halber – eine
übersetzte Fassung des Textes:

*Um einer verhexten Person zu helfen und die Hexe er-
scheinen zu lassen bzw. den Zauber zu beenden:*
Schneide von des Gegners Haar, und zwar dem Nacken-
haar, etwas ab, zerschnipsele es und verbrenne es zu einem Pulver; streue das Pulver in Salmiak, schreibe den
Namen des vermutlichen Widersachers [dessen, der verhext hat] rückwärts und lege das Papier, in *Aqua Vitae* getaucht, in die beiden anderen; setze es dann über ein kleines Feuer; laß die heimgesuchte Person daneben Platz
nehmen und achte sorgfältig darauf, daß es nicht über-
kocht und die Flamme erstickt, wobei kein Wort gesprochen werden darf, ganz gleich was man für ein Geräusch
hört. Achte aber darauf, was für eine Stimme oder was
für ein Raunen vom Kamin oder irgendeinem anderen
Teil des Raumes her zu hören ist, und dann schreibe es,
so oft du es hörst, auf und fixiere vor jedem Schreiben
dieses Zeichen [es zeigt eine Mondsichel] – und wenn
der Widersacher nicht sichtbar erscheint, obwohl du
seine Stimme erkennen magst, wiederhole es noch einmal, und wenn die Stimme in unsichtbarer Gestalt erscheint, wird ihr Zauber aufgehoben und die heimgesuchte Person erlöst.

Tödliche Salbe

Was das Hexenwesen anbetrifft, war Dr. Johann Weyer
(Wier bzw. Wierus, 1516-1588) seinen Zeitgenossen in vie-
lem weit voraus, wenn er zum Beispiel darauf bestand,
die Leute, die wegen Hexerei angeklagt waren, unvoreingenommen gründlich medizinisch zu untersuchen. Als
Schüler des Cornelius Agrippa war er in die heilenden
Künste eingeführt worden. Doch auch auf ihm lastete immer noch die Macht der magischen Vorstellungen mit ihren Schattenseiten. Hier ein Spruch, der einer von ihm
empfohlenen Medizin nachempfunden ist; wahrhaft starker Tobak:

> Schierling und der Extrakt von Eisenhut,
> Ein Büschel Pappelblätter und -wurzeln dazu.
> Brunnenkresse und Öl nach Belieben
> Mit Kinderfeiste lasse man sieden.
> Fledermausblut und auch Faba inversa
> Rafft alle hinweg, die dir bringen großen Ärger.

Dabei ist anzumerken, daß Faba inversa nach den Angaben Weyers das »gewechs« ist, das »die Italiener bella
donna« nennen.

An einem Mittwoch

Es gibt ein paar Leute, die mich immer wieder bedrän-
gen, das Rezept für die Unsichtbarkeit zu verraten. Wenn
ich es nun preisgebe, versprechen Sie mir dann – zu verschwinden?
Das *Grimorium Verum* ist eine Fälschung aus dem 18.
Jahrhundert, die sich auf ein Werk von Alibeck den
Ägypter aus dem Jahre 1517 beruft. Es basiert auf dem

Schlüssel Salamonis (ein schon damals sehr altes Werk), das zwar 1559 von der Inquisition auf den Index gesetzt, selbst aber nicht verboten wurde. Hier nun das Verfahren für das Unsichtbarwerden:

Man nehme einen Totenschädel und lege ihm eine schwarze Bohne in den Mund, je eine in jedes Nasenloch, eine in jedes Ohr und eine in jede Augenhöhle. Das macht sieben Bohnen. Nun zeichne man mit den Fingern ein beliebiges Muster auf den Schädel und vergrabe ihn mit dem Gesicht nach oben in der Erde. Jeden Morgen vor Sonnenaufgang begieße man ihn mit gutem Branntwein. Am achten Tag wird ein Geist erscheinen und fragen, was du tust. Antwort: »Ich begieße meine Pflanze.« Man weigere sich, den Geist die Pflanze begießen zu lassen, obwohl er darum bitten wird.

Der Geist wird einem sagen, welches Muster man auf den Schädel gezeichnet hat, um zu beweisen, daß er der zu dem Kopf gehörende – gute – Geist ist. Nun darf man dem Geist erlauben, die Pflanze zu begießen.

Am neunten Tage werden die Bohnen zu sprießen beginnen. Wenn die Bohnen schließlich erscheinen, nehme man eine davon in den Mund und blicke in den Spiegel. Im Spiegel sieht man nichts, denn man ist durch die Bohnen so unsichtbar geworden »wie der Tote und der vergrabene Schädel«. *Man hüte sich davor, die Bohnen zu verschlucken*, denn man kann nur wieder sichtbar werden, wenn man die Bohnen aus dem Mund nimmt.

Falls es mit der Unsichtbarkeit nicht klappen sollte, so mag das daran liegen, daß man den Schädel nicht zur rechten Zeit bepflanzt hat. Das muß nämlich an einem Mittwochmorgen vor Sonnenaufgang geschehen.

Juckpulver

In Haiti wird aus einer Pflanze, die sich »creeping co-wage« nennt, ein sehr wirkungsvolles Juckpulver herge-stellt. Mit einer entsprechenden Beschwörungsformel »getauft«, soll es die Augen und die Haut so sehr reizen, daß man verrückt davon wird.

Knoblauch

Ich bin ein Knoblauch-Fan, und ich befinde mich in guter Gesellschaft. Homer nannte Knoblauch einen Gott, der Chinese hat ihn über 4000 Jahre hinweg verehrt, und die Ägypter hielten ihn für ein derart gutes Stärkungsmittel, daß sie ihre Pyramidenbauer damit fütterten.
Knoblauch taucht oft in Rezepten auf, die ein Unsicht-barwerden versprechen, doch ich halte mich statt dessen lieber an den Heliotrop. Denn was nützt es einem un-sichtbar zu sein, wenn man von den Leuten durch den Mundgeruch aufgespürt werden kann?

Auf dem Trip

In seinen *Ingoldsby-Legenden* beschreibt R. H. Barham (1788-1845) den Abflug der Hexen zum Hexensabbat in heiteren Tönen:

> Hey Cockalorum! Meinen Besen zur Stell'!
> Wir müssen zurück sein, bevor es taghell,
> Hey, hinaus zum Kamin, nur schnell, nur schnell!
>
> Old Goody Price geschwinde emporsteigt,
> Wobei sie – o Graus – ihre Beine vorzeigt.

Old Goody Jones, Haut und Knochen nur leider,
Folgt in Windeseile – und fort sind die Weiber.

Das klingt geradezu spaßig, oder nicht? Hier nun ein Rezept aus einem Gromorium, das einem ähnliche Flugerlebnisse verspricht:

Man lege in ein gut verschließbares Gefäß folgende Zutaten:

> 100 Gramm Schmalz
> 5 Gramm hochwertiges Haschisch
> eine Prise Nieswurz
> eine Prise zerkleinerter Sonnenblumenkerne.

Dann fülle man den Behälter mit Blumen, Hanf und Mohn und lasse ihn bei schwacher Hitze über Wasser ungefähr zwei Stunden lang kochen. Man nehme es von der Hitze und öffne es.

Vor dem Zubettgehen soll man sich mit diesem Zeug am ganzen Körper – auch unter den Achselhöhlen – einreiben. Dann »fliegt« man – vermutlich im Schlaf.

Kontaktaufnahme mit dem Jenseits

Hier ein Auszug aus *De Mirabilis Naturae* (1730), zum besseren Verständnis in einer übersetzten Fassung:

Eine Verbindung mit dem Jenseits ist leicht ... alles, was man dazu braucht, ist eine Glocke aus einer Legierung aus Blei, Zinn, Eisen, Kupfer, Quecksilber, Silber und Gold. Man versehe sie mit der Inschrift: ADONAI, JESUS, IETRAGRAMMATON. Man stelle sie sieben Tage lang in die Mitte eines Grabens auf dem Friedhof.

»Die herrliche Hand«

Das berühmteste magische Werkzeug in der Geschichte der Magie ist möglicherweise die sogenannte »herrliche Hand«, die, wenn sie den Vorschriften entspricht, jeden, der sie sieht, angeblich erstarren läßt. Deshalb kann jeder, der sie besitzt, ungehindert die »Erstarrten« berauben bzw. ihnen alles mögliche antun.

Das Ganze beginnt damit, daß der künftige Zauberer die abgeschnittene rechte oder linke Hand eines Erhängten bekommt. Sie muß in ein Leichentuch gewickelt werden. Wenn man alles Blut herausgedrückt hat, wird die Hand in einem irdenen Topf eingepökelt und anschließend in der Sonne getrocknet. Schließlich wird das ausfließende Fett mit reinem Wachs und Lappland-Sesam vermischt und zu einer Kerze geformt, die in die mumifizierte Hand (wie in einen Kerzenständer) gesteckt und angezündet wird. Solange die Kerzenflamme brennt, wirkt der Zauber.

Nachdem Diebe, die zu ihrem Schutz mit so einer Hand bewaffnet gewesen sein sollen, beim Einbruch in ein fremdes Haus geschnappt worden sind, scheint die »herrliche Hand« eher eine berühmte, denn eine erfolgreiche Hand zu sein.

Einfache Verwünschungen

Die einfachste Form der Verwünschung besteht möglicherweise darin, in eine Kerze oder eine Zwiebel Nadeln zu stecken. Die italienischen Hexen behaupten, auch gute Resultate mit ihrer *ghirlanda delle streghe* zu erzielen: Die »Hexengirlande« ist nichts weiter als ein Stück Seil, in das Knoten geknüpft werden, wobei man bei jedem Knoten den Fluch wiederholt und eine schwarze Feder hineinsteckt. Die besten Erfolge erzielt man, wenn man die Girlande in der Matratze des Opfers versteckt.

Der Fluch von Breadalbane

In Schottland gibt es in Killin am Loch Tay ein Schloß, wo der Herzog von Breadalbane einst eine Hexe zum Tode verurteilt hatte. In ihrem Todeskampf verfluchte diese das Herzogtum und gelobte, daß der Herzogtitel sieben Generationen lang nicht vom Vater auf den Sohn übergehen würde.

Am 18. Mai 1923 erhielt der Verleger der Londoner *Times* einen Brief, in dem darauf hingewiesen wurde, daß sich der Fluch erfüllt habe: Sieben Generationen lang war der Herzogtitel nicht vom Vater auf den Sohn übergegangen. Der letzte Herzog, dessen Todesanzeige kurz zuvor in dieser Zeitung erschienen war, hatte seinen Titel an einen entfernten Cousin vererbt.

Der Fluch scheint ein Ende gefunden zu haben. Der jetzige Herzog (geb. 1919) trat die Erbfolge seines Vaters (geb. 1889) im Jahre 1959 an.

Magischer Stein

Bekannt als »Nahrung der Unsterblichen« soll grüne Jade auch für Sie gut sein, wenn Sie sie pulverisieren und essen.

Kleine Pflanzenkunde

Im Hexengärtlein (mit einem weißen Kreis in der Mitte zu Ehren der Mondgöttin) gibt es eine Unmenge von

Pflanzen von teils angenehmer, teils häßlicher Natur. Angelica oder Engelwurz läßt schon dem Namen nach auf seine Zugehörigkeit zur ersten Gruppe schließen, und tatsächlich soll er als Halsschmuck Kinder vor bösem Zauber schützen, genauso wie das als »Teufelsdreck« bekannte Gummiharz (*Asa foetida*) oder der Kampfer als Schutz gegen Krankheit getragen wurde. Narzissen bringen Gold, und Ginseng ist als Tonicum auch fast sein Gewicht in Gold wert; man sagt ihm nach, er sei verdauungsfördernd, bringe den Geist in Schwung, stärke den Kreislauf und so weiter, und so weiter – vorausgesetzt, die Wurzel ist exakt sieben Jahre alt.

Alles, was Stacheln oder Dornen hat (Heckenrose, Ilex, Distel, Dornbusch), gehört dem Teufel. Alles, was gut riecht, ist auch gut.

Die Eiche war den Druiden heilig. Die Eberesche verjagt die bösen Geister. Die Haselnuß wird von Rutengängern geschätzt. Man pflanze Wacholder, um Hexen fernzuhalten und Koniferen als Behausung für einen Teutonengott.

Um nicht erschlagen zu werden, entschuldige man sich erst bei dem Baum, bevor man ihn fällt. Man bringe nie einen »beleidigten« Baum als Christbaum nach Hause.

Dill, Malvenblüten, Dost und Dorant wehren das Böse ab. Lorbeer bringt Unglück; Schierling, Kastanien und Weißdorn ebenfalls.

Feuerdorn, gemischt mit der Galle von vier Tieren, ergibt ein hervorragendes »Haßgetränk«, das sich gegen Feinde einsetzen läßt.

Es gibt zwei Pflanzen, die sich Teufelsauge nennen – vielleicht für jedes Auge eine. Desgleichen gibt es Teufelsmilch, Teufelskralle, Teufelshaar usw. Teufelsabbiß, ein Verwandter der Ackerskabiose, ist besonders wirkungsvoll. Wer ihn bei sich hat, dem »kann der dufel keyn schaden zufügen«.

Man lege die Wurzeln der wilden Möhre unter sein Kopfkissen, und man wird von seiner Zukunft träumen.

Vierblättrige Kleeblätter bringen Glück, jeder weiß das. Aber wußten Sie auch, daß Farnsamen unsichtbar machen können und daß Senfkörner die Eingangs- und die Hintertür vor unwillkommenen und unliebsamen Besuchern schützen? Oder daß die Berberitze (mein Haus ist von einer Berberitzenhecke umgeben) Dämonen abwehrt?

Man lege Tollkirschenzweige auf sein Pferd, um es zu stärken, allerdings nur in der Walpurgisnacht (die Nacht vor dem 1. Mai), sonst gibt es Ärger. Wenn man die Tollkirsche schneidet, lasse man ein schwarzes Huhn frei, um den Teufel abzulenken. Ein andersfarbiges Huhn ist zwecklos. Um weiszusagen, schneide man Haselnußruten in der ersten Nacht des Vollmonds, doch man schneide sie nie von der Ostseite des Baumes.

Erbsen sollten nur am Donnerstag (zu Ehren von Thor) gegessen werden, Erbsenschoten darf man dagegen zu jeder Zeit an sitzengelassenen Liebhabern reiben, um sie zu trösten. Sollte man neun Erbsen in einer Schote finden, so lege man sie auf das Fensterbrett. Wenn man dann Schritte hören sollte, halte man den Atem an, der künftige Ehemann wird erscheinen.

Und dann gibt es da noch den »Schlüsselblumenpfad«. Man nehme nie weniger als dreizehn Schlüsselblumen mit ins Haus. (Blühenden Weißdorn darf man überhaupt nicht ins Haus bringen, niemals.) Aber besser noch man lasse die Schlüsselblumen draußen, um die Hexen abzuwehren. Dafür sind auch alle übelriechenden Gewächse (mit Ausnahme von ein paar Pflanzen, die dem Teufel geweiht sind) gut geeignet, ebenso wie blühender Flachs. Auch das Verbrennen von Wacholderbeeren verspricht Schutz vor Hexen.

Anemonen erzählen den Hexen, wann die Leute kommen. Hexen pflanzen violett-blühende Gewächse an

238

(Veilchen, Immergrün, Flieder), von denen sie sich Geld versprechen, halten sich die Trichterwinde zum eigenen Schutz (ihre Samen sind Halluzinogene) und sammeln Johanniskraut (in Wein gekocht, wirkt es gut gegen das Erbrechen von Blut) gegen tolle Geister. Sie brauchen eine Menge von Kräutern für Rezepte, bei denen mindestens sieben oder neun – immer eine ungerade Zahl – zusammengemixt werden. Sonnenanbeter lieben gelbe Blüten an Montagen. ...

Es gibt natürlich auch Vorschriften in bezug auf den Zeitpunkt, wann diese Arzneipflanzen und Kräuter gesammelt werden müssen: bei zu- oder abnehmendem Mond beispielsweise und so weiter. In jedem Bauernkalender findet man Angaben über die günstigsten Pflanzzeiten, egal ob man nun dem Hexenwesen verbunden ist oder nicht.

Klassisches Rezept

Ein Rezept von jenen berühmten Hexen aus Shakespeares *Macbeth:*

> Spart am Werk nicht Fleiß noch Mühe;
> Feuer sprühe, Kessel glühe! ...
> Molchesaug und Unkenzehe,
> Hundemaul und Hirn der Krähe; ...
> Hand des neugebor'nen Knaben,
> Den die Metz erwürgt im Graben,
> Dich soll nun der Kessel haben. ...

Einige alte Rezepte

Eine Bilsenkrautvergiftung (ein Standardmittel der Hexen) läßt sich angeblich mit Portulaksaft, den man mit

Weißwein mischt, heilen. Wenn eine Fischgräte in Ihrem Hals steckt, dann stellen Sie Ihre Füße in kaltes Wasser. Eine schmerzlose Geburt wird garantiert, wenn man getrockneten Adlerkot auf glühende Kohlen wirft und das Haus damit ausräuchert. Die Haare wachsen, wenn man Mäusekot mit gerösteten Bienen, gebrannten Kastanien oder zu Asche verbrannten Bohnen mischt und das Ganze mit Rosenöl bindet. Um Gürtelrose und andere Hautausschläge zu heilen, esse man mit Gerstenmehl und Öl gekochten Lauch.

Wenn man einen Brennesselstengel und einen Tausendblattstengel in der Hand hält, ist man gegen Angst gefeit; allerdings muß man beides gepflückt haben, wenn die Sonne im Löwen steht (19. Juli bis 23. August). *Agnus castus* (ein Zierstrauch aus der Familie der Verbenen) schützt die Jungfräulichkeit und ergibt zusammen mit wildem Sellerie und Salbei in Salzwasser ein Liniment, das, auf dem Hinterkopf aufgetragen, die Leute aus dem Koma erlöst.

Wenn man wissen will, wie es um den Zustand eines Kranken bestellt ist, dann nähere man sich mit einem Verbenenzweiglein in der *linken Hand* seinem Bett und frage ihn, wie er sich fühle. Antwortet er »nicht gut«, dann wird sich sein Zustand bessern. Sagt er »gut«, dann ist er in Lebensgefahr. Wenn er aber sagt, »was willst du mit dem Verbenenzweig?«, dann vergißt man das Ganze am besten.

Korallen

»Aus Skeletten kleinster Meerestierchen gebildete baumförmige versteinerte Gebilde.« Genau das ist die Koralle, die Koralle, die im alten Indien verehrt wurde, die laut Plinius die Gallier auf ihren Kriegshelmen und Waffen trugen, aus der die Römer Ketten für ihre Kinder zu deren Schutz fertigten – später stellte man Beißringe und Rasseln daraus her – die sich hervorragend für italienische Amulette gegen den bösen Blick eignete und die von den Persern diesbezüglich noch höher eingestuft wurde, als das Auge eines Schafes, dem man die Kehle durchgeschnitten hatte. Genauso wie Jade kann die Koralle – so heißt es jedenfalls – auch Gift in Speisen und Getränken nachweisen. Sie wirkt blutstillend und beschützt davor, seine Unschuld zu verlieren, vom Blitz erschlagen oder von anderen Wechselfällen getroffen zu werden.

Korallen wurden auch ärztlich – zumindestens von einem Arzt namens John Schroeder (1660) – zum Zwecke der Blutreinigung verordnet: Zerstoße sie zu Pulver und nimm sie so ein. Korallen – wenn es nicht ausgerechnet schwarze sind – machen auch glücklich und heilen unter anderem auch Bauchgrimmen, Fehlfunktionen der Gebärmutter, triefende Augen, Geschwüre, Anfälle und Krämpfe. Und Albertus Magnus ist sich sicher, daß sie in Kürze Blutungen zum Stillstand bringt, gegen Dummheit hilft und Weisheit verleiht. Außerdem sei sie gut gegen Stürme und die Gefahren der Überschwemmung.

Zauberer in den Souks

Edward Mace schreibt 1975 über einen Urlaub in Rabat in Marokko:

> Wenn Ihnen der Sinn nach Schlangenhäuten, toten Fledermäusen oder Rattenschwänzen steht, dann sind Sie bei den Zauberern in den Souks [Einkaufsstraßen] im spanischen Viertel genau richtig. ... Wir kauften dort Kurin [Curry?] und Safran, Muskatnüsse und Pinienkerne, die zu riesigen kegelförmigen Hügeln auf-

geschüttet waren und mit der Apothekerwaage abgewogen wurden. Der Zauberer, der zwischen lauter Schalen mit getrockneten Rosenblättern saß, holte aus einem äußerst obskuren Glas eine blaue Traube hervor, die, wenn man sie eine halbe Stunde lang auf die Zunge legt, einen tiefen Rauschzustand bewirkt, von dem man sich nur schwer wieder erholt.

Ich habe ähnliche »Pharmazeutika« in anderen Ländern kennengelernt. Einmal fragte ich den Verkäufer: »Wirkt das auch, wenn ich nicht die passenden Worte sage?« – »Ich weiß nicht, Señor«, antwortete er mir. »Ich habe es nie ohne die Worte versucht.«
Doch wir sollten diesen »primitiven Naturheilmitteln« Respekt zollen. Eines solcher Mittel war die »Jesuitenrinde« – Chinin. Allerdings würde ich nie jene Dame aus Jalisco in Mexiko unterstützen, die dem allgemeinen Vernehmen nach zu fülligerem Haar verhelfen kann. Ich hatte Angst, die Hexe könne meinen Kopf schrumpfen lassen, um das Haar, das ich schon habe, in die richtige Paßform zu bringen.

Einer Hexe Paroli bieten

Robert Herrick erzählt uns, wie man sich an einer Hexe rächen kann, die sich von einem ein paar Haare oder abgeschnittene Fingernägel angeeignet hat, um einen mit einem Zauber Böses anzutun:

> Um die Hex zu vertreiben, folgendes wisse,
> Vermische mit Mehl ein bißchen Pisse
> Von dem, der verhext: Dann – ich dir rate –
> Mach draus einen Kuchen oder eine Oblate;
> Dies Gebäck unverfälscht, es weist ganz klar,
> Die Hexe in Schranken. Todsicher, 's ist wahr.

Nehmen wir an, man hat die numerologischen Werte seines Vornamens und seines Geburtstages addiert (plus der magischen Zahl 3 natürlich), und man »kennt« nun die »Zahl« des Jungen oder Mädchens, der bzw. die genau zu einem paßt. Gut, die Zahl hat man nun, doch was macht man dann, um ihn oder sie auch für sich zu interessieren? Man könnte eine Wachsfigur herstellen, sie immer wieder ein- und ausgraben und noch so einiges anderes – oftmals recht Widerliches – mit ihr anstellen. Man könnte auch die Venus anbeten oder einen Wendehals (eine Art Specht) an ein Rad binden und das dann drehen, quasi mit dem Ziel, dem Angebeteten »den Kopf zu verdrehen«. Man könnte heimlich ein paar abgeschnittene Fingernägel – oder ein paar Tropfen von seinem Badewasser – in sein Essen mogeln.

Man könnte dem Angehimmelten eine die Sinne verwirrende Droge einflößen, vielleicht Datura (aus der Familie der Solanazeen) oder Lorbeer oder etwas Subtileres, wie Kopfsalat oder Zimt. Man könnte es sogar vielleicht wagen, den Teufel Asmodeus anzurufen. Doch das ist sehr riskant.

Es galt im allgemeinen als Verbrecher, jemanden durch Magie zu »ungesetzlicher Liebe« zu verführen. Das war genauso verwerflich, wie das Sexualleben von irgendwelchen Leuten durch das Knüpfen von Knoten oder ähnlichem zu ruinieren. Bei der ersten »Offensive« wanderte man – unter der Gesetzgebung von 1563 und 1604 in England – für ein Jahr in den Kerker. Bei der zweiten »Offensive« …? Die Gesetze von 1563 ließen einen noch mit dem Leben davon kommen, 1604 war es tödlich. Das Verbrechen nahm zu.

Nestelknüpfen:
Wie man einen Liebesknoten knüpft und wie man einen Haßknoten öffnet

Ein Auszug aus einem »magischen Papyrus« der alten Ägypter:

> Man nehme ein Leinenband mit 16 Fäden, 4 weißen, 4 grünen, 4 blauen und 4 roten und mache daraus ein Band und tränke sie mit dem Blut des Wiedehopfs [ein Vogel, der möglicherweise wegen seiner auffälligen Haube in der Magie oft eine Rolle spielt] und binde es um einen ertränkten, in Byssus (feines Gewebe) gehüllten Skarabäus-Käfer in seiner Sonnengotthaltung und binde es an den Körper des Jünglings, der auserwählt ist, und es wird unverzüglich wirken.

Später wurden einfachere Verfahren entwickelt, um Leute verliebt zu machen. Die schwarze Magie kannte sogar einen Trick, der die Liebe oder zumindest den Geschlechtsverkehr verhindern sollte, das sogenannte Nestelknüpfen.

Man besucht eine Hochzeitsfeier und hält sich im Hintergrund, so etwa wie die böse Fee, die nicht zu Dornröschens Taufe eingeladen war. Während das Hochzeitspaar sein Ehegelöbnis ablegt, knüpft man heimlich Knoten in eine Schnur. Vergil empfiehlt in seiner *Bucolica* »drei Farben in drei Knoten«. Das klingt zwar gut, dürfte aber ein bißchen schwierig sein, wenn man es heimlich machen muß.

Kaiser Theodosius der Große (346-395) und König Philipp August von Frankreich (1165-1223) sind nur zwei aus der Reihe berühmter Persönlichkeiten, die nach ihren Aussagen durch Nestelknüpferei impotent wurden. Politisch motivierte Heiraten aus Gründen der Staatsräson mögen eine andere Erklärung für Impotenz bei den Hochwohlgeborenen gewesen sein.

Plinius war sich durchaus der Gefahr bewußt, in die er sich begab, als er verriet, wie man den Zauber brechen könne: Man bestreiche die Türschwelle des Hochzeitszimmers mit Wolfsfett. Die wird dann zwar etwas glitschig sein, doch man muß ja nicht drauf treten, wenn man die Braut über die Schwelle trägt.

Man kann sich aber auch gegen die Knoten schützen, wenn man sich die Taschen mit Salz füllt und kurz bevor man die Kirche betritt, uriniert (allerdings nicht auf dem Friedhof – man könnte sonst einen gefährlichen Feind heraufbeschwören). Auch ein goldener Ring mit dem rechten Auge eines Wiesels für den Bräutigam hilft.

Beschwörung des Teufels

Hier eine Formel aus Deutschland, mit der man den Teufel in Gestalt eines Ziegenbocks heraufbeschwören kann. Die Beschwörung verlangt eine laute Stimme, die bei den letzten Worten anschwellen und in fürchterliche Schreie übergehen muß, damit der »König« kommt.

> Lalle, Bachea, Magotte, Baphia, Dajam,
> Vagoth Henech Ammi Nagaz, Adomator
> Raphael Immanuel Christus Tetragrammaton
> Agra Jod Lio. König, König

Auch hier sind Hainings *The Necromancers* hilfreich. Wenn diese Formel nämlich nicht wirkt, hat er eine zweite Formel parat, die mit Ausnahme der letzten beiden Wörter »Komm! Komm!« rückwärts gelesen werden muß. Das müßte klappen. Die Formel, mit der man den Teufel dann wieder verabschiedet, würde – sagt Haining – aller Wahrscheinlichkeit nach jeden zum Rückzug bewegen.

Die Alchimie

Im Grunde genommen waren die Alchimisten die Naturwissenschaftler jener Tage, die sich mit der Erforschung der Eigenschaften der verschiedenen Mineralien und chemischen Substanzen befaßten und die Kunst beherrschten, die Stoffe durch Zusammenschluß, Destillation, Kalzination, Bindung und andere Verfahren zu verändern.

Höchstes Ziel der Alchimie war es, den Stein der Weisen – auch Elixier genannt – herzustellen oder zu entdecken, eine Substanz, von der man glaubte, sie könne unedle Metalle (Blei, Zinn, Quecksilber, Eisen, Kupfer) in Gold oder Silber verwandeln. »Der Glaube, daß er allein durch göttliche Gnade oder Gunst gewonnen werden könne«, schreibt E. J. Holmyard in seiner *Alchemy* (1957), »führte zur Entstehung einer esoterischen bzw. mystischen Alchimie, aus der sich allmählich ein devotionales System entwickelte, in dem die weltliche Umwandlung von Metallen quasi zur reinen Symbolfunktion für die Verwandlung eines sündhaften Menschen in ein vollkommenes Wesen kraft Gebet und Unterwerfung unter den Willen Gottes wurde.«

Unter diesem mystischen Aspekt der Alchimie war die Gefahr, sie mit Zauberei zu verfälschen, Astrologie an die Stelle von Gottvertrauen zu setzen, Gebete in Beschwörungen und Ritualmagie zu verkehren nur allzu groß – vor allem, wenn der Alchimist ein ungeduldiger Patron war. Gilles de Retz war der erste, der seine desolate Vermögenslage mit Hilfe der Alchimie zu sanieren versuchte. Als die chemische Umwandlung dann nicht die gewünschten Erfolge zeigte, stürzte er sich auf eine besonders abstoßende Variante der schwarzen Magie. Die gleiche Ungeduld legte – wie wir noch sehen werden – August der Starke von Sachsen an den Tag, wenn auch mit einem glücklicheren Ausgang.

Ein Anliegen der alchimistischen Forschung galt dem *Alkahest,* einem Universallösungsmittel, das es angeblich geben sollte. (Wenn es alles auflöst, worin bewahrt man es dann auf?)

Das *Alkahest* konnte aus Schweiß, Speichel, Würmern und so weiter hergestellt werden. Das beste Rohmaterial war allerdings Blut. Ein echt magisches Rezept also, denn Blut ist das Symbol für das Leben an sich, und das Spucken spielt in der Zauberei eine nicht unwesentliche Rolle.

Im Laufe der Jahrhunderte wurden eine Reihe von Formeln für die Herstellung des Stein des Weisen entwickelt, die alle sehr kompliziert sind und sich nur schwer entschlüsseln lassen. Eines der Rezepte lautet – in stark vereinfachter Form – beispielsweise folgendermaßen: Man beginnt damit, das Ausgangsmetall (nicht näher spezifiziert) mit Wasser aus dem Schwarzen Meer zu reinigen, destilliert das Ergebnis und erhält eine Substanz, die sich Mercurium-Wasser nennt. Man teilt sie in fünf Teile, von denen zwei beiseite gestellt werden. Die restlichen drei Teile werden mit einem Zwölftel ihres Gewichts reinen Goldes versetzt (Gold, das nie für weltliche Zwecke verwendet worden ist). Dann erfolgt in einem Destillierkolben (damals noch eine primitive Schale) ein weiterer Destillationsprozeß. Wenn sich ein festes Amalgam gebildet hat, wird der Mischung zunächst der eine zurückbehaltene Teil Mercurium-Wasser und dann der andere Teil zugesetzt, und zwar in sieben Etappen. Der Behälter wird anschließend versiegelt und 47 Tage warmgehalten. Nach Ablauf dieser Zeit sollte das Ergebnis dann – wenn alles gutgegangen ist – die heißersehnte Substanz in einem wunderschönen Purpurglanz sein. Theoretisch könnte der Alchimist dann darangehen, unedle Metalle in Gold zu verwandeln. Andere Rezepte sind weitaus langwieriger und umständlicher.

Das folgende Rezept für die Herstellung von Gold kommt ohne das Elixier aus. Es stammt aus dem magischen, in Sanskrit verfaßten *Atherao Veda*. Trotzdem baut es eher auf metallurgischem Wissen, als auf magischen Vorstellungen auf:

> Man nehme folgende Ingredienzien: zwanzig Teile Platin, die gleiche Menge Silber, plus 240 Teile Messing; außerdem braucht man noch 120 Teile Nickel. Man schmelze diese Substanzen getrennt in verschiedenen Schmelztiegeln ein und mische die Schmelzen dann miteinander. Die Legierung wird zum Abkühlen in Gußformen gegossen. Anschließend verwende man das Metall.

Die Alchimie hat viele Ursprünge: Das alte Ägypten zum Beispiel, wo man für den Osiris-Kult ein mysteriöses Oxyd hergestellt haben soll, das wunderbare Heilerfolge erzielte und Metallumwandlungen ermöglichte. Oder China, wo man die chemischen und mystischen Eigenschaften von Gold, Zinnober und anderen Werkstoffen untersuchte. Babylon gehört dazu und Arabien, wo gebildete Gelehrte kaustische Alkalien entdeckten. Auch Spanien ist zu nennen, wo die Christen engsten Kontakt zu arabischen und jüdischen Lehren hatten.

Im späten Mittelalter kam die Alchimie mit ihrem immer stärker werdenden Hang zur Magie allmählich in Verruf. Diese Anrüchigkeit hängt ihr heute noch an. Heinrich V. verbannte die Alchimisten 1404 aus England. Sein Sohn allerdings gab verschiedenen von ihnen die Lizenz, ihr

Handwerk weiterzubetreiben, und beschäftigte schließlich sogar selbst einen Alchimisten. Das gleiche wird von Elisabeth I. behauptet. Jakob IV. von Schottland (1473-1513) war genauso an Alchimie interessiert wie Rudolf II., Kaiser des heiligen römischen Reiches (1552-1612). Karl II. hatte laut Holmyard »ein Alchimielabor direkt unter dem königlichen Schlafgemach, zu dem er über eine Geheimtreppe Zugang hatte«. Auch gebildete Leute, wie Roger Bacon, Thomas von Aquin, Sir Thomas Brown, John Evelyn und sogar Isaac Newton, fühlten sich zur Alchimie hingezogen.

Es gibt viele Berichte über die Anwendung des Elixiers. So demonstrierte Johann Richthausen im Jahre 1648 die Kunst der Metallumwandlung in Gegenwart von Kaiser Ferdinand III. (1608-1657). Mit einem Gran seines magischen Pulvers verwandelte er zweieinhalb Pfund Quecksilber in Gold, aus dem der Kaiser Medaillen prägen ließ. (Sie existieren zwar heute nicht mehr, doch die Abbildung zeigt, wie sie einmal ausgesehen haben.) Im Jahre 1676, während der Regentschaft von Ferdinands Sohn Leopold I., wandelte ein Mönch namens Wenzel Seyler – ebenfalls im Beisein des Kaisers – Zinn und auch Kupfer in Gold um. Leopold machte Seyler zum Baron und ließ aus diesem »Gold« eine Gedenkmünze prägen, die auf der einen Seite sein – Leopolds – Abbild zeigte und auf der anderen Seite folgende Inschrift trug: »Aus Wenzel Seylers Pulvers Macht / Bin ich von Zinn zu Gold gemacht«.

Diese Münze verschwand ebenfalls. Doch das Ergebnis einer späteren »Umwandlung« Seylers, ein Medaillon, blieb der Nachwelt bis 1888 erhalten und fiel einem Chemiker in die Hände, der es eingehend untersuchte. Zum Leidwesen der Alchimiegläubigen – so denn noch welche existieren sollten – stellte sich heraus, daß das Medaillon zwar fraglos eine messingartige Farbe hatte, daß aber sein spezifisches Gewicht mit nur 12,67 um 6,63 unter dem spezifischen Gewicht von Gold lag.

Diese Münze wurde im Jahre 1648 zum Gedenken an eine alchimistische Demonstration in Prag in Gegenwart des Kaisers Ferdinand III. aus dem angeblichen Gold geprägt, das nach jedermanns Überzeugung aus einem unedlen Metall hergestellt worden war.

Es gab noch eine Reihe anderer »erfolgreicher« Alchimisten, zu denen auch viele hochgebildete Männer gehörten. Doch nach den 80er Jahren des 18. Jahrhunderts, als die Royal Society (königliche Akademie der Wissenschaften) den Chemiker Joseph Black damit beauftragte, die Behauptungen eines gewissen James Price nachzuprüfen, erlahmte das Interesse. Price hatte Berichten zufolge Quecksilber in Gold umgewandelt, indem er dem Quecksilber ein weißes Pulver zusetzte, es mit einer Lösung aus Borax und Salpeter mischte und das Ganze dann in einem Schmelztiegel unter ständigem Rühren mit einem Eisenstab erhitzte. Das Ergebnis analysierte er als reinstes Silber. Später führte Price die gleiche »Umwandlung« mit anderen Quantitäten vor und erzeugte Gold. Doch als Black erschien, um den chemischen Prozeß per-

sönlich in Augenschein zu nehmen, schluckte Price Blau-
säure und starb vor den Augen des Chemikers. Es stellte
sich heraus, daß Price nicht nur ein Betrüger gewesen
war, sondern obendrein auch ein bißchen verrückt.

Und nun kommen wir zu August dem Starken, Kurfürst
von Sachsen und zeitweilig immer mal wieder König von
Polen (1670-1733). August liebte den Luxus und sah keinerlei Notwendigkeit, sich in seinen persönlichen Ausschweifungen in irgendeiner Weise zu beschränken. Er
ließ in seiner Hauptstadt Dresden viele monumentale
(und kostspielige) Barock-Bauwerke errichten und legte
eine berühmte Kunstsammlung an. Er hatte es insbesondere auf Porzellan abgesehen, das zur damaligen Zeit nur
aus China unter einem enormen Kostenaufwand beschafft werden konnte, was ihn nicht daran hinderte, seiner Sammelleidenschaft in verschwenderischer Weise zu
frönen. (Er führte auch einige teure Kriege, in der
Hauptsache, um die polnische Krone zurückzugewinnen.) Die unvermeidliche Folge davon war eine leere
Staatskasse. Um sie wieder aufzufüllen, heuerte er einen
jungen Alchimisten, einen gewissen Friedrich Böttger
(1682-1719), an, und beauftragte ihn, den Stein des Weisen zu finden und Gold herzustellen.

Böttger wurde nahezu wie ein Gefangener gehalten
und stand pausenlos unter dem Druck des ständig nör-
gelnden ungeduldigen August. Doch die große Entdek-
kung blieb wie eh und je eine Illusion. Eines Abends
nun unterhielt sich der bedrängte Böttger in seinem
Quartier mit einem Freund und vertraute ihm all seine
Sorgen an. Der Freund zeigte zwar Mitgefühl, war aber
der Meinung, daß Böttger die Dinge von der falschen
Seite her angehe. »Selbst wenn du das Elixier finden
solltest«, gab er dem Alchimisten zu verstehen, »wird
August das Gold nur nehmen, um es in Porzellan umzu-
setzen. Ich sag dir, vergiß den Gedanken an die Her-

stellung von Gold. Denk darüber nach, wie man Porzellan herstellt.«

Böttger dachte darüber nach und fand, daß die Idee etwas für sich habe. Er gab seine alchimistischen Forschungen auf und fand heraus, wie man Porzellan herstellt. Im Jahre 1710 gründete er zusammen mit Graf Ehrenfried Walter von Tschirnhaus unter der Schirmherrschaft von August die Königlich Sächsische Porzellanmanufaktur in Meißen. Innerhalb weniger Jahre wurden die Namen »Meißen« und »Dresdner Porzellan« zum Qualitätsbegriff für erlesene keramische Erzeugnisse. Über die Jahrhunderte hinweg hat die Porzellanmanufaktur Sachsen mehr Vermögen eingebracht, als tausend Steine des Weisen es je vermocht hätten.

Todsicheres Rezept

Man besorge sich eine Urinprobe des Opfers, kaufe ein Hühnerei, ohne um den Preis zu feilschen, und bringe es Dienstag- oder Samstagnacht an einen einsamen Ort, wo man nicht gestört wird. Mit Hilfe eines runden Einschnitts an der Breitseite des Eis entferne man das Eiweiß und gebe zu dem Eigelb in der Eierschale den Urin, wobei man den Namen des Opfers ausspricht. Man schließe die Eierschale wieder mit einem Stückchen jungfräulichem Pergament und vergrabe das Ei im Boden. Dann verlasse man den Ort, ohne sich noch einmal umzuschauen.

Das einzige, was das Opfer dann noch vor der todbringenden Gelbsucht bewahren kann, ist die Entdeckung und Zerstörung des Eis, das von derselben Hand, die es eingegraben hat, verbrannt werden muß. Falls das Ei aber ungestört im Boden verfaulen kann, wird das Opfer noch innerhalb desselben Jahres sterben.

Vorzügliche Mittel gegen alles

Kennen Sie die Mode der Kupferarmreifen zur Linderung von Rheumatismus? Magie? Die Kupferarmreifen wirkten tatsächlich, weil die Leute daran glaubten. Frühere Kupferarmreifen »heilten« Cholera, Typhus und andere Krankheiten und schützten gegen die Gefahren von unreinem Wasser. Glaube versetzt Berge!

Für den Fall, daß Sie der Erste in Ihrer Straße sein möchten, der mit einem neuen Armreifen ankommt, ist es für Sie gut zu wissen, daß Silber Epilepsie heilt bzw. bessert, daß Platin Sie vor Verstopfung schützt, Zinn bei Würmern empfehlenswert ist, Blei das Aussehen belebt (doch konsumieren Sie es um Gottes Willen nicht – es raffte die römische Patrizierklasse hinweg, die aus Bleitöpfen zu speisen pflegte, und bedroht unsere armen Kinder, die den bleihaltigen Anstrich von den Wänden kratzen und essen), Eisen blutbildend wirkt und Gold bei Schlafstörungen hilft (bewahren Sie es in Schweizer Banken auf). Wer auch immer behauptete, »diamonds are a girl's best friend« – Diamanten sind die besten Freunde der Mädchen – dachte viel zu profan. Sie sind viel mehr als das. Diamanten sind »unbesiegbar« (griechisch: *adamas*) und verleihen Mut und Zuversicht. In der arkanen Welt werden sie mit dem Widder (Aries) assoziiert, im Volksbewußtsein nur mit »bevorzugten Blondinen«.

Erfolgsrezept

Man mische die folgenden Ingredienzien (nötigenfalls in pulverisierter Form) prozentual nach Gewicht:

Sandelholz	30 Prozent
Myrrhe	10 Prozent

Patschuli	5 Prozent
Gilgenwurz	5 Prozent
Zimt	10 Prozent
Weihrauch	40 Prozent

Dazu gebe man eine Prise Salpeter. Dann verbrenne man die Mischung unter den entsprechenden bedarfsorientierten Beschwörungen.

Das Elixier

Die Suche nach dem Stein des Weisen war eng mit der Suche nach dem Lebenselixier – der Sehnsucht nach ewiger Jugend – verbunden, einer Sehnsucht, die heute in »lebensverlängernden« Maßnahmen, wie der Verabreichung von Procain oder anderen Drogen, ihren Niederschlag findet. Der Graf von St. Germain – er soll Hunderte von Jahren unter einer Reihe von Namen gelebt haben – schwor auf einen Senna-Extrakt, den sogenannten St.-Germain-Tee, das Vitamin C der damaligen Zeit. Arnaldus Villanovanus empfahl Alkohol (das Wort *Whiskey* bedeutet »Lebenswasser«). Unsere Großeltern brauten sich gerne ihre eigene Hausmedizin, die stets zu wesentlichen Teilen aus Alkohol bestand (selbst wenn sie als »Abstinenzgetränk« etikettiert war) und nahmen Tonika und Stärkungsmittel der verschiedensten Arten. Der irische Philospoh Bishop Berkeley pries Teerwasser als Allheilmittel an. Sir Francis Bacon empfahl den Duft von frisch umgegrabener Erde, eben jener Erde, aus der Gott uns erschaffen hat. Die Gräfin Bathory badete, wie schon erwähnt, in dem Blut unzähliger Jungfrauen. Wieder andere tranken Blut, Urin oder schluckten Gold.
F. S. Taylor hat uns in seinem Buch *The Alchemists* das Rezept für Dr. Stevens-Wasser überliefert, ein Getränk

aus dem 17. Jahrhundert, das ein langes Leben garantierte und auch im Alter noch ein jugendlichen Aussehen versprach:

Zu einer Gallone guten Gascogner Weins (rot) füge man je eine Drachme Ingwer, Zimt, Muskatnuß, Gewürznelke, Fenchelsamen, Kümmel Oregano und Zyperwurzel hinzu. Weiterhin braucht man je eine gute Handvoll Salbei, Poleiminze, Minze, wilden Majoran, wilden Thymian, Thymian, Glaskraut (ein südeuropäisches Kraut), Rosmarin, rosa Rosenblätter, Kamille und Lavendel. Die Kräuter sollen gestoßen und die Körner fein gemahlen werden. Diese Zutaten sollen zwölf Stunden oder länger im Wein bleiben und anschließend dreimal destilliert werden. Dieses Destillat soll mäßig, aber regelmäßig eingenommen werden.

Dieses Rezept klingt gesünder als die »Molchaugen«-Präparate, die sonst im allgemeinen angeboten werden. Aber machen Sie es nicht wie jener schottische Geistliche, der angeblich in seiner Jugend ein Lebenselixier gebraut haben soll, dann aber Angst bekam, es anzuwenden. Dreißig Jahre später fühlte er sich dann alt und mutig genug, es zu versuchen. Doch da war es inzwischen verdunstet.

Himmlische Regentschaft

Eine Regel der Magie lautet »wie oben, so unten«. Der Glaube, daß die Planeten unsere Schicksale und Geschicke auf Erden lenken, stammt aus grauer Vorzeit. Die Wochentage wurden nach den sieben damals bekannten »Planeten« benannt: Sonnen-Tag, Mond-Tag, Mars-Tag, Merkur-Tag, Jupiter-Tag, Venus-Tag und Saturn-Tag. Diese Bezeichnungen klingen heute noch im deutschen Sonn- und Montag, im englischen Sunday, Monday und

Saturday und im französischen Mardi (Dienstag), Mercredi (Mittwoch), Jeudi (Donnerstag) und Vendredi (Freitag) an. Die Magier studierten und verwerteten die Einflüsse der himmlischen »Regentschaft« auf Menschen, Pflanzen, Metalle, auch Mineralien, kurz auf alles.

Magische Rituale mußten zu astrologisch richtigen Zeiten und mit den dem regierenden Planeten entsprechenden Instrumenten, Aromaten und Pflanzen zelebriert werden. So benötigte man zum Beispiel für einen Liebestrank Kräuter, die von der Venus regiert wurden. Nach einem Buch, das Albertus Magnus zugeschrieben wird, eignen sich die blauen Blüten des Immergrüns zwar am besten für einen Liebestrank, doch nur, wenn Tag und Stunde ihres Sammelns astrologisch abgesichert sind. Es liegt nach Meinung der Magier an der Ignoranz der kosmischen Einflüsse und ähnlicher arkaner Regeln, wenn die Mixturen, die von Amateuren zusammengebraut werden, zum totalen Mißerfolg werden.

7

Große ihrer Zunft

Hexen und Magier sind meist Leute, die sich vom Rest der Welt ein wenig abheben; sie sind kühner, gebildeter, rastloser, selbstsicherer, manchmal auch bösartiger, aber immer mit einem starken Selbstwertgefühl ausgestattet und davon überzeugt, daß die Regeln, die für Normalsterbliche gelten, nicht auf sie anwendbar sind. Der berühmte englische Jurist Lord Coke traf mit seiner juristischen Definition der Hexenkunst genau den Kern der Sache. Zauberer, sagte er, sind dazu *bestimmt,* ihren Willen durchzusetzen.

Der französische Historiker Grillot de Givry schreibt in *Witchcraft, Magic and Alchemy* (Erstveröffentlichung in Amerika im Jahre 1931):

Einige geschickte Zauberer beherrschten die Kunst, den Teufel oder die subalternen Dämonen der gewaltigen Unterweltarmee herbeizurufen. ... Andere Zauberer, sogenannte Nekromantiker, konnten die Geister der Toten heraufbeschwören. ... Es gab Zauberer, die wir heute als »Intellektuelle« bezeichnen würden. Sie wurden Zauberer genannt, weil der heute übliche Begriff des »Gebildeten« zu jener Zeit noch nicht existierte. ... Es gab sogar Mönche, die man Zauberer nannte. Sowohl Roger Bacon als auch Albertus Magnus gehörten dazu. ... Es gab auch Zauberer-Monarchen, wie Heinrich III. (von Frankreich) und seine Mutter Katharina von Medici, und – was besonders merkwürdig ist – Zauberer-Päpste; Papst Honorius im 17. Jahrhundert und Papst Silvester II. im 11. Jahrhundert galten – zu Recht oder Unrecht – als Zauberer. ...

In diesem Kapitel werden wir einer Reihe dieser merkwürdigen Leute begegnen, die für sich in Anspruch nahmen, Magier bzw. Hexen zu sein, ober von anderen zumindest als solche betrachtet wurden. Wir werden auch auf einige andere Leute treffen, die sich auf deren Verfolgung machten.

Die Herzogin von Gloucester

Die Gemahlin von Humphrey, Herzog von Gloucester und Bruder des unseligen Heinrich VI., war eine Frau, die sehr am Ableben des Königs interessiert war. Es gab sogar Stimmen, die behaupteten, sie versuche, die Dinge zu beschleunigen und besitze eine Wachsfigur des Königs, die sie am Kamin aufbewahre in der Hoffnung, das Leben des Königs würde sich, wenn diese schmolz, in gleicher Weise verzehren.

Die Herzogin wurde vor Gericht gestellt und aufgrund einer fadenscheinigen Beweisführung zusammen mit ihren »Komplizen« abgeurteilt: Eine Frau aus der Stadt Ely wurde verbrannt. Ein Domherr von Westminster wurde in den Tower geworfen, wo er starb. Ein weiterer »Komplize« wurde in Tyburn gehängt, gestreckt und gevierteilt. Natürlich konnte man die Gemahlin des »guten alten Herzogs Humphrey« nicht derart behandeln. Deshalb dachte man sich folgende Strafe aus: Sie mußte an drei aufeinanderfolgenden Tagen eine große Wachskerze zu den Hochaltären der drei Londoner Pfarrkirchen St. Paul, Christ Church und St. Michael tragen. Dort mußte sie in Gegenwart des Bürgermeisters und des Ratsherren von London ihre Buße tun. Dann wurde sie an den schlimmsten Ort, den man sich vorstellen konnte, die Isle of Man, verbannt.
Die Bewohner der Insel glauben, daß sie auf der Isle of Man bis zum heutigen Tag noch umgeht.

Simon der Reine und Simon der nicht so Reine

In der Apostelgeschichte des Lukas 8,9-8,12 und 8,18-8,24 wird die Geschichte von Simon, einem Zauberer erzählt, der in früheren Zeiten das Volk von Samaria in seinen Bann gezogen hatte, weil er vorgab, »er wäre etwas Großes«. Simon wurde im Namen Jesu Christi getauft und »hielt sich zu Philippus«. Doch als Petrus und Johannes in Samaria eintrafen und kraft des Heiligen Geistes zu heilen begannen, war Simon so beeindruckt, daß er ihnen Geld anbot, damit sie ihm die gleiche Macht übertrügen. Aber Petrus wies ihn zurück und sprach: »Daß du verdammt werdest mitsamt deinem Gelde, weil du meinst, Gottes Gabe werde durch Geld erlangt.« Daraufhin tat Simon Buße und bat Petrus, für ihn zu beten. Auf dieser Geschichte basiert das Wort »Simonie«, das den Erwerb oder Verkauf eines geistlichen Gutes durch Gold oder Geldeswert bezeichnet.

Das ist alles, was die Bibel selbst über diesen Simon berichtet. Doch in späteren Werken – speziell in der apokryphen *Apostelgeschichte des heiligen Petrus* – taucht ein gewisser Simon Magus auf, der angeblich unter der Regentschaft von Kaiser Claudius (41-54 n. Chr.) in Rom erschien. Diese beiden Simons waren möglicherweise ein- und dieselbe Person.

Simon Magus war ein übler Zauberer, der durch seine magischen Werke viele Anhänger gewann. Er lebte noch, als Nero Kaiser wurde (54-68), und als Petrus nach Rom kam, wurden die beiden Rivalen. Wie die Geschichte erzählt, verlangte Nero von Simon, die Fähigkeiten, mit denen er prahlte, um die Mittagszeit vor den versammelten römischen Bürgern unter Beweis zu stellen. Der Magier willigte ein.

Als sich auf dem kaiserlichen Forum eine große Menge – darunter auch Petrus – versammelt hatte, ging Simon mit dem Zauberstab in der Hand auf die Bühne. Seine erste Handlung bestand darin, seinen Stab senkrecht hinzustellen und ihm zu befehlen, auf ihn zu warten. Er blieb auch dort, wo er ihn hingestellt hatte, gerade stehen. Simon verbeugte sich vor dem Kaiser und seinem Hofstaat, breitete dann die Arme aus und hob langsam vom Boden ab.

Er stieg höher und höher hinauf, bis er mit der Spitze des Tempels der Juno Moneta (der »mahnenden« Göttin) auf einer Ebene war. In diesem Augenblick kniete Petrus nieder und schlug das Zeichen des Kreuzes in die Luft. Der Bann war gebrochen: Der Zauberstab des Magiers kippte um, und Simons Körper fiel krachend zur Erde.

Da Petrus ursprünglich Simon hieß, kann diese Geschichte als das magische Duell der beiden Simons verstanden werden. Petrus selbst starb kurze Zeit später während der Christenverfolgungen unter Nero den Märtyrertod.

Paracelsus

Sein richtiger Name ist eindrucksvoll genug: Theophrastus Philippus Aurealus Bombastus von Hohenheim. Aber für diesen Arzt und Okkultisten war er noch nicht eindrucksvoll genug. Da er sich in seiner Genialität dem römischen Enzyklopädisten und Verfasser medizinischer Literatur Aulus Cornelius Celsus ebenbürtig dünkte, nannte er sich selbst Paracelsus (»Seite an Seite mit Celsus«).

Paracelsus war einer der vielseitigsten Männer seiner Zeit (1493-1541), ein Allround-Wissenschaftler. Er entdeckte das Zink und war ein Mann, der einerseits tief in der alten Magie verwurzelt war, andererseits aber zu den fortschrittlichsten Wissenschaftlern seiner Zeit zählte. Er war Alchimist und Chemiker, Magier und Arzt, Mystiker und Pionier auf dem Gebiet der Medizin, Metallurgie, Pharmazie und überhaupt jedem Gebiet.

Er war eine brillante, aber keineswegs bescheidene, unterwürfige Persönlichkeit. Mit 16 Jahren ging er auf die Universität Basel, wurde Arzt und später als Professor der Medizin in Basel angestellt, wo er all die anderen Medizinprofessoren durch die Propagierung neuer Verfahren und die Attackierung alter Traditionen vor den Kopf stieß. Er scheute nicht einmal davor zurück, die abergläubischen Vorstellungen so berühmter Doktoren der Vergangenheit wie Galen und Avicenna anzugreifen. Es sei an der Zeit, sagte er, zu beobachten und nicht nur zu glauben, mit neuen Verbindungen und neuen Ideen zu experimentieren (so wie er es sehr eindrucksvoll tat) und – natürlich – den (seinen) Genius anzuerkennen.

1529 trieb man ihn aus Basel fort. Von da an führte er ein unstetes und konfliktreiches Leben. Er veröffentlichte zahllose Werke über Themen, deren Bogen sich von der Mineralogie (die er früher in Tirol studiert hatte) bis zur Magie spannte. 1541 starb er in Salzburg.

Die neuen Impulse, die Paracelsus der Pharmazie und der Medizin gab, waren eine Sache. Eine ganz andere Sache war sein Glaube, daß die Erde unterirdisch und überirdisch mit Gnomen und Geistern bevölkert sei. Er schlug eine ganz eigenartige Brücke zwischen seinem Anspruch auf Verifizierbarkeit der Fakten und den magischen Vorstellungen einer unsichtbaren Welt. Dieser außergewöhnliche Mann der Renaissance war also nicht nur ein Vorreiter der medizinischen Forschung auf ihrem Weg zu einer modernen empirischen Wissenschaft, sondern auch ein Verfechter uralter mystischer und magischer Glaubensvorstellungen.

Ein schottischer Zauberer

Thomas Weir, der um 1600 herum geboren wurde, war Kommandant der Stadtwache von Edinburgh und einer der angesehensten Bürger dieser Stadt. Er galt als Stütze der etablierten Gesellschaft, war ein »Heiliger« der äußerst strengen und aufrechten Sekte der »Bowhead Saints« und hatte als Soldat auf der Seite des Parlaments im Bürgerkrieg gekämpft, wo er sich wegen seiner Grausamkeit gegenüber den Royalisten einen Namen gemacht hatte. Er war weit und breit wegen seiner tiefen presbyterianischen Frömmigkeit und seiner außergewöhnlichen Begabung für bewegende Stehgreifgebete bekannt. Als Weir im Alter von 70 Jahren nun ganz plötzlich aus freien Stücken bekannte, daß er sich als Magier den schwarzen Künsten verschrieben habe, einen Zauberstab besitze und voller »Schwärze und Finsternis, Schwefel und Glut bis zum Grund der Hölle« sei, kam der Bürgermeister von Edinburgh in arge Verlegenheit und war äußerst überrascht.

Und dann gab diese Stütze der Gesellschaft auch noch zu, jahrelang mit seiner Schwester – von ihrer »Teenagerzeit« an bis sie etwa 50 war und ihn wegen ihres Alters und ihrer Falten anekelte – Inzest betrieben zu haben. Außerdem habe er mit Margaret Bourdon (die Tochter seiner verstorbenen Frau) und Bessie Weems (ein Dienstmädchen) ein intimes Verhältnis gehabt (mit letzterer über einen Zeitraum von zwanzig Jahren) und »sich selbst besudelt« mit verschiedenen Schafen, Kühen und seiner eigenen Stute. Als Ärzte und Minister dem alten Mann zu helfen versuchten, verfluchte er ihre Bemühungen, seine Seele vor der ewigen Verdammnis zu retten.

Am 29. April 1670 wurden Weir und seine Schwester wegen ihrer sexuellen Delikte vor Gericht gestellt. Weir wurde in vier Anklagepunkten für schuldig befunden: Inzest (zwei Punkte), Unzucht und Bestialität. Er wurde zum Tode durch den Strang verurteilt. Seine Leiche wurde verbrannt und sein schwarzer Zauberstab mit ihm. Jane legte vor dem Gericht freiwillig ein Geständnis ab, bezichtigte sich des Inzests mit ihrem Bruder und erklärte sich insbesondere für schuldig, mit Hexen, Nekromantikern und Teufeln Kontakte gehabt zu haben, wobei ein Familiar ihr nicht nur dabei geholfen habe, Böses zu tun, sondern auch Unmenge von Wolle für sie gesponnen habe. Sie kam dem Gericht mit ihren Aussagen mehr entgegen, als es dies eigentlich wollte, denn die Einzelheiten waren erschreckend. Sie wurde verurteilt, im Grassmarket, einer Straße inmitten von Edinburgh, zu hängen.

Doch als der Tag ihrer Exekution gekommen war, lieferte Jane trotz ihrer vor Gericht gezeigten Kooperationsbereitschaft einen wahrhaft königlichen Kampf. Sie kämpfte mit ihren Wachen, drohte damit, sich nackt auszuziehen und die Zuschauer zu schockieren und steckte ihren Kopf zwischen zwei Stufen der Treppe zum Schafott, wo sie nur mit großer Mühe wieder herausgestemmt werden konnte. Schlimmer noch, sie beteuerte, keine Gewissensbisse wegen ihrer Sünden zu haben. Schließlich und endlich wurde sie dann doch noch gehängt.

Solange die beiden noch lebten, waren einige Leute durchaus bereit, ihre Bekenntnisse als Ausdruck von Verrücktheit und seniler Dekadenz anzusehen. Doch kaum waren die Weirs tot, da wurden sie auch schon als Zauberer gehandelt. Thomas Weirs Haus – »Bow Head« genannt – blieb ein Jahrhundert lang oder sogar noch länger unbewohnt, während in der Stadt Gerüchte über spukende Gespenster umgingen. Man behauptete auch, daß andere Bewohner der Straße des nachts oft das Surren eines Spinnrads hörten.

Margaret Rule

Margaret Rule, deren Geschichte von Cotton Mather sehr plastisch nacherzählt wurde, wurde 1693 in Boston als Hexe verfolgt.

Sie berichtete, daß der Teufel sie gezwungen habe, einen Treueeid auf ein dickes rotes Buch zu schwören, wobei sie mit rot die Buchstaben gemeint haben muß. Es war nämlich keineswegs ungewöhnlich, daß Grimorien in Rot gedruckt waren – man behauptete, daß sie die Augen verbrennen würden, wenn man zu lange hineinstarrte –, doch sie waren immer schwarz gebunden.

Boullans Grausamkeiten

Abbé Boullan (1824 in Frankreich geboren) behauptete, der »zur Erde zurückgekehrte« Johannes der Täufer und die »Reinkarnation des Propheten Elias« zu sein. In Wirklichkeit war er einer der verabscheuungswürdigsten Magier des 19. Jahrhunderts.

Jean-Antoine Boullan trat mit fünfundzwanzig Jahren in den geistlichen Stand und machte sich fast unmittelbar darauf daran, »die römisch-katholische Kirche zu exorzieren«. Als Teil seiner Kampagne hielt er schwarze Messen ab (wofür er in Rom für kurze Zeit eingekerkert wurde) und beging andere Sakrilegien.

Ziemlich zu Anfang seiner pastoralen Arbeit wurde Vater Boullan der Beichtvater einer Nonne namens Schwester Adele Chevalier. Sie wurde seine Mätresse und hatte mit ihm sieben Kinder, von denen er zumindestens eins bei einer Teufelszeremonie als Opfer dargebracht haben soll. Mit seiner Mätresse, der Nonne, gründete er eine »Gesellschaft zur Rettung der Seelen«, die sich mit blasphemischer Ritualmagie beschäftigte. Dabei bot er Nonnen, die sich von Dämonen besessen wähnten, als Austreibungsmittel geweihte, mit menschlichen Exkrementen beschmierte Hostien an. Später stand er der Kirche von Carmel vor. Mit seiner augenscheinlichen Frömmigkeit gelang es ihm, einige Leute für sich einzunehmen, die zu seinen »Gottesdiensten« kamen, unter ihnen auch der berühmte französische Romancier Joris Karl Huysmans (1848-1907).

Zwei Anhänger der Bruderschaft der Rosenkreuzer entlarvten ihn als Satanisten. Stanislaus de Guita und Oswald Wirth hatten sich der Kirche von Carmel angeschlossen und das Treiben Pater Boullans beobachtet. Sie schrieben ein Buch, *Der Tempel des Satans,* in dem sie seine Versuche, Inkubi und Sukkubi anzurufen, Sexualmagie zu praktizieren, Exorzismus mit Exkrementen zu betreiben und dem Satanismus zu frönen, ausführlich beschrieben. Sie nannten ihn einen »Pontifex der Infamie, einen gemeinen Götzen des mystischen Sodoms ... einen bösen Zauberer«. Damit endete die Karriere von Boullan, und er starb in Ungnade.

Agrippa, der kabbalistische Philosph

Für den modernen Menschen ist es sehr schwer, einen Mann wie Heinrich Cornelius Agrippa von Nettesheim (1486-1535), der gleichzeitig Philosoph, Arzt, Magier und noch einiges mehr war, zu verstehen. Obwohl er einige Zeit im Exil und sogar wegen Schulden im Kerker verbrachte, haben seine Ideen die okkulte Philosophie über Generationen hinweg beeinflußt.

Sein Lebensweg ist bemerkenswert. Er wurde in Köln geboren und schlug mit zwanzig Jahren zunächst die Diplomatenlaufbahn ein, die ihn auf Geheiß Kaiser Maximilians I. in geheimer Mission nach Paris brachte. Dann finden wir ihn plötzlich in einem akademischen Beruf als Lehrer für Theologie und Okkultismus wieder. Seine Meinungen waren der Kirche ein Ärgernis, so daß er bald ohne Arbeit dastand und das Feld räumen mußte. Er kehrte für eine Zeitlang zur Diplomatie zurück und promovierte schließlich an der Universität von Pavia in Medizin. Aber bald bekam er auch hier wegen seiner Überzeugungen Ärger, und zwar diesmal, weil er es gewagt hatte, eine Frau, die wegen Hexerei angeklagt war, zu verteidigen.

In Freiburg in der Schweiz wurde er als Arzt so berühmt, daß ihn die Königinmutter als Leibarzt nach Frankreich holte. Als sie sein Gehalt nicht zahlen wollte, ging er als Geschichtsschreiber zu Karl V. nach Antwerpen, wo man ihm jedoch auch bald sein Salär vorenthielt. Nach einer Reihe weiterer Stationen – so wurde er zwischenzeitlich einmal verhaftet, als er durch Frankreich kam und sich darüber beklagte, wie schlecht ihn die Königinmutter früher behandelt hatte – führte ihn sein Weg nach Grenoble, wo er am 18. Februar 1535 starb.

Agrippa machte sich als Magier einen Namen durch sein Werk *De occulta philosophia* (1531). Er besaß einen schwarzen Hund mit Namen »Monsieur«, den er sehr liebte. Das Tier fraß mit ihm an seinem Tisch und schlief in seinem Bett. Und obwohl Freunde bezeugten, daß es sich um einen vollkommen normalen Hund handelte, der an der Leine geführt werden konnte, gab es Gerüchte, denen zufolge »Monsieur« Agrippas Hausdämon war.

Agrippa hielt die Magie für einen Weg, zu einem besseren Verständnis von Gott und der Natur zu gelangen. Seine Ideen verbanden die alten Mysterien mit dem neuen Lutheranismus, Wissenschaft mit dem Aberglauben, die Kabbala mit dem Katholizismus und viele andere Elemente miteinander. Sein Einfluß sollte sich in späteren Zeiten als größer erweisen, als während seines aufregenden Lebens.

August Strindberg

»Strindberg ist immer noch der Modernste der Modernen«, schrieb Eugene O'Neill im Jahre 1924. Doch dieser große skandinavische Dramatiker – zusammen mit Ibsen Begründer des modernen Dramas – hatte auch ein paar sehr altmodische Ideen im Kopf, wie beispielsweise Alchimie und schwarze Magie. Vor allem letzteres Hobby vergiftete denn auch sein späteres Leben.

Strindberg glaubte, er könne durch den Willen, durch böse Gedanken Ereignisse herbeiführen, und er fühlte sich zutiefst schuldig, als er einen entsprechenden Wunsch mit der Krankheit seines Kindes in Verbindung brachte. Das Kind war zwar nicht so krank, daß es sterben mußte, aber immerhin krank genug, um die Eltern wieder zu versöhnen.

»Es gibt Verbrechen und Verbrechen«, schrieb er. Es gibt Verbrechen, für die man von Gesetzes wegen zwar nicht belangt werden kann, bei denen man aber nichtsdestoweniger Schuld auf sich lädt. Diesen Stoff hat Strindberg in einem seiner Dramen verarbeitet, in dem er das Schicksal eines Mannes schildert, der den Tod seines einzigen Kindes herbeiwünscht. Ebenso wie all seine anderen Werke trägt auch dieses Stück autobiographische Züge.

In dem kranken mystischen Geist dieses modernen Dramatikers und altmodischen Alchimisten vermischten sich die fortschrittlichsten Ideen mit uralten überkommenen abergläubischen Vorstellungen.

Päpstliche Zauberer

Es gab eine ganze Reihe von Päpsten, die irgendwann einmal wegen Zauberei angeklagt waren. Von Benedikt XIII. (1394-1423, eigentlich ein Gegenpapst und nicht zu verwechseln mit dem wirklichen Papst Benedikt XIII., 1724-1730) wird erzählt, er habe »ständigen Kontakt mit Geistern« gehabt und für den persönlichen Gebrauch »zwei Dämonen ... in einem kleinen Beutel« gehalten. Außerdem sei er ständig auf der Suche nach »Büchern über Magie« gewesen. Gregor VII. (1081-1084) wurde am 25. Juni 1080 von der Synode von Bressanone zum Zauberer erklärt. Über Honorius I. (gest. 638) wurde 42 Jahre nach seinem Tode der Kirchenbann verhängt. Benedikt IX. (1032-1048) erkaufte sich im Alter von zwanzig Jahren die Papstkrone, wurde zweimal wegen Laster-

268

haftigkeit abgesetzt und endete schließlich als Gegenpapst zu Clemens II. Von Gegenpapst Johannes XXIII. ist – wie ich bereits erwähnt habe – bekannt, daß er die Hilfe Abramelins in Anspruch nahm, um sich vor dem Konzil von Konstanz zu retten (1414-1417). Alexander VI. (1492-1503), einer der beiden Borgia-Päpste, gelangte durch Bestechung auf den Papststuhl, war der Vater von Cesare und Lucretia Borgia und ausschließlich damit beschäftigt, die weltliche Macht des Papstes auszubauen und den Reichtum seiner eigenen Familie zu mehren.

Doch alle obengenannten Männer waren in politische Intrigen verwickelt. Honorius und Gregor VII. traten für strenge Reformen ein, denen sich die weltlichen Kardinäle widersetzten (Gregor wurde 1606 heiliggesprochen). Die Gegenpäpste waren das Ergebnis umstrittener Papstwahlen und die Pontifexe, die für einen skandalösen Lebenswandel bekannt waren, schockierten schließlich sogar Leute, deren eigener Lebensstil als lasterhaft galt. In den Kämpfen um die Papstkrone war man mit dem Vorwurf der Zauberei schnell bei der Hand – ähnlich wie die Beschuldigung, ein »Kommunist« oder »Sympathisant« zu sein, in der McCarthy-Ära an der Tagesordnung war. Im allgemeinen verbarg sich dahinter nichts weiter als der Wunsch, den Beschuldigten loszuwerden.

Aber das Etikett »Zauberer« wurde auch anderen, weniger politisch orientierten Männern angehängt. Leo III. (795-816) soll ein Magiehandbuch mit dem Titel *Enchiridion* verfaßt haben, das er Karl dem Großen übersandte. Auch Honorius III. (1216-1227) wird ein Magiebuch zugeschrieben, und zwar eine Neufassung des Schwarzen Buches, obwohl dies auch ein Werk des Gegenpapstes Honorius II. (1061-1064) oder irgendeines anderen Honorius, der überhaupt kein Papst war, gewesen sein könnte.

Der Papst jedoch, um den sich die abenteuerlichsten Geschichten ranken, ist Silvester II. (999-1003). Vor seiner Wahl war er unter dem Namen Gerbert von Aurillac bekannt und galt als der führende Gelehrte Europas. Er erfand einen ausgeklügelten Abakus und verwendete in seinen Mathematik- und Astronomievorlesungen Himmels- und Erdkugeln. Er machte sich als Konstrukteur einer bemerkenswerten Sonnenuhr in Magdeburg und als Erbauer verschiedener Orgeln einen Namen. Als begeisterter Büchernarr sammelte er Handschriften aus ganz Europa – speziell Handschriften klassischer (weltlicher) lateinischer Autoren – und begründete eine der bedeutendsten Bibliotheken des Mittelalters. Während seiner kurzen Amtszeit widmete er sich der Diplomatie, wobei er in Streit geratene Prälaten versöhnte, alte Rivalen beförderte und sie in ihren Ämtern bestätigte.

Geniale Leistungen sind aber offensichtlich nicht genug. Denn nach seinem Tod begann man damit, fabulöse Geschichten über ihn zu verbreiten. Er sollte plötzlich ein mächtiger Zauberer gewesen sein und seine Papstwürde durch Zauberkraft erlangt haben. (Er besaß in der Tat Protektion. Sein früherer Schüler, der spätere Kaiser des Heiligen Römischen Reiches, Otto III., brachte ihn auf den Papststuhl.) Ihm wurde auch ein Liebesabenteuer in Spanien unterstellt, und man behauptete, er habe seine Seele dem Teufel verkauft und dafür eine magische Statue mit prophetischen Fähigkeiten erhalten. Einer dieser Prophezeiungen zufolge sollte Silvester nicht sterben, »es sei denn in Jerusalem«.

Wie berichtet wird, las Silvester eines Tages in Rom die Messe, als er plötzlich krank zusammenbrach. Er erinnerte sich an die Prophezeiung und fragte nach dem Namen der Kirche, in der er gerade war. Es war die Heiligkreuz-Kirche von Jerusalem. Da wußte er, daß er sterben würde, und starb.

Magier und Wissenschaftler

Johannes Heidenberg (1462-1516) war Abt im Benedikti-nerkloster von Trittenheim. Er war Theologe, und da Ma-gie zur damaligen Zeit als Wissenschaft anerkannt war, befaßte er sich auch mit dem Studium dieser Kunst. Er behauptete, daß es drei Arten von Magie gäbe – die natür-liche, die kabbalistische und die scharze Magie – und ver-tiefte sich in die Werke des berühmten Dominikaners Al-bertus Magnus (1193-1280), der ebenfalls mit der Magie geliebäugelt hatte.

Seine Ordensbrüder waren zunächst von Heidenbergs Traktaten beeindruckt. Dann wurden sie allerdings – viel-leicht wegen der zu dieser Zeit im Süden Deutschlands langsam anrollenden Hexenverfolgungen – unsicher und verbrannten schließlich die Bücher ihres Abtes. Heiden-berg ging nach Würzburg und setzte seine mystischen Stu-dien fort. In seinem Werk *Staganographia* lehrte er die Kunst, Dämonen anzurufen, und beeinflußte damit we-sentlich so bedeutende Magier-Wissenschaftler wie Agrippa und Paracelsus.

»Bei der Magie«, schrieb Heidenberg, »ist die Anwendung das Gefährliche, nicht das Wissen.« Und der berühmte Al-bertus Magnus soll ihm hierin zugestimmt haben:

> Jede Wissenschaft ist an sich gut, aber ihre Handha-bung ist gut oder schlecht je nach der Zielsetzung, auf die sie gerichtet ist. ... Magie ist weder verboten noch böse, da man durch deren Kenntnis Böses vermeiden und Gutes tun kann. ... Magie ... ist nützliches Wis-sen, zugleich aber auch gefährliches Wissen, wenn man in die Geheimnisse der Natur zu tief eindringt.

Trotzdem taten sie es: Heidenberg und Konsorten ver-tieften sich in das Studium der Pharmazie und Psycholo-

271

gie, der Magie und des Mesmerismus, der Physik und der Medizin, der Philosophie und des Okkulten. Und ganz nebenbei waren sie die Wegbereiter für eine Reihe von späteren Wissenschaften.

William James

Der berühmte amerikanische Psychologe (*Principles of Psychology* und *The Varieties of Religious Experience*) und Philosoph (*The Will to Believe* und *Some Problems of Philosophy*) William James hat gesagt, daß jede Halluzination eine absolut echte Empfindung sei, so als sei der reale Gegenstand tatsächlich vorhanden, nur daß der Gegenstand eben zufällig nicht vorhanden ist; das ist alles.

Die guten Ratschläge des heiligen Alfonso Maria de Liguori

Liguori (1696-1787), der Gründer der Priesterkongregation vom Allerheiligsten Erlöser – den sogenannten Redemptoristen – forderte, daß jeder, der seine Seele dem Teufel verkauft habe und diesen Pakt breche, Buße tun und allen Personen, denen er Schaden zugefügt habe, Wiedergutmachung leisten müsse. Und wenn der Teufel ihm irgendwelche Bücher, Amulette, Talismane oder dergleichen geschenkt habe, so müsse er sie laut seiner *Moraltheologie,* Band III (einer der 70 Bände seines Werks) verbrennen. Wenn der Teufel andererseits aber die Seelenschenkungsurkunde – Bischof Liguori war ein bekannter Strafverteidiger, bevor er in den Priesterstand trat – besitze, so sei es nicht erforderlich, sie zurückzubekommen, um sie zu verbrennen. Es reiche, wenn man dem Teufel sage, daß man widerrufe.

Aber abgesehen von dergleichen Sophisterei, war Liguori ein Mann, der bekannt war für seine einfachen und würdevollen Predigten, die auch von dem ungebildetsten Mitglied seiner ländlichen Gemeinde verstanden wurden.

Roger Bacon

Rober Bacon (1214?-1294?) machte sich auf dem Gebiet der Geheimwissenschaften einen Namen, obwohl er eigentlich ein Naturwissenschaftler war. (Selbst zu Shakespeares Zeiten wurde Bacon von dem Dramatiker Robert Greene noch als Magier porträtiert.) Er war Franziskaner und Verfasser zahlreicher Schriften, wobei *Opus majus, Opus minus* und *Opus tertium* als seine drei Hauptwerke gelten. Mit seinen bahnbrechenden Ideen und Experimenten (*Mirror of Alchemy*) beeinflußte er grundlegend die Chemie und die Physik. So lieferte er zum Beispiel wichtige Erkenntnisse über den Regenbogen und den Magnetismus.

Es gab eine ganze Reihe von Leuten, die glaubten, er habe eine Art Golem bzw. Frankenstein-Monster und einen Metallkopf, der sprechen konnte, erschaffen. Papst Clemens IV. bat darum, sein Werk lesen zu dürfen, und Bacon übersandte ihm sein *Opus Majus,* eine Art Enzyklopädie. Doch es scheint, als habe seine große Gelehrsamkeit Bacon nur in Schwierigkeiten gestürzt. Der Leiter des Franziskanerordens übte heftigste Kritik an seinen »suspekten Neuheiten«, stellte ihn unter Hausarrest, und verbot die Lektür des *Opus.* Was sollte man auch mit einem Mann anfangen, der gerade im Begriff war, das Vergrößerungsglas zu erfinden, der mit Schießpulver herumspielte, der sowohl astrologische als auch astronomische Studien betrieb und obendrein noch an einem Lebenselixier experimentierte? Was blieb anderes übrig, als ihn einzusperren und seine Bücher auf den Index zu setzen. Allein schon seine Ideen hinsichtlich einer Flugmaschine, die leichter sei als Luft, bewiesen hinlänglich, daß er mit dem Teufel im Bunde stand.

Doktor Faustus

Faust ist als legendäre Figur, als Dramen-, Epen- und Opernheld weltweit so bekannt, daß die meisten Leute glauben, er sei reine Fiktion, aus der Phantasie geboren. Aber es gab tatsächlich einen Magier Georg (später Johann) Faust, der von 1480-1541 lebte.

Er wurde wahrscheinlich in Knittlingen in Baden-Württemberg geboren, studierte die schwarzen Künste in Krakau und zog dann in Begleitung eines dressierten Pferdes und Hundes als fahrender Magier von Stadt zu Stadt durch ganz Deutschland. Er nannte sich selbst Magister (Meister) Georgius Sabellicus Faustus (der Glückliche) Junior. Er betätigte sich als Wahrsager und stellte Horoskope. Er prahlte mit seinem okkulten Wissen und seinen magischen Fähigkeiten und war angeblich in der Lage, die verschollenen Werke Platos und Aristoteles wiederzubeschaffen, so wie er auch für sich in Anspruch nahm, die gleichen Wunder wie Jesus vollbringen zu können.

Einige seiner Zeitgenossen bezichtigten ihn, ein Scharlatan und Betrüger zu sein, und Dr. Johann Weyer nannte Faust einen betrunkenen Landstreicher »betrügerisch, verlogen und auf Effekthascherei aus«. Doch die geistlichen Reformatoren jener Tage nahmen den Magier ernst. Melanchthon fürchtete ihn als »schändliche Bestie und Kloake vieler Teufel«. Fausts Pferd und Hund hielt er für dessen Familiare. Johann Gast, ein wohlbekannter Theologe, behauptet, mit Faust ein Mahl eingenommen zu ha-

274

ben, bei dem diese beiden Kreaturen bedient hätten. Selbst Luther erklärte, daß Faust seine Zauberkünste gegen ihn gerichtet habe und er nur mit Gottes Hilfe davongekommen sei.

In Staufen, einem Ort in seinem Geburtsland Württemberg, fand man Faust im Jahre 1541 eines Tages tot in seinem Zimmer auf. Er lag auf seinem Gesicht, wobei sein Hals wie durch übermenschliche Kräfte verdreht war. Man erzählt sich, daß man den Leichnam fünfmal mit dem Gesicht nach unten gedreht vorfand, obwohl man ihn immer wieder mit dem Gesicht nach oben aufgebahrt hatte.

Aus diesem Material hat die menschliche Phantasie eben jene berühmte Geschichte konstruiert, in der ein Gelehrter seine Seele dem Teufel Mephistopheles (bzw. Mephisto) verkauft, der ihm dafür Jugend, Liebe und Allwissenheit verspricht. Nach Ablauf der Frist wird er von Mephisto geholt und landet in der Hölle. Die älteste Darstellung dieser Faustsage wurde 1587 in Frankfurt gedruckt. Sie diente als Vorlage für Marlowes Schauspiel *Doktor Faustus* (1588), für Goethes berühmten *Faust* (1808 und 1832), für ein Gemälde von Rembrandt, für zahllose Opern, Symphonien, Tongedichte, Ouvertüren und andere Musikstücke.

Für einen Trunkenbold und Scharlatan fürwahr kein schlechtes Denkmal.

Der Hexerfürst

Dieser Titel, der zur damaligen Zeit ganz geläufig war, war für Louis Gaufridi, einen gutaussehenden Priester aus der Provence, dessen Vergehen in der Hauptsache sexueller Natur waren, eigentlich eine Nummer zu groß. Er verliebte sich in eine zwölfjährige Nonne, verführte sie

mit einem Talisman, den er in einer Walnuß mit sich herumtrug, und »heiratete« sie schließlich im Names des
Teufels (weil er sie nicht im Namen Gottes heiraten
konnte).

Aber dadurch handelte er sich von einer Mitschwester
aus dem Konvent seiner Geliebten, einem hysterischen
Weib mit Namen Louise Capeau, eine Anklage wegen
Hexerei ein, woraufhin er von den kirchlichen Behörden
vor Gericht gestellt wurde. Das Gericht bestellte einen
Exorzisten für seine Mätresse (Madeleine de Mandols de
la Palud), der behauptete, 666 Teufel aus ihr ausgetrieben
zu haben. Gaufridi wurde gezwungen, vor Gericht ein
Geständnis über seine Obszönitäten, Blasphemien und
Ketzereien abzulegen. Madeleine, die nun nicht mehr
vom Teufel besessen war, bezeugte, daß Gaufridi
schwarze Messen gelesen habe, und Louise Capeau
schwor, auf der Schulter des Priesters den Teufel in Gestalt einer Kröte sehen zu können.

Pater Gaufridi wurde am 30. April 1611 in Aix-les-Bains
auf dem Scheiterhaufen verbrannt. Madeleine hingegen
wurde in sicheren Gewahrsam genommen, um zu verhindern, daß sie die kirchlichen und weltlichen Behörden
noch mehr in Verlegenheit brachte. Zunächst wurde sie
dazu abgestellt, für wohltätige Zwecke Holz zu hacken,
später (1653) hielt man es dann für sicherer, sie unter ständigen Hausarrest zu stellen. Louise Capeau kam frei. Sie
denunzierte noch eine Reihe von Leuten und brachte auch
noch eine weitere Person auf den Scheiterhaufen. Das Opfer war ein kleines blindes Mädchen mit Namen Honorée.

Macduff

Shakespeares *Macbeth* ist nicht nur voller Hexen, Prophezeiungen, Zauberformeln, Beschwörungen und Geister, es

gibt auch einen Macduff, der Macbeths zahlreiche Verbrechen, darunter auch den Mord an seiner Frau und seinen Kindern, rächt und Macbeth tötet. Macduff, der durch Kaiserschnitt zur Welt gekommen war, galt »als nicht von einem Weib geboren« und wurde deshalb im mystischen Bereich angesiedelt. In Schottland spielt die Figur des Macduff auch heute noch im Okkultismus eine Rolle.

In Fifeshire findet man noch den Sockel eines sogenannten keltischen Kreuzes, das nach den Macduffs benannt ist. Das Kreuz selbst ist seit langer Zeit verschwunden; es wurde zur Zeit der Reformation als papistisches Relikt zerstört, doch sein ehemaliger Standort zieht auch heute noch als sagenumwobener Platz viele Leute an.

Im Mittelalter war Macduffs Kreuz eine Art Pilgerstätte für jeden, der sich vor einer Bestrafung wegen Mordes schützen wollte. Er brauchte nur hinzugehen, das Kreuz zu berühren und – an die Verwandten ein Blutgeld zu bezahlen. Der Preis für ein Menschenleben soll angeblich neun Bullen und eine Färse betragen haben.

Man erzählt sich, daß in einem Fall die Angehörigen des Ermordeten so aufgebracht waren, daß sie diese Tradition bzw. diese Art der Vergeltung nicht akzeptieren wollten. Sie jagten dem Mörder bis zum Kreuz hinterher, rissen ihn von dort weg und töteten ihn auf der Stelle. An einem Platz, der sich »Nine Wells« (neun Brunnen – interessanterweise dreimal drei) nannte, wuschen sie sich das Blut von den Händen. Seither soll an dem Platz, wo das Kreuz stand, der Geist des Mörders umgehen, der dort Asyl zu finden hoffte, statt dessen aber der Rachsucht zum Opfer fiel.

Die Mönche von Medmenham

In der Nähe von West Wycombe, nicht weit von London, stand einst eine Zisterzienser-Abtei, die im 18. Jahrhundert völlig zerstört wurde. Bis dahin hatte sie dem jungen Francis Duffield gehört, der unter den Einfluß des verrückten Sir Francis Dashwood geraten war (1708-1781).

Sir Francis erbte in seiner Jugend ein großes Vermögen und führte fortan ein Leben voller Ausschweifungen. Er gründete den Orden Friars of St. Francis, in dem sich Duffield, verschiedene Poeten (Whitehead, Selwyn, Potter), Politiker (John Wilkes, und der Herzog von Sandwich) und andere »aufgeschlossene« Zeitgenossen um ihn als Prior scharten. Sie veranstalteten Orgien in einem speziell dafür vorgesehenen Kellergewölbe, hielten schwarze Messen in einer sogenannten Satanskapelle ab und waren allgemein als der »Hell-Fire Club« (Fegefeuerklub) bekannt.

Über dem Eingang brachten die »Mönche« die Inschrift *Fay ce que voudras* (Tu was du willst), das Motto der Abtei von Thelema in Rabelais' *Gargantua,* an. Später griff Aleister Crowley, der sich ebenso wie Dashwood und Duffield abmühte, bösartig zu sein, das Motto und den Namen der Abtei auf und zierte damit seine eigene orgiastische Organisation.

1762 trat Sir Francis die Nachfolge seines Onkels als Lord le Despencer an und wurde Generalpostmeister und Schatzkanzler. Die »Mönche« gingen auseinander, nachdem sie ganz England mit ihren Skandalen überschwemmt hatten.

Plötzlich fühlte Lord Sandwich sich berufen, im Oberhaus dafür zu plädieren, Wilkes, der Oberbürgermeister von London gewesen war und noch andere politische Ämter innehatte, wegen seines blasphemischen Treibens in der Abtei unter Anklage zu stellen, wobei er mit genauen Kenntnissen über diese Ausschweifungen aufwarten konnte, da er ja schließlich selbst daran teilgenommen hatte.

Matthew Hopkins, der Hexenjäger-General

Während der Wirren des Bürgerkriegs in England tauchte Matthew Hopkins aus Ipswich in Essex (1645-1647) als Hexenjäger auf. Er war so etwas ähnliches wie ein Kopfgeldjäger und kassierte für jede Hexe, die er den Behörden meldete, eine Prämie von 20 Shilling.

Er hielt nach einem Mal Ausschau, für das es »naturaliter keine plausible Erklärung gab«, und er fand es oftmals auch. (Die Suche nach dem Teufelsmal war durchaus üblich. In Schottland waren die »common prickers«, wie sie genannt wurden, so zahlreich, daß sie eine Art Verband bildeten.) Der Tatbestand der Hexerei wurde als erwiesen angesehen, wenn die verdächtige Person ein Muttermal oder einen Leberfleck auf ihrem Rücken, in den Achselhöhlen, auf der Lippe oder in ihrem intimen Bereich hatte. Manche behaupteten, das Mal sei rot wie ein Flohbiß, andere sagten braun wie ein Leberfleck, wieder andere beschrieben ihn als blau wie einen Kniff, und *The Highland Papers* protokollieren den Prozeß einer Kate Moore, bei der ein weißer Fleck gefunden worden war. Es handelte sich bei solchen Flecken um das »Teufelsmal«, wenn sie beim Hineinstechen, der sogenannten Nadelprobe, unempfindlich waren. Die Nadeln konnten um die sieben Zentimeter lang sein. Doch manchmal wurden Nadeln verwendet, die in den Griff versenkt werden konnten, so daß die Nadelprobe nur getürkt war.

Mit dieser Nadelprobe spürte Hopkins Hunderte von Hexen in Chelmsford und Bury St. Edmunds im Juli und August 1645 auf. Er führte auch Verhöre durch. Allerdings durften in England die Inquisitoren die Verdächtigen nicht mit Folterwerkzeugen traktieren. Doch man konnte sie mehrere Nächte hintereinander wach halten und erzielte damit genau die gleichen Erfolge. Man konnte auch auf die Waserprobe zurückgreifen, wobei

279

man den Verdächtigen gefesselt ins Wasser warf, um festzustellen, ob er sank. Tat er das nicht, hielt ihn der Teufel
über Wasser, und er war der Hexerei überführt.
Hopkins arbeitete etwa vier Jahre lang sehr erfolgreich,
geriet dann aber selbst unter Verdacht – so sensibel hatte
er das Volk für die Umtriebe des Hexenwesens gemacht.
Man fesselte ihn und machte mit ihm die Wasserprobe. Er
hielt sich entweder über Wasser (was ihm eine Hinrichtung als Hexenmeister eingebracht hätte) oder aber ging
unter (wobei er ertrunken wäre). Was wirklich passierte,
weiß niemand so recht. Auf jeden Fall starb er. Das Ende
des »Hexenjäger-Generals«, eine Ironie des Schicksals?

Gerald B. Gardner

Einer der intelligentesten und angesehensten Persönlichkeiten unter den modernen Hexenmeistern war Gerald
B. Gardner (1884-1964). Nach einigen Jahren Aufenthalt
im Osten zog er sich als wohlhabender Mann zurück und
widmete sich ganz dem Studium der geheimen Wissenschaften – Teosophie, Rosenkreuzertum und Hexerei,
wobei er sich insbesondere einem Hexenzirkel (coven) in
New Forest zuwandte. Die Gruppe nannte sich selbst
»Craft of the Wise« (»Gilde der Weisen«). Als die *Witchcraft Act* aus der englischen Verfassung gestrichen wurde,
gab sich die Gruppe, die bis dahin im Geheimen gearbei-
tet hatte, der Öffentlichkeit zu erkennen. Im Sog der darauf einsetzenden Publizität zog es viele Möchtegern-He-
xen und -Magier zu dieser Organisation.
Gardner war eine starke Persönlichkeit, die das englische
Hexenwesen entscheidend beeinflußte und ihm seinen
Stempel aufdrückte. Sein Buch *Witchcraft Today* (1954)
ist ein erfrischend rationaler Versuch, das Ansehen der
vorchristlichen sogenannten alten Religion gegen die In-

halte des Satanismus, der schwarzen Künste und Blutopfer, der Teufelsanbetung und der von Arglist und Bosheit getragenen Handlungsweisen abzugrenzen.

Wenn ich autorisiert wäre, all ihre Rituale preiszugeben, wäre es ein leichtes, zu beweisen, daß Hexen nichts mit dem Teufel gemein haben. Aber die Eide sind mir heilig, und die Hexen sind meine Freunde. Ich würde ihre Gefühle nicht verletzten wollen. Sie haben Geheimnisse, die sie streng hüten. Und sie haben gute Gründe für diese Diskretion.

Die Presse nannte ihn den Obermeister der britischen Hexenzunft, und gelegentlich bezeichnete er sich selbst als den König der Hexen. Er gründete in Castletown auf der Isle of Man ein Hexenmuseum und war auf dem Gebiet des Hexenwesens fraglos weitaus sachkundiger, als so mancher selbsternannte Zauberer, der von der Regenbogenpresse ins Rampenlicht gerückt wurde.

Zwei Inquisitoren

Pierre de Lancre war ein Verwandter des berühmten Montaigne. Im Jahre 1608 bevollmächtigte Heinrich IV. von Frankreich de Lancre, gegen das Hexenunwesen im Baskenland vorzugehen, und de Lancre beförderte auch prompt sechshundert Leute wegen Hexerei ins Jenseits. Auf diese Weise wurde er ein anerkannter Experte in Fragen des Sabbats, der Lycanthropie (Werwölfe) und ähnlicher Angelegenheiten. 1612 veröffentlichte er ein umfangreiches Werk mit dem Titel *Tableau d l'inconstance des mauvaises anges et démons* und überwarf sich damit mit denjenigen, die zur Mäßigung rieten. De Lancre behauptete, *une Royne du Sabbat in chasque vil-*

lage – eine Sabbat-Königin in jedem Dorf – gefunden zu haben.

Zur gleichen Zeit berichtete Alonzo Salazar de Frias, der mit der Untersuchung des Hexenwesens in Cigarramundi beauftragt worden war, der Inquisition von Spanien, daß er nach achtmonatiger Untersuchungszeit, in der er 1800 Personen (einschließlich 1384 Kindern) überprüft hatte, keinerlei Beweise für eine wie auch immer geartete Bündelei mit dem Teufel gefunden hatte.

Er war dabei so vorgegangen, daß er immer abwechselnd sein Kommen (mit der Absicht, das Hexenwesen in einem bestimmten Dorf zu untersuchen) ankündigte und dann wieder unangesagt auftauchte. Im ersten Fall waren jedesmal eine Reihe von Anklagen vorbereitet, wenn er in dem betreffenden Dorf eintraf, während im zweiten Fall nichts dergleichen vorlag. Er schloß daraus – und dies teilte er auch der Inquisition mit –, daß »es weder Hexen noch Verhexte gab, solange nicht darüber gesprochen oder geschrieben wurde«. Das Heilige Offizium ging zwar nicht so weit, die Existenz von Hexerei in Abrede zu stellen, doch folgte es immerhin Salazars Rat, darauf zu bestehen, daß erst eindeutige Beweise für eine Übeltat (wie einer Vergiftung) beigebracht werden müssen, bevor ein Verdächtiger verurteilt werden darf.

Melmoth der Wanderer

Melmoth the Wanderer, ein Werk, das allgemein als der beste englische Schauerroman bezeichnet wird, erschien eine Dekade nach der Hochblüte der *gothic romances* (1820) und wurde von einem exzentrischen und geheimnisumwitterten irischen Geistlichen namens Charles Robert Maturin (1782-1824) geschrieben.

Der Titelheld Melmoth ist ein irischer Gentleman, der

seine Seele dem Teufel verkauft hat, wofür ihm ein langes Leben garantiert worden ist. Doch müde geworden begibt er sich nun niedergeschlagen auf die Wanderschaft und versucht vergeblich, Menschen in äußerster seelischer und körperlicher Not dazu zu bewegen, an seiner Stelle in den Pakt einzutreten und ihn von seiner schrecklichen Bürde zu befreien.

Balzac wagte es, diesen Roman mit den Werken Molières, Goethes und Byrons (Verfasser des *Don Juan, Faust* bzw. *Manfred*) auf eine Stufe zu stellen und würdigte die Darstellung authentischer und zeitloser allegorischer Figuren als Bereicherung der modernen Literatur. (In jenen Tagen der Schreckensherrschaft neigten die Leute dazu, ihr literarisches Urteilsvermögen zu verlieren.)

Die Geschichte endet damit, daß der Vertrag mit dem Teufel ausläuft und der Wanderer verschwindet. Alles, was von ihm übrigbleibt, ist sein Halstuch, das sich an einer Felsspitze in einiger Entfernung vom Rande einer in den tosenden Ozean ragenden Klippe verfangen hat. Aber in Balzacs Fortsetzung des Romans mit der Novelle *Melmoth réconcilié à l'église* (1853; deutsch unter dem Titel *Melmoth* erschienen) findet der Wanderer einen Schurken, der seine furchtbare Bürde auf sich nimmt, und stirbt seinen eigenen Tod ohne die Angst vor ewiger Verdammnis.

Gegen Ende des Jahrhunderts fand sich ein Nachfahre Maturins, ein gewisser Oscar Fingal O'Flahertie Wills Wilde, im Zuchthaus wieder, seiner glänzenden Schriftstellerkarriere wegen homosexueller Skandale beraubt. Nachdem er aus dem Zuchthaus zu Reading entlassen worden war, floh er nach Paris, wo er, um seine Identität und seine Schande zu verbergen, den Namen »Sebastian Melmoth« annahm. Als Sebastian Melmoth starb Wilde dann auch ein paar Jahre später.

Heinrich III. von Frankreich

Der dritte Sohn von Heinrich II., und Katharina von Medici, Heinrich (er regierte als Heinrich III. von 1574-1589), war zu seinen Lebzeiten – genauso wie seine bemerkenswerte Mutter – als Zauberer weltweit bekannt. Auf seinem Schloß in Vincennes, in einem Wald im Osten von Paris, studierte er unter der Anleitung verschiedener Magier, die eigens zu diesem Zweck dorthin geholt worden waren, die schwarzen Künste.

Seine Regentschaft war blutig. Zwei Jahre, bevor er den Thron bestieg, hatte er jenes schändliche Massaker unter den französischen Protestanten in der Bartholomäusnacht mitangezettelt, und nach seiner Thronbesteigung folgten dann die Religionskriege, bei denen viele Franzosen wegen des einen oder des anderen Glaubens ihr Leben lassen mußten. Und trotz seiner persönlichen Neigungen ließ er es zu, daß 30 000 Leute wegen Hexerei hingerichtet wurden.

Nach seinem Tod durch die Hand eines Dominikanerpriesters untersuchte man sein Refugium in Vincennes: Im Festungsturm fanden Diener »die präparierte Haut eines Kindes«.

Swedenborg

Emanuel Swedenborg wurde 1688 in Stockholm geboren. Er starb am 29. März 1772, genau an dem Tag, den er für seinen Tod vorhergesagt hatte.

Im Jahre 1745 hatte Swedenborg eine Vision, bei der ihm eine »glänzende Gestalt« erschien. »Der Mann war in Purpur gekleidet, und die Erscheinung dauerte etwa eine halbe Stunde.« Diese Vision wiederholte sich in der Folgezeit noch öfter. Swedenborg behauptete, daß durch diese Erscheinung sein »inneres Auge geöffnet« wurde, so daß er »die Geister im Himmel und in der Hölle sehen konnte«, und daß er durch seinen ständigen Verkehr mit den Toten (er beschwor auch die Geister von Männern wie Vergil und Martin Luther herauf) reichlich mit okkulten Informationen versorgt wurde.

Er wandte sich dem Spiritismus und der Pneumatologie (Hypnotismus) zu und machte sich als Hellseher und Prophet einen Namen, nachdem er bereits als Wissenschaftler (seine Interessen reichten von der Anatomie über die Astronomie bis hin zur Zoologie) zu Ansehen gekommen war. Er hatte Visionen von geschichtlichen Ereignissen und vom Ende der Welt, dem Jüngsten Gericht. Er lebte in einer »erleuchteten« Welt, die von sichtbaren Engeln bevölkert und seinen Eingebungen beseelt war.

Er legte keinerlei Missionseifer an den Tag und unternahm auch nicht den Versuch, eine Kirche zu gründen. Doch nach seinem Tode gründeten seine Anhänger die Kirche von Neu-Jerusalem und erfüllten damit eine seiner Prophezeiungen: daß nämlich sein Einfluß ihn lange Zeit überleben werde.

Die Rosenkreuzer

Johann Valentin Andreal (1586-1654) veröffentlichte seine *Fama Fraternitatis* oder *Entdeckung der Brüderschaft des hochlöblichen Ordens des Rosenkreutzes* 1614 anonym in Kassel. Damit schuf er den Mythos eines bereits seit 120 Jahren bestehenden, von einem Christian Rosenkreutz gegründeten Geheimbundes. Möglicherweise hat es auch wirklich einen Mann dieses Namens gegeben (1378-1474?), der mit der Gründung des Ordens der Rosenkreuzer in Verbindung stand. Nach einem längeren Aufenthalt im Osten soll er mit fernöstlicher Weisheit in sein Geburtsland Deutschland zurückgekehrt sein und acht Schüler um sich versammelt haben, die er dann in acht verschiedene Länder entsandte, um die geheime Lehre in die Welt zu tragen. Mehr als ein Jahrhundert nach dem Tode dieses ersten Rosenkreuzers wurde angeblich seine Leiche unversehrt in einem mysteriösen achteckigen Grab zusammen mit okkulten Schriften gefunden. Auf diese Schriften berufen sich moderne Geheimsekten.

Andere Rosenkreuzer-Gruppierungen nehmen sogar noch ältere Ursprünge für sich in Anspruch, die sich bis in das pharaonische Ägypten zurückverfolgen lassen, und behaupten, daß über die Jahrhunderte hinweg viele der weisesten Männer der Welt ihr Wissen den okkulten Symbolen der Rose und des Kreuzes, der Pyramide und der Swastika verdankten.

Wenn man der *Fama Fraternitatis* und dem im darauffolgenden Jahr von demselben Autor veröffentlichten Buch *Confessio Fraternitatis R(osae) C(rucis)* Glauben schenken darf, dann hat der Symbolismus und das Gedankengut des Rosenkreuzer-Ordens seine Wurzeln tatsächlich im Osten, und zwar speziell in arabischen Ländern, wobei man allerdings sehr wahrscheinlich nicht an die ägyptischen Mysterien denkt. Es gibt bestimmte Verbindungen zwischen den Rosenkreuzern, die sich auch Brüder des Rosenkreuzes, Ritter des Rosenkreuzes oder Philosophen des Rosenkreuzes nennen, und einer anderen Geheimsekte, die ebenfalls auf sehr alte Ursprünge verweist, nämlich der Freimaurerloge. Selbst so kompetente Männer wie A. E. Waite (*Real History of the Rosicrucians*, 1887) und H. S. Lewis (*Rosicrucian Questions and Answers*, 1929) haben keineswegs alle Fragen beantwortet bzw. alle Zweifel bezüglich der geschichtlichen Entwicklung des Ordens ausgeräumt.

286

Was die Dinge noch komplizierter macht, ist die Tatsache, daß die europäischen Rosenkreuzer, die als »Illuminati« bekannt wurden, nur sehr vage Berührungspunkte mit den theosophischen Lehren der amerikanischen AMORC (Ancient and Mystical Order of the Rosy Cross) haben. Der amerikanische Orden ist keineswegs wirklich alt. Er wurde 1915 in Kalifornien von H. S. Lewis, dem Verfasser von Büchern über Themen wie Atlantis oder die sogenannten Geheimnisse der Pyramiden, gegründet. Der Orden ist auch nicht irgendwie sehr mystisch, und er ist ganz gewiß keine Geheimsekte, nachdem er in großem Stil in Illustrierten Werbung für sich macht.

Mit der Gründung der *Fraternitas Rosae Crucis* durch R. Swinburne Clymer bekam der amerikanische Orden Konkurrenz im eigenen Lande. Diese Sekte versteht sich nicht als moderner Erbe der Geheimnisse der Pyramiden, sondern als Nachfolger der geheimen Bruderschaft, die, wie sie behauptet, unter ihren Anhängern so klangvolle Namen wie Plato, Jesus Christus und Benjamin Franklin aufzuweisen hatte.

Mit Lewis und Clymer konkurrieren noch zwei weitere Sekten, und zwar die Sekte der Rosenkreuzer, die von G. E. S. De Witow, dem Verfasser von *The Temple in the Cloud,* in New York gegründet wurde und die Rosenkreuzer Bruderschaft. Die Bruderschaft, die reichste Sekte unter den Rosenkreuzern, hat ihren Hauptsitz in Oceanside in Kalifornien und wurde von Max Heindel, einem ehemaligen Schiffsingenieur gegründet. Wie er bekundete, schrieb er *The Rosicrucian Cosmo-Conception* (1908) unter dem Zwang astraler Eingebungen; von dieser »Fackel« esoterischen Gedankenguts, einer Mischung aus Astrologie, Christentum, Vegetarismus und Wunderheilung, fühlen sich viele amerikanische Okkultisten sehr angezogen. Als die Gründer einer dieser Sekten starben, setzten ihre Familien ihr Werk – und oftmals auch ihre anhängigen Prozesse fort.

Zur Zeit hat es den Anschein, als machten die Rosenkreuzer aller Gruppierungen ihre Sache sehr gut, ganz gleich, ob sie nun die authentischen Lehren der alten Rosenkreuzer-Meister lehren oder nur vorgeben, Geheimnisse aus der Magie Tibets, von außerirdischen Besuchern oder sonst woher übernommen zu haben. Mittlerweile soll allerdings die »John Birch Society« die Befürchtung geäußert haben, daß die Illuminati noch unter uns weilen und planen mit vierhundert zu äußerster Geheimhaltung verpflichteten Mitgliedern die Weltherrschaft durch schwarze Magie zu übernehmen.

Abramelin

Abramelin, auch Abraham der Jude genannt, wie ich bereits früher erwähnt habe, soll als Magier im 15. Jahrhundert gelebt haben. Er verfaßte ein Buch der »heiligen Magie«, das er angeblich seinem Sohn Lamech vermachte. Das Manuskript ist in französicher Sprache abgefaßt und auf das Jahr 1458 datiert. S. L. M. Mathers übersetzte das Buch ins Englische unter dem Titel *The Sacred Magic of Abramelin the Mage*.

In diesem Buch berichtet Abramelin über viele Reisen, die er in der damals bekannten Welt unternommen hat, immer auf der Suche nach magischer Erleuchtung. Er war in Ägypten, Arabien, Griechenland, Ungarn, Österreich und auch in Konstantinopel. In Prag traf er »einen bösen Mann namens Anton«, der sich selbst unsichtbar machte, durch die Luft flog, in Räume durch das Schlüsselloch eindrang, jedermanns Geheimnisse kannte und ihm eines Tages Dinge anvertraute, »die allein Gott wissen konnte«. In Linz rieb eine junge Frau »die Hauptpulse seiner Füße und Hände« mit einer Salbe ein, die ihn zum Fliegen befähigen sollte; und er hatte tatsächlich das Gefühl, durch die Luft zu fliegen und Wunder zu schauen, aber dann wachte er niedergeschlagen mit Kopfschmerzen auf.

Später rieb sich dieselbe junge Frau auf Abramelins Verlangen hin mit der gleichen Salbe ein, um zweihundert Meilen weit zu einem Freund von ihm zu reisen und die neuesten Nachrichten von ihm mitzubringen. Sie fiel auf den Boden, wo sie drei Stunden lang unbeweglich lag, bevor sie schließlich aufwachte und ihm erzählte, was sie von seinem Freund erfahren hatte. Als er dann mit seinem Freund persönlich sprach, stellte sich jedoch leider heraus, daß die Geschichte der Frau in krassem Gegensatz zu dessen wirklichem Tun stand. Abramelin schloß daraus, daß ihre Erzählung nur auf einem einfachen Traum beruht hatte, und daß diese Salbe der Auslöser für phantastische Träume war. Ja, Abramelin glaubte zwar an Magie und Dämonologie, doch er war nicht dumm.

In Abramelins Buch findet der Leser eine Reihe von kabbalistischen magischen Quadraten, mit deren Hilfe er eine Menge von »Kunststücken« vollbringen kann: Er kann Stürme säen, Geister erscheinen lassen, Menschen in Tiere verwandeln und umgekehrt, Visionen bewirken, Tote auferstehen lassen, Liebe oder Haß wecken, Gebäude zerstören, unter Wasser wandeln und sogar ganze Bühnenvorstellungen in Szene setzen.

Der Graf von St. Germain

1748 tauchte in Paris ein Mann auf, der sich Graf von St. Germain nannte, dem Aussehen nach etwa dreißig Jahre alt gewesen sein dürfte und behauptete, er sei zweitausend Jahre alt. War er ein Jude aus dem Elsaß oder ein

Portugiese von erstklassiger Abstammung? Oder war er ein Mann, der das Lebenselixier entdeckt hatte? Starb er 1784 in Schleswig oder war er der »Major Fraser«, der in den fünfziger Jahren des 19. Jahrhunderts plötzlich auftauchte und sich als St. Germain ausgab? Oder war er etwa jener Gentleman, der in diesem Jahrhundert den Mount Shasta in Kalifornien bestieg und den gleichen Namen für sich in Anspruch nahm? Es gibt viele Leute, die beteuern, ihm begegnet zu sein, einschließlich Madame Elena Blavatsky (1831-1891) und Annie Besant (1847-1933).

Er erzählte den Parisern des 18. Jahrhunderts, daß er Heinrich IV. (1553-1610) gekannt habe. Wenn das zutraf, dann war er vielleicht auch der Mann, der Katharina von Medici im Jahre 1589 zu Tode erschreckte. Denn Katharina (1519-1589) war Heinrichs Schwiegermutter, und ein Astrologe hatte ihr geraten, »sich vor St. Germain in Acht zu nehmen«. So war die Königin ängstlich darauf bedacht, die Faubourg St.-Germain, einen Distrikt von Paris, zu meiden. Dann wurde sie krank und schickte nach einem Priester, um die Beichte abzulegen. Der Priester erschien und stellte sich als St. Germain vor. Die Königin starb.

Aber zurück zu unserem St. Germain. Als er in Frankreich eintraf, kam er aller Wahrscheinlichkeit nach aus Deutschland. Aber was war er? Ein Jude? Ein Jesuit? Der Erbe oder uneheliche Sohn von Franz II. Rákóczi von Ungarn? Niemand wußte etwas Genaues außer, daß ihn ein Geheimnis umgab und daß er sich in dieser Rolle gefiel.

Er erzählte bei Hof, daß er ein Lebenselixier entwickelt habe, das ihn für immer dreißig Jahre alt sein ließ. Er beehrte viele Abendgesellschaften mit seinem Besuch, wollte dabei aber nie etwas essen. Er sagte, daß er Essen nie anrühre, sondern nur von seinem magischen Elixier lebe, wobei er tatsächlich noch hinzufügte, er habe nur an einem Hochzeitsmahl teilgenommen, nämlich dem berühmten Mahl, das Christus in Kanaan besucht habe. Er ließ zwar verchiedene Besucher der Gesellschaft in ein wissenschaftliches Laboratorium außerhalb von St. Antoine ein, doch niemand konnte herausbekommen, was er tat. Selbst als ihm der König von Frankreich den Raum für ein Laboratorium in Versailles anbot, brachte das die Leute nicht weiter. Man wurde aus ihm genauso wenig schlau wie später Karl von Hessen-Kassel.

St. Germain wurde ein Vertrauter von Ludwig XV. und ein Günstling der Mätresse des Königs, Madame de Pompadour. In einer Gesellschaft, in der die Verbreitung von Gerüchten zum Lieblingssport avancierte, hörte er viel, gab aber nichts weiter. Er lud nie jemanden zu sich nach Hause ein und zog nie jemanden ins Vertrauen. Er behauptete, ein Freimaurer zu sein, habe aber seine Abzeichen vergessen.

Er wurde in diplomatische Intrigen verwickelt und war in verschiedenen geheimen Missionen für den französischen König unterwegs, wobei er geheimnisumwittert nach Wien, Konstantinopel, Moskau und andere exotische Städte reiste. In Paris hatte er bald eine Menge Freunde, darunter vor allem Frauen, die ihn – wie er Casanova, ebenfalls ein Agent des Königs, erzählte – so mit Beschlag belegten, daß er keine Zeit fand, den Dampfer zu erfinden, was er aber im nächsten Jahrhundert in Angriff nehmen werde. Mittlerweile verteilte er an die Damen ein Schönheitswässerchen gegen Falten und warnte Marie Antoinette vor der bevorstehenden Revolution (sie glaubte ihm nicht).

Als er 1760 seine Popularität plötzlich dahinschwinden sah, ging er für zwei Jahre nach London, wo er möglicherweise als Spion für die englische Regierung arbeitete. Von dort reiste er nach Rußland und diente in der Armee von Katharina der Großen als »General Welldone«. 1770 zog es ihn wieder nach Paris zurück, wo er vier Jahre blieb, bis er schließlich nach Schleswig umsiedelte, wo er sich dem Landgrafen Karl von Hessen-Kassel als Magier andiente. Im Jahre 1784 starb er.

Starb er wirklich? Nicht, wenn man »Major Fraser«, Madame Blavatsky, Annie Besant und noch einige andere als Zeugen heranzieht.

Die Voodoo-Königin

Marie Laveau, eine Mulattin, die gegen Ende des 18. Jahrhunderts in New Orleans geboren wurde, war wohl die schillerndste Persönlichkeit unter den Voodoo-Königinnen dieser faszinierenden Stadt. Sie wohnte in einer baufälligen Baracke am Lake Pontchartrain, als eine reiche weiße Familie sich mit der Bitte an sie wandte, ihren Sohn vor der Verurteilung wegen eines Verbrechens zu retten. Marie nahm drei Pfefferschoten in den Mund und betete eine Zeitlang in der Kathedrale. Dann legte sie die drei Pfefferschoten unter den Richterstuhl. Der junge Mann kam, obwohl alle Beweise gegen ihn sprachen, frei. Die dankbare Familie schenkte ihr dafür ein Häuschen in der St. Ann Street zwischen der Rampart und Burgundy Street in der Altstadt.

Für schwierigere Fälle besaß Marie einen »magischen« Schal, den ihr angeblich der Kaiser von China übersandt hatte, und unzählige Gris-gris, afrikanische Fetische und katholische Glaubensobjekte. Sie konnte bewirken, daß Leute sich verliebten oder aber von der Liebe geheilt wurden. Sie konnte die Zukunft voraussagen. Sie stand den Leuten sowohl ideell als auch materiell mit Rat und Tat beiseite. Und als es ihr nicht gelungen war, den wegen Mordes verurteilten Rausschmeißer vom Louisiana Ballroom, Antoine Cambre, aus dem Gefängnis zu befreien, soll sie ihn sogar auf dessen Bitten hin vergiftet haben, um ihm den Tod durch den Strang zu ersparen. Sie bewerkstelligte dies mit einer Schale Okrasuppe, die sie häufig vorbeibrachte, wenn sie ihre regelmäßigen karitativen Besuche im Stadtgefängnis machte.

Am 7. Juni 1869, als sie schon über siebzig Jahre alt war, wurde Marie Laveau als Voodoo-Königin von New Orleans durch Malvina Latour abgelöst, die erstaunliche Erfolge bei ihren öffentlichen Exorzismen aufzuweisen hatte. So zum Beispiel auch bei dem Kaplan des Stadtrats von Lousiana, der eine lebende schwarze Maus aushustete und danach völlig geheilt war. Aber niemals wieder setzte man soviel Vertrauen in jemanden bzw. fürchtete ihn so sehr, wie das bei Marie Laveau in ihrer Glanzzeit der Fall gewesen ist. Sie starb um 1875. Doch auch heute noch lebt sie als eine der hervorragendsten Persönlichkeiten in der wechselvollen Geschichte des französischen Viertels von New Orleans in der Erinnerung fort.

Bernardo di Como

Als der Inquisitor Bernardo di Como zu Anfang des 16. Jahrhunderts auf der Bildfläche erschien, behauptete er, daß das Hexenwesen in Como schon seit mehr als 150 Jahren in voller Blüte stehe, und forderte, drastisch dagegen vorzugehen. Er machte sich auch sogleich ans Werk, verfaßte seinen eigenen Kodex und ging nach Gutdünken vor, was auch immer weltliche Instanzen dazu zu sagen hatten.

Eines seiner Probleme bestand darin, daß sich die Gelehrten dieser Zeit immer mehr darauf verständigten, daß der Sabbat lediglich eine Selbsttäuschung sei: Hexen flogen nicht wirklich zu diesen obszönen Orgien, sondern bildeten sich unter dem Einfluß von Drogen bzw. Halluzinogenen nur ein, dorthin zu fliegen. Wenn aber der Sabbat gar nicht real war, wie konnte man die Hexen dann für dessen Besuch bestrafen?

In seinem Geschichtswerk *The Inquisition of the Middle Ages* (1887) schreibt Henry Charles Lea, daß Bernardo di Como »triumphierend darauf verwies, daß zahlreiche Personen wegen ihrer Teilnahme am Hexensabbat verbrannt worden waren, was ohne die Zustimmung des Papstes nicht hätte geschehen können. Dies aber sei Beweis genug für den Tatbestand der Häresie, denn die Kirche bestrafe nur manifeste Verbrechen.« Und so verbrannte Bernardo noch ein paar hundert mehr.

»Der schwarze Papst«

Anton Szandor LaVey ist das Oberhaupt der Satanskirche. Er glaubt, daß die Messe genaugenommen echte heidnische Glaubensvorstellungen entsexualisiert und entmenschlicht und deshalb eine Parodie ist – demzufolge die schwarze Messe nur die Parodie einer Parodie ist. Er beklagt, daß »alles, was es an Büchern über den Teufel gibt, von den Handlangern Gottes geschrieben worden ist«, während echte Satanisten es ablehnen, von der Kirche definiert zu werden.

In seinem Manifest über die Satanskirche schreibt er:

> Es wäre eine allzu grobe Vereinfachung zu behaupten, daß jeder erfolgreiche Mann und jede erfolgreiche Frau auf Erden, ohne es zu wissen, ein praktizierender Satanist bzw. eine praktizierende Satanistin ist. Aber die Gier nach Erfolg und die konsequente Durchsetzung dieses Ziels sind für den heiligen Petrus sicherlich Gründe genug, um sich abzuwenden. ... Wenn die

Liebe zum Geld die Wurzel allen Übels ist, dann müssen wir doch wohl davon ausgehen, daß die mächtigsten Männer dieser Erde zugleich auch die sind, die dem Satan am nächsten stehen. ...

Apollonius von Tyana

Einer der berühmtesten Magier der alten Welt war Apollonius von Tyana (in Kappadokien, heute ein Teil der Türkei). Sein Geburtsdatum ist unbekannt, aber man kann wohl davon ausgehen, daß es in die Zeit des Kaisers Caligula (37-41 n. Chr.) fiel. Auf jeden Fall machte er mit seinem phantastischen Ruf als pythagoräischer Philosoph und Wunderwirker in der Zeit des Kaisers Nerva (96-98) ausgiebig Geschichte. In seiner Biographie, die von Flavius Philostratus, einem Philosophen und Literaten aus dem 3. Jahrhundert, niedergeschrieben wurde, wird berichtet, daß Apollonius bei seiner Ankunft in Rom der Ruf vorauseilte, er habe Antiochus durch imitative Magie von Skorpionen befreit (er begrub einen Skorpion aus Bronze in der Stadt), Ephesus von der Pest befreit (indem er die Bewohner aufforderte, die Geister, die die Seuche brachten, zu steinigen) und Korinth von einem Vampir erlöst.

In *Anatomy of Melancholy* stellt Robert Burton die Vampirgeschichte in der englischen Tradition dar, und John Keats griff das Thema in seinem Gedicht *Lamia* auf. In der Geschichte geht es um Menippus, einen jungen Schüler des Apollonius, der sich unwiderstehlich von einer ausnehmend schönen Frau in Corinth angezogen fühlt. Die beiden heiraten, doch in der Hochzeitsnacht dringt Apollonius in das Haus von Menippus ein und offenbart ihm, daß sie eine *Lamia* (eine vampirische Schlangenfrau aus der griechischen Mythologie) ist und veranlaßt sie, zu verschwinden.

In Rom wurde Apollonius Mitglied des literarischen Kreises um Julia Domna, der Frau des Kaisers Septimus Se-
verus und Mutter des Caracalla. Es hieß, daß Apollonius
den Kaiser verärgerte, weil er sich *deus* (Gott) nannte. Er
wurde vor Gericht gestellt. Vorher aber – so wird jedenfalls berichet – schnitt man ihm das Haar ab, um gleichsam
seine Macht zu beschneiden (so wie Delila es mit Samson
gemacht hatte). Doch seinen magischen Fähigkeiten tat
dies keinen Abbruch: Der Legende nach verschwand er
aus dem Gerichtssaal und ward nie mehr gesehen.

Der Mahdi

Mohammed Ahmed Ibn Seyyid Abdallah (1843-1885),
Mitglied der mystischen Sufi-Sekte des Islams, wechselte
vom Staatsdienst zum Sklavenhandel und proklamierte
sich schließlich selbst zum Mahdi (Messias).
In den 80er Jahren des vorigen Jahrhunderts kämpften er
und seine Derwische gegen die Ägypter und die Briten
um die Vorherrschaft im Sudan. Am 4. November 1883
schlug er eine ägyptische Einheit unter dem Kommando
eines britischen Generals namens William Hicks, bekannt als Hicks Pascha. Am 26. Januar 1885 nahm Mahdi
Khartum, und seine Männer töteten – obwohl sie Order
hatten, den britischen General lebend gefangenzuneh-
men – Charles George »Chinese« Gordon und überga-
ben seinen Kopf dem Mahdi.
Damit war die Prophezeiung erfüllt, daß der Mahdi und
Gordon sich »von Angesicht zu Angesicht« begegnen
würden. Gordons Gesicht »trug ein seliges Lächeln«,
wurde berichtet. Der Mahdi war tief beeindruckt, daß
Gordon zwischen seinen beiden Schneidezähnen eine
Lücke hatte, geradeso wie der Moslem Messias sie der
Prophezeiung nach haben würde.

Vier Monate später, am 22. Juni, starb der Mahdi selbst. Als die britische Armee unter Kitchener im Jahre 1898 schließlich Khartum zurückeroberte, zogen die Soldaten tagelang plündernd durch die Stadt und jagten das Grab des Mahdi in die Luft, nachdem sie vorher seine Leiche in den Nil geworfen und sein Haupt nach Kairo verschifft hatten. Der Schädel wurde schließlich in Wadi Halfa im Sudan beigesetzt.

Kitchener, der für diese schmachvolle Behandlung des selbsternannten Messias des Islam verantwortlich war, wurde prophezeit, daß er zur Strafe im Meer ertrinken und daß sein Körper außerdem noch von Flammen verzehrt werde. Etwa achtzehn Jahre später ertrank Kitchener, als die H. M. S. Hampshire in der Nähe der Orkneyinseln am 5. Juni 1916 sank. Es ist nicht ganz geklärt, ob die Leiche geborgen und feuerbestattet wurde.

Harold T. Wilkins berichtet in *Strange Mysteries of Time and Space* (1959): »Das ehemals gesprengte und dann wiederaufgebaute Haus des Mahdis, ist ein Haus, in dem *heute* kein Sudanese wohnen will. Es wird von *afreets* heimgesucht, und ein britischer Kommissar wurde in ihm verrückt.«

Ist der Mahdi, ein Sufi-Magier, vielleicht heute noch am Werk?

Iamblichus

Jeder, der einmal versucht hat, die Nuancen einer Sprache in eine andere zu übertragen, weiß, wie recht die Italiener mit ihrer Redewendung »Traduttore, traditore« haben, was soviel beeutet, wie »Ein Übersetzer ist ein Verräter«. Der griechische Philosoph war der Meinung, daß diese Weisheit in ganz besonderem Maße auf magische Formeln und Beschwörungen zutrifft.

Iamblichus (250-325), der Begründer des syrischen Neo-
platonismus (den er mit chaldäischer Magie und heidnischen Religionen zu versöhnen suchte), war selbst ein
Magier mit nicht geringen Talenten. Aber auch er konnte
nach eigenen Aussagen seine Zaubersprüche nicht in andere Sprachen übersetzen, weil die Übersetzung die
Buchstaben verändert und damit auch die Numerologie.
Die Machtwörter verlieren ihre Wirkung.

Calvin

Johannes Calvin zog vehement gegen den Reliquienkult
zu Felde und brüskierte damit den französischen König,
der die Sainte-Chapelle für die Aufbewahrung der Dornenkrone – bzw. einer der Dornenkronen – bauen ließ.
Es gab so viele »echte« Dornenkronen, spottete Calvin,
daß es »eine ganze Dornenhecke gewesen sein muß«.
Splitter des echten Kreuzes würden eine »ganze Schiffsla-
dung« ergeben. In seinem Traktat über Reliquien (1543)
attackiert er leidenschaftlich den »Ameisenhaufen von
Knochen«, der von Gläubigen zusammengetragen
wurde, und die Dummheit, die hinter dem unsinnigen
Glauben an die magischen Kräfte von Reliquien steht.

Das Monster Gilles

Gilles de Laval de Retz (1404-1440) stammte aus einer an-
gesehenen bretonischen Familie. Er war der Enkel von De
Guesclin (1320-1380), dem Polizeichef von Frankreich. Er
zeichnete sich im Hundertjährigen Krieg aus, kämpfte
Seite an Seite mit Jeanne d'Arc und wurde aufgrund seiner
Verdienste im Alter von dreiundzwanzig Jahren Marschall
von Frankreich. Er war unglaublich vermögend.

Die Jungfrau von Orléans, mit der er zusammen ge-kämpft hatte, wurde als Hexe verbrannt und später hei-liggesprochen. Gilles wurde ebenfalls wegen Hexerei hin-gerichtet, doch seiner erinnert man sich nur als einer Aus-geburt des Teufels.

Er führte auf seinen Schlössern Tiffauges und Machecoal am Rande der Bretagne ein prunkvolles Leben und ver-schwendete reichlich Geld für Bücher (damals ein recht kostspieliges Vergnügen), Gold und Silber, Samt und Ju-welen. Selbst sein immenser Reichtum konnte derartige Extravaganzen nicht lange verkraften, und so steckte er schon bald in Schulden. Um da wieder herauszukom-men, wandte er sich der Alchimie zu. Und als die Herstel-lung des Steins der Weisen fehlschlug, versuchte er es mit der Magie. Er brachte den Magier Francesco Prelati aus Florenz mit, um von ihm die schwarzen Künste zu erler-nen und verschrieb seine Seele, so wird kolportiert, dem Teufel.

Bald schon verschwanden immer mehr Kinder aus den Dörfern rundherum, und zwar vorwiegend Jungen. Man munkelte, daß sie von den Handlangern des Barons de Retz weggebracht worden waren. Für die einfachen Leute jedoch war Gilles zu mächtig, als daß sie gegen ihn vorgehen konnten. Klagen wurden laut und drangen bis zu den kirchlichen Behörden vor, doch man wartete ab. Dann aber entführte Gilles aus irgendeinem Grund einen Priester und hielt ihn gefangen. Damit hatten die Kir-chenbehörden eine Handhabe gegen ihn. Sie setzten ihn fest und brachten ihn vor ein kirchliches Gericht.

Gilles zeigte sich zunächst voller Hohn und Spott, war an-maßend, nannte seine Ankläger korrupt und verfluchte sie. Doch am dritten Tag brach er zusammen und ge-stand. Er habe sich tatsächlich auf verbotene Praktiken eingelassen und nicht nur mit dem Teufel paktiert, son-dern auch die Kinder, die er entführt habe, unsagbaren

Grausamkeiten ausgesetzt – sie zur Sodomie mißbraucht, ihre Kehlen durchgeschnitten und ihre Herzen und abgeschnittenen Hände für seine Rituale verwendet. Manchmal habe er sie auch aufgeschlitzt, um aus ihren Eingeweiden die Zukunft vorherzusagen.

Nach diesem schrecklichen Geständnis brach er in Tränen aus und flehte um Gnade. Aber das Gericht befand ihn für schuldig und übergab ihn den weltlichen Autoritäten zur Bestrafung. Am 26. Oktober 1440 wurde er gehängt und seine Leiche teilweise verbrannt. Seine Diener verbrannte man bei lebendigem Leibe.

In ihrem Buch *The God of the Witches* aus dem Jahre 1933 stellt Margaret Murray die These auf, daß all diese Greueltaten nur erfunden sind, Gilles in Wirklichkeit ein Ritualopfer in der langen Reihe der Gottesopfer war und daß er in geheimem Einverständnis mit gewissen kirchlichen und weltlichen Autoritäten lediglich eine plausible Erklärung für seine Hinrichtung lieferte. Gegen diese Theorie spricht allerdings die Tatsache, daß man inzwischen Gilles' Schlösser in der Bretagne ausgegraben und in den Ruinen etwa zweihundert kleine Skelette gefunden hat.

Aleister Crowley

Der anerkannt finsterste Geselle unter den modernen Protagonisten der Magie ist der Engländer Aleister Crowley (1875-1947). Als Kind soll er bereits begonnen haben, mit Tieropfern herumzuexperimentieren; er war zwölf, als er ein Kätzchen tötete. »Bevor ich noch elf war«, rühmt er sich, »war ich mir schon bewußt, daß ich THE BEAST [der Teufel] mit der Nummer 666 war«, eine Anspielung auf die Offenbarung des Johannes 13,18. Für den Rest seines Lebens beliebte es ihm, von sich als dem großen Antichrist, »The Great Beast« oder dessen griechischem Pendant »Therion« zu sprechen, und er pflegte die Zahl 666 als eine Art Signatur zu verwenden.

Er studierte in Cambridge und war ein glänzender Student. Als er mit dem Dekan des St. John's College einen Zusammenstoß hatte, befaßte er sich zum erstenmal ernsthaft mit dem Studium der Magie. Der Dekan hatte ihm verboten, ein obszönes Stück aufzuführen, woraufhin Crowley und einige seiner Freunde aus Rache ein Wachsbild von dem Mann anfertigten und sich anschickten, eine Nadel durch das Herz zu stechen. Doch Crowleys Hand rutschte ab, und die Nadel durchbohrte das Bein der Figur. Am nächsten Tag fiel der Dekan hin und brach sich den Knöchel.

Im Jahre 1898 – Crowley hatte gerade Cambridge verlassen – schloß er sich dem Orden der goldenen Morgenröte an (*Order of the Golden Dawn*). Dort traf er auf einen anderen stürmischen Hitzkopf, S. L. MacGregor Mathers, mit dem er sich auch ziemlich schnell anlegte. Mathers schaffte es schließlich irgendwie, daß Crowley aus dem Orden ausgestoßen wurde – eine andere Variante besagt, daß die Riten Crowley zu zahm waren –, und so zog Crowley sich in ein einsames Haus in Schottland zurück, wo er seine magischen Experimente privat fortsetzte. Als die Nachbarn sich allmählich über die seltsamen Dinge, die in Crowleys Domizil vorgingen, zu beschweren anfingen, konterte er die Angriffe, indem er die Beschwerdeführer mit einem Fluch belegte, womit er zwei Diener in den Selbstmord und einen Gemeindearbeiter in den Alkohol trieb. Das wurde jedenfalls behauptet. Ein Fleischer, der von Crowley einen Scheck mit allerlei dämonischen Zeichen in Empfang genommen hatte, schnitt sich unmittelbar darauf gewaltig. (Als Mathers im Jahre 1918 starb, behauptete man, Crowley habe ihn durch Magie umgebracht.)

1912 wurde Crowley Mitglied einer deutschen Sekte, die sich Ordo Templi Orientis, Templer des Orients, nannte. Er wurde das Oberhaupt der britischen Sektion. Als der Erste Weltkrieg ausbrach, siedelte er in die Vereinigten Staaten über und verfaßte während der Kriegsjahre Propagandaschriften für die Deutschen. 1920 ging er mit einigen Jüngern und Geliebten nach Cefalu an der Nordküste von Sizilien.

Dort gründete er das »Heilige Kloster des Thelema«, wie er es nannte (»thelema« ist griechisch und bedeutet so viel wie »Wille, Wahl«, womit sich ein enger Bezug dieses Ortes zu Crowleys Lieblingsmotto ergibt: »Tu, was du willst, sei das ganze Gesetz.«) Im Kloster brachten er und seine Anhänger Tieropfer dar, hielten schwarze Messen ab, huldigten Satan, nahmen Drogen und feierten Sex- und andere Orgien. (Crowley war bisexuell.) Einer seiner Anhänger soll das Blut einer geopferten Katze getrunken haben und daran gestorben sein. Schließlich kamen Gerüchte auf, daß Kinder ebenso wie Tiere geopfert wurden, und so verwies man ihn 1923 des Landes.

Dennis Wheatley erzählt in *The Devil and All His Works* (1971) von dem Versuch, und zwar dem erfolgreichen Versuch – wenn man den Worten glauben darf –, Gott Pan heraufzubeschwören. Das Unterfangen hat einen Anhänger das Leben gekostet, heißt es, und Crowley selbst für vier Monate in ein Krankenhaus für Geisteskranke gebracht. Wenn die Geschichte wahr ist, so hat sie sich vermutlich nach dem Sizilien-Aufenthalt zugetragen und bevor »The Great Beast« nach England zurückkehrte, um *Magic in Theory and Practice* zu schreiben, in dem er seine Ideen zum Thema Okkultismus darlegt.

Doch von diesem Zeitpunkt an ging es für Crowley nur noch bergab. Er versuchte vom Heroin wegzukommen, scheiterte aber. Seine Gemeinde fiel von ihm ab (die Welt hatte in den 30er und 40er Jahren wichtigere Dinge im

Kopf), und schließlich starb er 1947. Bei seiner Feuerbestattung wurde eine schwarze Messe abgehalten, bei der auch seine »Hymne an Pan« vorgetragen wurde.

In den 60er Jahren flackerte das Interesse an Crowley wieder auf, als bestimmte Leute sich auf alles, was den Anschein des Unkonventionellen hatte, stürzten und sich von »Verruchtheit« einen ganz besonderen Reiz versprachen. Aber dieser Trend hielt nicht lange an, und heute ist Crowley fast nur noch für Magie-Historiker von Interesse, nachdem man zu der Auffassung gelangte, daß sein »schockierendes« Verhalten nur als kindischer Versuch, die Aufmerksamkeit auf sich zu ziehen, zu werten ist.

8

Lug und Trug

In der Geschichte des Betrugs gibt es sicher ein paar Beispiele, an denen sich die Betrügereien, die auf das Konto angeblicher Magier und mutmaßlicher Hexen, falscher Propheten und großsprecherischer Alchimisten oder Möchtegern-Zauberer gehen, nicht messen können. So dürfte zum Beispiel die Unverfrorenheit jenes Franzosen, der die Autogramme vieler historischer Persönlichkeiten einschließlich Julius Caesar und Adam und Eva – alles in Französisch – fälschte und einem seiner Landsleute verkaufte, nur schwerlich zu überbieten sein, die Leichtgläubigkeit seines Opfers allerdings auch nicht.

Aber Täuschung ist schon immer ein wesentliches Element der Magie gewesen, und zwar nicht nur bei Zaubervorführungen auf der Bühne, die ausschließlich eine Sache der Fingerfertigkeit sind, ein Schwindel zwar, aber unterhaltsam und zulässig. Männer, die sich anmaßten, echte Zauberer zu sein, zögerten nicht, sich phantastischer Ergebnisse zu rühmen, um anderen mit ihrem esoterischen Wissen und ihrer Geschicklichkeit zu imponieren.

Müssen wir im Zeitalter der Retorten-Babies nicht die Frage stellen, ob Paracelsus (1493-1541) nicht vielleicht doch einen kleinen Menschen *homunculus*) in einem Alchimistenkolben geschaffen hat? und was ist mit dem im 18. Jahrhundert lebenden Abbé Geloni und Graf Francis Joseph Küffstein, die behaupteten, nach nur fünf Wochen Laborarbeit zehn Homunculi produziert zu haben: einen König, eine Königin, einen Architekten, einen Mönch, einen Bergmann, eine Nonne, einen Ritter, einen Seraph, einen roten Geist, einen blauen Geist? Magie? Wissenschaft? Oder Mumpitz?

Im folgenden soll über einige repräsentative und interessante Betrugsfälle im Bereich der Magie und Hexenkunst, einige Täuschungsmanöver und die eine oder andere Eulenspiegelei berichtet werden.

Der große Hochstapler

Die Männer mochten ihn nicht; Giacomo Girolamo Casanova, der ihm einmal begegnete, nannte ihn »klein und verwachsen«. Doch die Frauen himmelten ihn an. Baroneß Oberkirch fand seine Augen »unbeschreiblich« und beschrieb sie unaufhörlich. Carlyle bezeichnete ihn als *»Great Quack Face«* und *»King of Liars«* und Dr. Howard W. Haggard meinte, er sei »einer der erfolgreichsten

Scharlatan-Wunderheiler«. Eigentlich hieß er Giuseppe Balsamo und stammte aus Palermo, aber der Name, unter dem er berühmt wurde und den er von einem sizilianischen Onkel übernommen hatte, war Cagliostro. Er war der »letzte der Magier« und vielleicht der bedenkenloseste Schwindler von allen.

Cagliostro war an nahezu allen Höfen Europas zu Hause und Mitglied der Londoner Loge. Er beschäftigte sich mit den Lehren der Freimaurer, um später selbst einen Freimaurerorden gründen zu können. Cagliostro schien tatsächlich über beachtliche psychische Fähigkeiten zu verfügen. Wenn diese jedoch nicht mehr ausreichten, trickste er. Als Comte Alexandre de Cagliostro bereiste er mit seiner schönen Frau Lorenza Feliciani Ägypten, Arabien, Persien, Rhodos, Malta und viele Länder Europas, wo er seinen Liebestrank und sein Lebenselixier in Fläschchen verkaufte, Dokumente fälschte, heilte, die Zukunft weissagte, Rheumatismus in einem »magischen« Stuhl behandelte, grobe Gewebe in Seidenstoffe und Kieselsteine in Gold verwandelte ... In Paris wurde er in die Halsbandaffäre verstrickt, wenngleich er in diesem Fall nur das Werkzeug des eigentlichen Betrügers bzw. der eigentlichen Betrügerin, der Gräfin de la Motte, war.

Später übersetzte er die Namen von Ludwig XVI. und Marie Antoinette in die »Sprache der Magi« und sagte mit Hilfe der Numerologie beider Enthauptung voraus. Seine Freunde drängten ihn, die königliche Familie zu warnen, doch er lehnte ab. Zum einen, meinte er, würde man ihm keinen Glauben schenken, und zum andern sei es doch von Schicksal so bestimmt; wie also könnte eine Warnung etwas daran ändern?

Durch all die Wechselfälle seines unglaublichen Lebens hindurch hielt Cagliostro ganz im Geiste der Freimaurer an seiner Überzeugung fest, daß das Mysterium allen

Menschen zum Guten diene. Er schrieb: »Ich werde tyrannisiert! Ich werde angeklagt! Ich werde verleumdet. Habe ich dieses Schicksal verdient? ... Ich prüfe mein Gewissen; und ich finde dort den Frieden, den die Menschen mir versagen! Ich bin weit herumgereist. ... Ich habe mich überall als Freund meiner Anhänger erwiesen. Mein Wissen, meine Zeit, mein Vermögen habe ich darauf verwendet, die Beladenen zu trösten«. Mit diesem »Trost der Beladenen« machte er – das sei nicht verheimlicht – eine Menge Geld, das er größtenteils für Repräsentationszwecke ausgab.

Trotz der Gründe, die er für seine Zurückhaltung in bezug auf die Warnung der französischen Königsfamilie angeführt hatte, scheute Cagliostro sich nicht, ständig an seinem eigenen Schicksal herumzumanipulieren. Doch das nützte nicht viel, es ereilte ihn zum 7. April 1791, als er von der Inquisition in Rom verurteilt wurde. Auch Lorenza, die ihm mit ihrer Cleverness und ihrem Charme mehr als einmal aus der Klemme geholfen hatte, konnte dieses Mal nichts ausrichten. Sie wurde gezwungen, ihren Anteil an den Schwindeleien Cagliostros zu »bekennen« und verbrachte den Rest ihres Lebens gezwungenermaßen hinter Klostermauern. Schließlich wurde Cagliostros Urteil in »lebenslänglich« umgewandelt – in einer Gefängniszelle des Kastells Sant'Angelo. Nach einem Fluchtversuch wurde er in einen tiefen Kerker geworfen, wo ihn sein Gefängniswärter im Jahre 1795 erdrosselte.

Es gab Stimmen, die behaupteten, damit sei der Einfluß Cagliostros keineswegs erloschen. Gérard Encausse (1863-1916), in magischen Zirkeln als »Papus« bekannt, wurde in Spanien als Kind eines französischen Vaters und einer Zigeunermutter geboren, die angeblich von Cagliostro abstammte und seine Fähigkeiten geerbt hatte. Papus verband die Wissenschaft (ein medizinischer Grad und Erfindungen) mit dem Okkulten (er war 15 Jahre lang Hellseher bei Zar Nikolaus II.) und brillierte in den magischen Künsten. Cagliostro wäre auf Papus stolz gewesen. Es gibt aber auch Leute, die wissen wollen, daß Cagliostro in Aleister Crowley seine Reinkarnation fand. Innere Stärke und einen Hang zum Betrügerischen vereinten zweifellos beide in sich.

Eine delikate Geschichte

Nektanebos II. war einer der letzten eigenen Pharaonen Ägyptens, bevor es unter wechselnde Fremdherrschaft geriet (ca. 358 v. Chr.). Als sich eine große Flotte näherte, um sein Königsreich anzugreifen, stellte er kleine Spielzeugschiffe in eine Schüssel mit Nilwasser und simulierte eine Schlacht, in der die feindlichen Spielzeuge untergingen. Die echten Schiffe soll dann das gleiche Schicksal ereilt haben.

Als er das Spiel ein zweites Mal aufzog, sanken jedoch seine eigenen Attrappen. Nektanebos II. betrachtete dies als Wink des Schicksals, ließ sich Haar und Bart abrasieren, kleidete sich in Lumpen und machte sich mit einem immensen Vermögen an Gold und Juwelen aus dem Staub in Richtung Pella, Makedonien.

Dort kaufte er sich ein hübsches Haus und ließ sich als ägyptischer Magier nieder. Einer seiner Kunden war Olympias, die Frau von Philipp II. von Makedonien. Er überzeugte die Königin, daß der Gott Amun den Wunsch habe, sie nächtens zu einem Liebesabenteuer zu besuchen.

Als Gott verkleidet kam Nektanebos dann nachts zu ihr und liebte sie. Eine angemessene Zeit später schenkte sie einem Sohn das Leben – Alexander dem Großen.

Man behauptet tatsächlich, daß Alexander seinem Vater Philipp nicht sehr ähnlich war.

Mathematiker und Astrologe

»*James Hallett, Mathematician and Astrologer, New House, Chichester, Curer of All Diseases*« – James Hallett, Mathematiker und Astrologe, New House, Chichester (England), Heiler aller Krankheiten«.
Das ist die Inschrift auf einer Zauberbox aus dem 18. Jahrhundert, die heute noch existiert. Ein Gutachten, das auf den 20. Juni 1791 datiert ist, bestätigt zwar eine dieser Hallettschen Wunderkuren, doch die Box enthielt, als man sie in neuerer Zeit öffnete, nichts weiter außer – zwei halben Muskatnüssen.

Ladies and Gntleman waited on at their own Houſes, on the ſhorteſt notice.

*** Nativiſies caſt for the Cure of Witcheraft and othe Diſeaſes that are hard to be cured.

Werbung von James Hallett (1795)

Die Aura der geheimen Wissenschaften wurde oft dazu benutzt, fragwürdigen Heilmethoden und quacksalberischen Rezepten Glanz zu verleihen. Unter dem Deckmantel von Magie und Hexenkunst blühte das Geschäft. Cagliostro verkaufte Betten für eine schmerzlose Geburt; James Graham unterhielt einen Gesundheitstempel in London (1779), in dem sich ein pompöses »Himmelsbett« mit Empfängnisgarantie befand. George O. Barnes aus Kentucky predigte, daß nur der Teufel Krankheit bringe, eine Ansicht, die von vielen Wunderheilern – angefangen bei den »Knochenklempnern« Valentine Greatrakes und »Crazy Sal« Mapp bis zu Mary Baker Eddy – geteilt wurde und wird.

In Amerika (und auch in Deutschland), wo mit großem Erfolg an jeder Ecke für Wundermittel und Tonika geworben wurde, waren (und sind bis zu einem gewissen Grad auch heute noch) die Absatzchancen für jede Art von Heilmittel – ganz gleich, ob gegen Krebs oder Kahlköpfigkeit oder Potenzstörungen – ungeheuer vielversprechend.

In seinem amüsanten Buch über das goldene Zeitalter der Quacksalberei *The Golden Age of Quackery* (1959) beschreibt Stewart Holbrook anhand einiger Beispiele, wie man per Zeitungsannonce auf Kundenfang ging:

Da gab es nichts zu deuteln, keinerlei Vorbehalt: Dr. King's »neue Entdeckung« war das einzig »sichere Heilmittel gegen Schwindsucht« auf Erden; na klar doch: »Es macht den Ärzten angst und bange«. Da gab es Dr. Rupert Wells »radiatisiertes Fluid gegen Krebs« (»schmerzlose Heilung zu Hause – ohne Pflaster, ohne Operation«). Dr. Tucker besaß ein Spezifikum gegen Epilepsie. Auch Dr. Kline und Dr. Grant hatten eins. Wenn die Niere oder Leber nicht mehr so recht wollte, brauchte man nur in den nächsten Drugstore zu marschieren und eine Flasche Dr. Kilmers Moorwurzel zu verlangen. Und schon war man vom Bright-Syndrom, vom Blasenkatarrh, von Blasensteinen und so Lappalien wie Wassersucht erlöst.

Verbraucherschutzgesetze, wie Verordnungen über das Reinheitsgebot bei Lebensmitteln und die Drogengesetze (Federal Pure Food und Drug Act), stoppten 1906 in Amerika diesen Anzeigenschwindel und vertrieben viele dieser magischen »Heilmittel« vom Markt. Heutzutage suchen selbst Leute, die gute Kunden bei Wahrsagern sind und niemals versäumen, ihr tägliches Horoskop zu lesen, bei Beschwerden lieber einen qualifizierten Arzt auf.

Doch ein paar Unverbesserliche wird es immer geben, die immense Summen für »magische Erde« und »elektrische Gürtel« ausgeben und an Maschinen glauben, die Krankheiten austreiben, wie einst der Zauberstab Dämonen austrieb, kurz, die auch heute noch an Zaubermittel und Beschwörungsformeln glauben.

Mary Tofts

In Godalming, Surrey sorgte 1726 Mary Tofts mit ihrer Bekanntmachung, sie habe Kaninchen das Leben geschenkt, für eine Sensation. König Georg I. entsandte sogleich einen königlichen Arzt, Sir Richard Manningham, um Nachforschungen anzustellen, und der Schwindel wurde aufgedeckt. William Hogarth hielt diese unglaubliche, schmerzhafte Geburt der Dame in seinem Gemälde *Credulity, Superstition, and Fanaticisme* (1762) fest.

312

Und hier für alle Wunderwirker und Überredungskünstler da draußen im Land der Videos ein imponierendes Beispiel von Schlitzohrigkeit – eine Lektion von Gustavus Katterfelto:

Der selbsternannte »Größte Philosoph seit Isaac Newton« nahm London im Sturm. Das 18. Jahrhundert war ein Zeitalter der Patentrezepte, der verrückten Ideen, des pseudomedizinischen Unsinns. Im Jahre 1755, als Lissabon von einem fürchterlichen Erdbeben erschüttert wurde und die Europäer aus ihrer Selbstzufriedenheit aufschreckten, verkaufte Katterfelto tatsächlich Pillen »gegen das Erdbeben«. Er sahnte auch bei der Pest im Jahre 1782 ab und machte Reklame für ein »Solarmikroskop«, das der Krankheitsdiagnose dienen sollte. Neben seinem »technologischen« Vorstoß setzte er auch okkulte Akzente. Seine beiden »schwarzen Marokko-Katzen« waren als Teufel des Doktors bekannt, und er unternahm auch nichts, um die Gerüchte zu zerstreuen, daß es sich bei diesen Katzen nicht um einfache Haustiere, sondern um Familiare handele. Von ihnen und dem Klatsch begleitet ging er mit seinen Grippemitteln, die er für fünf Shilling die Flasche anbot, hausieren, und das in einer Zeit, da die Kneipen buchstäblich garantierten, »für einen Penny betrunken und für zwei Pence steinhagelvoll« werden zu können.

Zu seinen Kunden gehörten auch Georg III. und die größte königliche Familie in der Geschichte Großbritanniens.

Doch auch diese Welle ebbte ab, und das mondäne London stürzte sich auf die nächste Albernheit. Katterfelto beendete seine Laufbahn als Marktschreier und Hinterhof-Taschenspieler und starb 1799 ohne einen Penny.

Levitation

Einigen Berichten zufolge sollen viele Heilige – ich erwähnte es bereits – zeitweise einen Fuß hoch oder höher über dem Boden geschwebt sein, ein Phänomen, das man Levitation nennt. Auch bei Leuten, die vom Teufel besessen waren, soll dieses Schweben beobachtet worden sein, und natürlich flogen Hexen angeblich auf Besenstielen zu den Sabbats.

Für Levitationen waren auch verschiedene Magier und Medien gut, wobei der berühmnteste Vertreter dieser Zunft das im 19. Jahrhundert lebende Medium D. D. Home war. Ein englischer Lord beschrieb in allen Einzelheiten, wie er Home bei einer Séance durch ein Fenster des Raumes hinaus und durch ein anderes Fenster wieder hineinschweben gesehen hatte.

Auf der Bühne wurde dieser Trick von vielen Künstlern und Schaustellern nachgemacht. Harry Kellar ging dabei folgendermaßen vor:

> Eine Frau lag auf einer Couch. Ihr Körper erhob sich langsam in die Luft. Kellar konnte mit einem Reifen, den er zentral über die gesamte Länge des Körpers führte, »beweisen«, daß keine Drähte oder sonstigen Hilfsmittel verwendet wurden, um die Frau zu tragen. Dann schwebte die Frau vor den Augen des Publikums langsam herab, bis sie schließlich wieder auf der Couch lag.

Das Geheimnis dieses Tricks bestand darin, daß die obere Auflage der Couch abtrennbar und mit einer Eisenstange verbunden war, die mit einem Flaschenzug hinter der Bühne betätigt wurde. Die feste Plattform wurde durch Tücher kaschiert. Die Eisenstange war so gestrichen, daß sie sich dem Hintergrund perfekt anpaßte und vom Publikum nicht bemerkt werden konnte. Eine U-förmige Krümmung in der Eisenstange sorgte dafür, daß der Reifen problemlos vorwärts und rückwärts bewegt werden konnte, so daß das Publikum, das die Szenerie von vorne beobachtete, »überzeugt« war. daß der Reifen korrekt zentral um den liegenden Körper geführt wurde. Dann wurde der Reifen wieder zurückgeführt, und die Plattform wieder gesenkt.

Indische Magier führen den Trick etwa in der gleichen Weise vor, und zwar gewöhnlich mit irgendeinem Stück Tuch, das die Trägerstange kaschiert.

Eine arglistige Täuschung fliegt auf

Allzu viele unschuldige Leute kamen aufgrund von Falschaussagen wegen Hexerei und Nekromantie an den Galgen. Nur selten wurde der Betrug rechtzeitig aufgedeckt. Aber im Jahre 1632 klappte es in England doch.

Ein Mann namens Edmund Robinson beschloß – offensichtlich aus einer Boshaftigkeit und vielleicht auch aus einem gewissen Machthunger heraus –, seine Nachbarn wegen Hexerei zu denunzieren. Aus diesem Grund brachte er seinen elfjährigen Sohn dazu, folgende Geschichte zu verbreiten: »Er [der Junge] war mit zwei Hunden auf den Feldern gewesen und hatte sie angetrieben, einen Hasen zu jagen. Doch die Hunde wollten nicht gehorchen. Zur Strafe band er sie an einen Busch und peitschte sie, als sich plötzlich der eine von ihnen in ein altes Weib und der andere in ein Kind – eine Hexe und ihr Kobold – verwandelte«.

Der Junge erzählte diese Geschichte, und die Geschichte kam so gut an, daß der Knabe ein örtliches Phänomen wurde. Robinson erzählte daraufhin überall herum, daß sein Sohn eine Hexe auf einen Blick erkennen könne. Er nahm ihn zu den verschiedenen Kirchen des Ortes mit, setzte ihn nach dem Gottesdienst auf eine Bank und beauftragte ihn, die Hexen herauszusuchen. Der Junge benannte siebzehn Personen, die festgesetzt, vor das örtliche Gericht gebracht und der Hexerei für schuldig befunden wurden.

Der betreffende Richter war allerdings skeptisch. Er schob den Hinrichtungstermin auf und ließ vier der verurteilten »Hexen« nach London bringen, wo sie von den Ärzten des Königs – einer von ihnen war William Harvey, der später den Blutkreislauf entdeckte – und schließlich von Charles I. persönlich untersucht wurden. Die ehrenwerten Herren konnten keinerlei Hinweis darauf finden, daß die Angeklagten etwas mit den schwarzen Künsten zu tun hatten. So nahmen sie sich den Jungen vor und verhörten ihn.

Der Knabe brach schließlich zusammen und gestand, daß alles Schwindel sei, und erzählte, welche Rolle sein Vater in der Affäre gespielt habe. Die siebzehn »Hexen« wurden begnadigt. Was mit Robinson geschah, ist nicht bekannt.

Zum Henker mit Lambe

Im 17. Jahrhundert wurde in England ein gewisser Dr. John Lambe wegen der Ausübung »abscheulicher Künste« verurteilt. Er wurde für schuldig befunden, Thomas Lord Windsor durch Magie (oder vielleicht Gift) eine schreckliche, zehrende Krankheit angehängt zu haben. Gewöhnlich hätte das ausgereicht, um ihn zu hängen. Aber er war »des Herzogs Teufel«, was soviel bedeutete, daß er die Protektion des ersten Herzogs von Buckingham (1592-1628), einem Freund des homosexuellen Königs Jakob I. besaß.

316

John Lambe wurde also nicht gehängt, sondern für fünfzehn Jahre in den Kerker geschickt. Dort führte er seine
astrologischen Studien fort und betrieb weiterhin seine
okkulten Geschäfte, durfte Kunden empfangen und
dicke Gelder kassieren. Doch allmählich schwand Buk-
kinghams Vertrauen in Lambe.
Aber wie bei allen Hochstaplern, deren Erfolg sich auf
die Leichtgläubigkeit der Leute gründet, so ging es auch
mit ihm schnell abwärts, als sich erst einmal sein Haupt-
gönner von ihm abgewandt hatte. Zuerst wurde ihm die
Erlaubnis entzogen, seine Gefängniszelle als Beratungs-
raum zu benutzen, was ihn um seine Kundschaft brachte,
und dann wurde er bei seiner Entlassung im Jahre 1640
vom Mob mit den Schreien verfolgt »Tötet den Zauberer!
Tötet den Giftmischer!« Auf dem Weg zum Theater lau-
erte man ihm auf und schlug ihn tot.

Ägyptische Zaubertricks

Die ägyptischen Priester verstanden unter »Magie« die
Einschüchterung ihrer abergläubischen Anhänger und
griffen oft auf irgendwelche Tricks zurück, um bei den
Gläubigen Eindruck zu schinden.
Im Tempel von Luxor brannte auf einem alten Altar, der
hohl war, ein Feuer, das die Luft innen erwärmte und folg-
lich ausdehnte. Durch die erhitzte Luft wurde Wasser aus
einem Glas in eine Schale gedrückt. Die Schale sank und
übte dadurch auf ein Seil Zug aus, was wiederum bewirkte, daß eine präzise eingehängte Türe geheimnisvoll
aufschwang. Die Wirkung auf abergläubische Tempelbe-
sucher muß fürchterlich gewesen sein.
I. G. Edmonds berichtet in seinem Buch über Bühnen-
zauber, *The Magic Makers* (1976), über einen Trick, der
von einem berühmten ägyptischen Zauberer zu Zeiten

Cheops vorgeführt wurde. Unter dem Druck, vor dem Pharao eine Vorstellung seiner Künste zu geben, erbot sich Teta, den Kopf eines Tieres abzuschneiden und ihn dann wieder anzusetzen. Als der Pharao einwilligte, zog Teta eine Gans hervor und enthauptete sie. Er legte den Kopf auf die eine Seite und den Körper auf die andere Seite des Tisches:

> Auf sein Zauberkommando hin bewegten sich die beiden Teile aufeinander zu. Der abgeschlagene Koopf verband sich mit dem Körper. Die Gans kam wieder auf ihre Füße und schnatterte.

Um sein meisterliches magisches Talent unter Beweis zu stellen, führte Teta den Trick noch einmal mit einem anderen Tier vor.

Tatsache ist, daß jeder Zauberer diesen einfachen Trick nachvollziehen kann – und über die Jahrhunderte hinweg haben die meisten Magier das auch getan. Zu dem ganzen Trick ist nichts weiter erforderlich, als ein dressierter Vogel und ein geschnitzter Kopf und Hals aus Holz.

Während der Zauberer vorgab, den Hals abzuschneiden, versteckte der Vogel seinen Kopf unter seinen Flügeln. Der Zauberer hatte den realistisch bemalten Kopf in seiner Hand versteckt und legte ihn nun an das andere Ende des Tisches. Ein paar weitere magische Gesten, der »abgeschlagene« Kopf verschwand wieder in der Hand, und der Vogel stand mit seinem echten Kopf wieder auf.

Von ägyptischen Priestern werden viele »magische« Wundertaten berichtet, mit denen sie den Pharao und das einfache Volk beeindrucken wollten, Wundertaten, die von unseren modernen Bühnenzauberern problemlos nachvollzogen werden können. Sie ließen Geisterbilder an den Wänden oder in Rauchsäulen erscheinen, was durch die Reflexion des durch ein Loch in der Decke des Tempels einfallenden Lichtes auf einer spiegelnden Oberfläche ohne weiteres zu bewerkstelligen war. Sie verwendeten hohle Statuen – zumindest eine solcher Hohlfiguren ist gefunden worden –, in die ein Priester schlüpfen konnte, um den Eindruck zu erwecken, die Statue spreche. Man stellte Trompeten her, die über Fernbedienung gespielt werden konnten. Dazu wurden schwarz gestrichene Rohre, die man im Dunkel des Tempels nicht erkennen konnte, von einer Art Luftballon ausgehend zum Mundstück der Trompete gelegt; der Priester brauchte dann nur noch mit dem Fuß auf den Ballon zu treten, so daß die Luft in die Trompete strömte und ein langezogener Ton entstand.

Sie benutzten den Luftdruck dazu, um das Fließen von Flüssigkeiten zu stoppen oder auch beim Flaschentrick, bei dem man drei oder vier verschiedene Flüssigkeiten aus einem einzigen Behälter rinnen ließ. Die Flasche war eine Spezialanfertigung mit verschiedenen (versteckten) Einzelkammern, von denen jede mit einem kleinen Luftloch versehen war. Man hielt das Gefäß so in der Hand, daß die Löcher alle bis auf eines verschlossen waren. Aus der gekippten Flasche fließt zunächst Wasser, bis man mit der Hand heimlich ein anderes Loch freigibt und Wein herausfließt und so weiter. Auf diese Weise konnte ein Priester Wasser in Wein und Wein in Milch und vielleicht Milch in Bier »verwandeln«.

Heute gehören die meisten dieser Trugbilder zum Repertoire von Schaustellern und Zauberkünstlern auf der Bühne. Sie dienen allein der Unterhaltung. Doch wie viele andere leichtgläubige Menschen wurden, abgesehen von den Ägyptern, über die Jahrhunderte hinweg an der Nase herumgeführt, weil sie dachten, irgendein Scharlatan vollbringe echte magische Wunder.

9

Vertraute Dämonen und dämonische Vertraute: Die Familiare

Magie und Hexerei – so glaubte man – waren nicht das Werk des Zauberers bzw. der Hexe selbst, sondern das Werk von Dämonen, die die Befehle ihrer Meister ausführten. Die Magier, die mächtige und gelehrte Männer waren und sowohl den Namen Gottes, als auch die Namen der Oberteufel in der Hölle kannten, zwangen diese großen Geister, sich ihnen zu unterwerfen. Einen so großen Einfluß traute man den Hexen dagegen nicht zu. Als arme, unwissende Individuen – und dazu noch meistens weiblichen Geschlechts – konnten sie nur in begrenztem Umfang mit dem Teufel ins Geschäft kommen. Als Gegenleistung für ihre Seele wollte er ihnen nur einen kleineren Dämon oder Kobold, einen »Familiar«, zugestehen, der kleine magische Gelegenheitsarbeiten, wie die Verbreitung von Krankheiten oder die Heilung derselben, verrichtete.

Einige Dämonologen behaupteten, der Teufel sei nicht in der Lage, etwas aus dem Nichts zu schaffen, so wie Gott es könne, aber er und seine Unterteufel könnten die Gestalt ändern. Ein Kobold könne möglicherweise als Hund oder als schwarze Katze oder auch als zahme Krähe erscheinen. Diese veränderte Gestalt könne jedoch niemals vollkommen sein. An so einer »Unvollkommenheit« würde sich der ihr innewohnende böse Geist verraten. In der Hoffnung, Hexen zu entlarven, forschten die Untersuchungsrichter also nach einem Haustier der verdächtigten Person und erkundigten sich nach irgendwelchen mysteriösen Fremden, die man möglicherweise in ihrer Begleitung gesehen haben mochte.

Der Überlieferung nach soll der Teufel vielen Leuten, ja sogar Jesus Christus, in realer Gestalt erschienen sein. Die Versuchungen des heiligen Antonius (der Einsiedler) in der Wüste gingen ebenfalls mit bösen Geistern einher, die ihm in unterschiedlichster Gestalt – speziell als wunderschöne Jungfrau – erschienen. Die Hagiographien sind voll von Beispielen, bei denen der Teufel einmal als Zwerg und einmal als Riese, einmal als verführerische Person und einmal als hinterhältige Monstrosität erschien; sie sind voll von Dämonen, halb Mensch und halb Tier. Hatte nicht sogar Martin Luther selbst den Teufel in seinem *Großen Katechismus* siebenundsechzigmal (und Christus nur dreiundsechzigmal) erwähnt und mit dem Tintenfaß nach ihm geworfen, als Seine Majestät der Satan es wagte, in Luthers Studierstube zu erscheinen?

Unsere Vorfahren waren der festen Überzeugung, daß böse Geister in gefährlich trügerischer Gestalt von Menschen und Tieren auf Erden ihr Unwesen trieben.

322

Wie man seine Seele verkauft

Hier nun ein Beispiel dafür, wie man im Deutschland des
17. Jahrhunderts seine Seele dem Teufel vermachte.
Auf einem Stück reinen Pergaments schrieb man mit seinem eigenen Blut:

> Ich verspreche, dem *GROSSEN HÖLLENFÜRSTEN*, ihm in
> sieben Jahren zu entgelten, was er bis dahin alles für
> mich getan hat. Dafür verbürge ich mich mit meinem
> Namen ....

Mit diesem Pergament in der Hand begann dann die Beschwörung inmitten des magischen Kreises:

> LUZIFER, Richter der Hölle, Beherrscher aller aufrüh-
> rerischen Geister, ich beschwöre dich, mir bei meinem
> Unterfangen, den GROSSEN MINISTER anzurufen, mit
> dem ich einen Pakt schließen will, gewogen zu sein.
> BEELZEBUB, Höllenfürst, ich bitte auch dich, mich bei
> meiner Unternehmung zu schützen.
> ASTAROTH, Herr der Vergangenheit, Gegenwart und
> Zukunft, steh mir zur Seite und bewirke, daß mir
> heute nacht der GROSSE DÄMON in gefälliger menschli-
> cher Gestalt ohne Schrecken und Verzerrung er-
> scheint und mir kraft des Vertrags, den ich mit ihm
> schließen werde, alle Schätze und Reichtümer, deren
> ich bedarf, garantiert.
> GROSSER DÄMON, ich beschwöre dich, verlasse deine
> Bleibe, in welchem Teil der Welt du dich auch befinden
> magst, und komme, mit mir zu sprechen. Wenn du
> nicht kommst, werde ich dich bei den wirkungskräfti-
> gen Namen des Großen Schlüssel Salamonis, durch
> die er alle Dämonen beherrscht, zwingen, diesen Pakt
> mit mir zu schließen.

Komm und zeig dich sofort, oder ich werde dich für ewiglich in die Tiefen des bodenlosen Abgrunds stoßen durch die unwiderstehliche Kraft der Namen des Schlüssels: *Aglon*, *Tetragrammaton*, *Vaycheon*, *Stimulamathon*, *Erohares*, *Retrasammathon*, *Clyoran*, *Icion*, *Esition*, *Existien*, *Eryona*, *Onera*, *Erasyn*, *Moyn*, *Meffias*, *Soter*, *Emanuel*, *Sabaoth*, *Adonai*; ich rufe dich. Amen.

Der Dämon erschien daraufhin und verlangte das schriftliche Vermächtnis, mit dem besiegelt wurde, daß er nach sieben Jahren mit dem Leib und der Seele des Opfers tun könne, was ihm beliebe.
Der Vertrag wurde dann dem Dämon außerhalb des Kreises zugeworfen, der nahm ihn an sich, und der Handel war perfekt.

Familiare

Papst Gregor IX. (1147-1241) gab für die deutsche Obrigkeit eine Bulle heraus, in der er erklärte, wie der Teufel Tiergestalt annehme, und Reginald Scot berichtete in seinem Werk *Discoverie of Witchcraft* von dem englischen Aberglauben, daß Kobolde, kleine Teufelchen oder Dämonen in Tiergestalt, auftreten könnten und Hexen dieselbigen als Haustiere hielten, die sie mit Menschenmilch oder -blut, gelegentlich auch mit kleinen Stückchen Hühnerfleisch fütterten.
In den Hexenprozessen spielten die Familiare als Begleiter der Hexen oft eine Rolle, und manche Hexen bestätigten oder erlogen auch solche Hausgeister, ja gaben sogar deren Namen preis und beschrieben sie.
Manch armes altes Weib, das nichts weiter als eine Hauskatze oder einen treuen Hund zu seiner Gesellschaft

hatte, wurde als Hexe angeklagt und sah plötzlich ihre Lieblinge als »Beweis« gegen sich verwendet. Graue Katzen und schwarze Hunde waren besonders verdächtigt, und die Leute erschraken schon, wenn eine schwarze Katze nur ihren Weg kreuzte. Es gab jedoch zwei Tiergestalten, die von den Dämonen angeblich gemieden wurden: das Lamm und die Taube – als Wahrzeichen des christlichen Agnus Dei (Lamm Gottes) und des Paraklet (der Heilige Geist in Gestalt einer Taube).

Nichtsdestotrotz soll der Teufel höchstpersönlich einer Hexe namens Agnes Webster (1597 in Aberdeen verurteilt) »*in the liknes of a lamb, quhom thou callis thy god, and bletit on the, and thaireftir spak to the*«, also in Gestalt eines Lammes, wenn auch eines schwarzen, verunstalteten Lammes erschienen sein, das sie ihren Gott nannte und zu dem sie auch sprach.

Man glaubte tatsächlich, daß die Teufel (Oberteufel) und die Dämonen (Unterteufel) jedwede Tiergestalt und sogar die Gestalt von lebenden oder toten Menschen annehmen könnten. Demzufolge könne man sich also nie sicher sein, wenn man einen Geist sehe, ob es wirklich der Geist einer verblichenen Seele ist oder nicht vielleicht der Versucher *in persona*. Und wenn man ein Tier sehe, müsse man ständig damit rechnen, daß sich womöglich eine böse Kraft dahinter verbirgt. So wie Engel in Menschengestalt zur Erde herniederstiegen, so könnten auch gefallene Engel heraufsteigen.

Fragwürdiges Vergnügen

Giovanni Battista Cibo (1432-1492), der als Papst Innozenz VIII. regierte, glaubte, daß Menschen sich mit Dämonen paaren könnten. Er erklärte: »Uns ist tatsächlich zur Kenntnis gelangt, und es hat uns mit tiefer Besorgnis erfüllt, zu hören, daß viele Personen beiderlei Geschlechts in völliger Mißachtung ihres Seelenheils und in Verleugnung des katholischen Glaubens mit bösen Geistern, sowohl Inkubi als auch Sukkubi, [Verkehr gehabt] haben«. Ein Inkubus war ein männlicher Dämon, der Frauen heimsuchte, und eine Sukkubus war ein weiblicher Dämon, der sich Männer vornahm. Heutzutage gelten sie als die Personifizierung von Nachtmahren und sexuellen Träumen.

Cave Canem

Der Teufel war ein schwarzer Hund, und viele Dämonen und Familiare sollen in Hundegestalt erschienen sein – ironischerweise also als »des Menschen bester Freund«. In Goethes *Faust* zeigt sich Mephisto zuerst als Pudel.
Hunde kommen auch oft in christlichen Heiligenlegenden vor. Der heilige Rochus, der sich mit der Pest angesteckt hatte, wurde von einem Hund gepflegt. Der heilige Johannes vom Kreuz wurde von einem Hund aus dem Gefängnis befreit. Der heilige Christopherus wurde manchmal mit einem Hundekopf dargestellt. Der heilige Don Bosco (1815-1888) hatte einen selbsternannten Wachhund namens Grigio, der eines Tages auftauchte, als Don Bosco von einem Räuber angefallen wurde. Er schlug den Dieb in die Flucht und blieb fortan bei ihm. Doch noch häufiger ist von Hunden in den heidnischen Mythen und in der heidnischen Dämonologie die Rede. Im alten Britannien begleitete Gwynn ap Nudd (der Gott der Unterwelt) eine ganze Hundemeute bei seiner Jagd auf Seelen. In der nordischen Mythologie ist Garm der Höllenhund. In der griechischen Mythologie bewacht der vielköpfige Zerberus die Ufer des Styx. Bei den Hindus gibt es Sonnenhunde und Mondhunde, die rund um

die Uhr Yama, den Gott des Todes, bewachen. Einen Hund, der das Leben nach dem Tode bewacht, kennen die Perser aus ihrer Mythologie.

Die Irokesen, Huronen, Seminolen und auch andere amerikanische Eingeborenenstämme haben ebenfalls alle einen Hund, der ihre Höllentore bewacht. Das gleiche gilt für die Koryaken in Sibirien.

Auch die chinesischen *p'eng hen* (schwarze, schwanzlose Hunde) werden für Dämonen gehalten. Die Moslems haben ihren dämonischen schwarzen Hund, und die englische Tadition kennt den *Black Dog of Newgate*, den schwarzen Hund von Newgate, Gefängnisbereich von London, der mit den »schwarzen Schafen« kooperierte und »im Busen von Verrätern, Mördern, Dieben, Halsabschneidern, Bauernfängern und ähnlichem Gesindel« wohnte.

Der Teufel soll aus Judas Ischariot in Gestalt eines Hundes ausgefahren sein; er soll in dieser Gestalt den heiligen Stanislaus Kostka angefallen haben, und angeblich hat er sich auch vielen Heiligen und Einsiedlern in dieser Gestalt gezeigt. Desgleichen hielten sich auch manche Alchimisten einen großen schwarzen Hund als Haustier, der ihnen überallhin folgte und vom Volk für einen Familiar gehalten wurde.

Hunde waren sowohl Götter als auch Teufel. Set, ein Windhund mit einem gegabelten Schwanz, herrschte über Oberägypten. Anubis, der ägyptische Gott des Todes, präsentierte sich in Gestalt eines hundeähnlichen Schakals. Hekate, die Königin der Hexen, erfreute sich an »Hundegebell« und hatte manche Harpyie oder *empusa* oder dergleichen rachsüchtiges Nachtwesen – darunter auch Hündinnen – in ihrem Gefolge.

Zu Beginn des 11. Jahrhunderts gab es sogar einen Hund, der drei Jahre lang in Norwegen regierte. Man sagte ihm nach, daß er einige norwegische Wörter sprechen konnte.

Auf jeden Fall wurden alle königlichen Dokumente mit seiner Pfote signiert. Dieser König Sueining (oder Saur) wurde von einigen Norwegern für »die Seele eines großen Lords aus der Vergangenheit gehalten ... die in den Körper dieses Hundes reinkarniert war« (so berichtet in Fernand Merys *Life, History and Magic of the Dog*, 1970.

Dämonischer Briefeschreiber

Wenn Sie Ihre Liebesbriefe oder – falls Sie mehr das Prosaische bevorzugen – auch Ihre Geschäftsbriefe von Erfolg gekrönt sehen wollen, können Sie die Hilfe von Dämonen in Anspruch nehmen. Dabei gehen Sie folgendermaßen vor:

Sie nehmen ein Stück ungegerbtes Pergament (also geglättetes Schaf-, Ziegen- oder Kalbsleder) und beschreiben es mit schwarzer Tinte auf beiden Seiten mit folgender Beschwörung:

ADAM, EVA, GERADESO WIE DER ALLMÄCHTIGE SCHÖPFER EUCH IN DEM IRDISCHEN PARADIES MIT EINEM HEILIGEN, GEMEINSAMEN UNVERBRÜCHLICHEN BAND VEREINT HAT, SO MÖGE DAS HERZ DERER, DENEN ICH SCHREIBE, MIR GEWOGEN SEIN UND MIR NICHTS MEHR ABSCHLAGEN KÖNNEN:

✡ ELY ✡ ELY ✡ ELY

Dann verbrennen Sie das Pergament und streuen die Asche in die Tinte, mit der Sie die Briefe schreiben, die Ihrem Wunsch gemäß unwiderstehlich sein sollen.

In *History and Practice of Magic* empfiehlt Paul Christian, der Tinte (»die niemals zuvor benutzt worden ist«)

sieben Tropfen Milch einer Mutter, die ihr Erstgeborenes stillt, und eine Prise Magneteisensteinpulver beizusetzen. Außerdem schreibe man mit einem neuen Federkiel, den man mit einem nagelneuen Messer anspitze.

Der Leibhaftige

In seiner *Historia Sui Temporis* gibt der mittelalterliche Schriftsteller Raoul Glaber zu Beginn seines Buches V die Beschreibung einer Person, deren Erscheinung Sie vor dem etwaigen Leibhaftigen warnen möge: »Am Fuße meines Bettes sah ich ein kleines Monster in Menschengestalt. Soweit ich mich erinnern kann, hatte es einen dürren Hals und ein hageres Gesicht, sehr schwarze Augen, eine enge runzelige Stirn, eine platte Nase, einen breiten Mund mit wülstigen Lippen, ein kurzes fliehendes Kinn und einen Spitzbart ...« So also sieht ein Dämon aus.

Traurige Zahlen

Laut James David Besser (aus *The New Republic* vom 25. Juli 1981), der über die *Moral Majority* (moralische Mündigkeit) und die Medien-Evangelisten des Senders WABS (»*We Always Broadcast Salvation*« – »Wir senden immer das Heil«) und ähnliches schreibt, ist der Teufel noch immer sehr aktiv. »Der Satan«, sagt Reverend Jerry Falwell, »würde die Stimme der ›*Old Time Gospel Hour*‹ liebend gern zum Schweigen bringen«. Der Teufel habe seine eigenen Programme, meint er. »David Weber«, berichtet Besser, »weist warnend darauf hin, daß Postleitzahlen, Sozialversicherungsnummern und Verwaltungscomputer zu den Werkzeugen des Antichrist gehören, mit deren Hilfe er bald seine Anhänger, die die Nummer 666 haben, identifizieren wird. Seiner Meinung nach enthalten selbst die Einheitscodes auf den Nahrungsmittelpackungen schon die gefährlichen Ziffern«. Übelwollende Zeitgenossen zählen bereits die Buchstaben im Namen von Ronald Wilson Reagan.

Groteske Kreaturen

Ich erinnere mich an mein Erstaunen als Jugendlicher, als ich in meiner College-Bibliothek an der McGill-Universität in einem Buch kolorierte Drucke entdeckte, die die porträtierten Gesichter verschiedenartiger Dämonen zeigten. Offensichtlich konnten die Leute Dämonen nicht nur anrufen, sie konnten sie auch niederzwingen, indem sie sie malten.

Die mittelalterliche Vorstellungswelt hatte ein besonderes Faible für Grotesken. Man glaubte damals an die Existenz von extrem häßlichen Kombinationen aus menschlichen und animalischen Charakteristika, an wasserspeiende und andere Monster. In der Renaissance ließ Shakespeare Othello seiner Desdemona faszinierende Geschichten erzählen über

> … Kannibalen, die einander auffressen,
> die Anthrophagen, und Männer deren Köpfe
> tatsächlich unterhalb der Schultern wachsen.

Bei den letzteren handelte es sich um die Blemyer, die der Geschichtsschreiber Plinius in Libyen ansiedelte. Es waren (wahrscheinlich) Männer, die sich hinter ihren Schilden verbargen, so daß ihre Köpfe in der Schlacht nicht gesehen werden konnten. Wie läßt sich indessen der Glaube an solche Kreaturen erklären, an Kreaturen wie die Astomi (die laut Plinius nichts aßen, und ausschließlich vom Duft der Früchte und Blumen existierten, wobei üble Gerüche sie töten konnten), die Skiopoden (einbeinige Wesen, die »ihre Tage auf dem Rücken liegend verbringen, wobei sie ihre Köpfe mit ihrem einzigen großen Fuß gegen die Sonne schützen«) und die Menschen mit Hundeköpfen etc.? Doch keiner der Pygmäen und Riesen und Monster war so grotesk wie die Dämonen.

Alphonso de Spina teilte die Dämonen in seinem Werk *Fortalicium Fidei* (1476) in zehn Klassen ein: Parzen, Nachtmahre, Poltergeister, Inkubi und Sukkubi, »Heere und Horden«, Familiare, verkleidete Dämonen, Dämonen, die heilige Männer heimsuchen, Dämonen, die alte Frauen zum Besuch des Sabbats überreden, und Dämonen, die durch »Kopulation« von menschlichen und nicht menschlichen Kreaturen entstehen. Das *Fortalicium* bestritt jedoch die Existenz dieser letzten Klasse.

Satan (»der Widersacher«) ist der oberste Herr der gefallenen Engel in der Hölle; er degradierte die Seraphim und Cherubim, einschließlich verschiedener Höllenfürsten. Matthäus nannte Beelzebub (»Herr der Fliegen«) den Höllenfürsten. Andere Höllenfürsten waren Mammon, Asmodeus, Belial und Astaroth. De Spina verweist darauf daß 133 306 668 Engel zu Teufeln wurden. Eine der Unannehmlichkeiten der Hölle besteht also in der Überbevölkerung.

Mutter Redcap

Der Londoner *Sunday Chronicle* brachte am 9. September 1928 die schauerliche Story einer modernen Hexe, die Geschichte von Mother Redcap, die in einem kleinen Dorf, nur vierzehn Meilen von der Universität Cambridge entfernt, wohnte:

Eines Tages wandte sich ein schwarzer Mann an sie, zog ein Buch hervor und bat sie, ihren Namenszug dort einzutragen. Die Frau schrieb ihren Namen in das Buch [ohne zu wissen, was sie unterzeichnete, was nach alter okkulter Tradition den Handel hinfällig gemacht hätte], und der geheimnisvolle Fremde erzählte ihr dann, daß sie die Gebieterin über fünf Kobolde sein werde, die all ihre Befehle ausführen würden. Kurz darauf wurde die Frau in Begleitung einer Ratte, einer Katze, einer Kröte, eines Frettchens und einer Maus gesehen. Jedermann glaubte, sie sei eine Hexe, und viele Leute kamen zu ihr, um sich für ihre Gesundheit Rat zu holen.

Die Geschichte ist zwar nur ein typisches Beispiel für die Sensationsberichterstattung der Regenbogenpresse, doch sie zeigt ganz deutlich die Gefahren auf, denen eine einsame alte Frau, die sich ein paar Haustiere hält, ausgesetzt ist. Mutter Redcap wurde angesichts ihres relativ hohen Alters in Frieden gelassen, aber wie viele ähnlich alte Frauen mußten über die Jahrhunderte hinweg teuer für das Verbrechen zahlen, einer Katze ein Heim gegeben zu haben?

Ausländische Teufel

Die Liste fremdartiger Dämonen, die in anderen Kulturen ihren festen Platz haben, ist lang. Doch beschränken wir uns auf ein paar Beispiele, wie die *Shui-mu Niangniang* der Chinesen, die als Wasserdämonen für die Überschwemmung großer Flüsse zuständig sind, die *Maskim* der Sumerer, die übelste Sorte auf der siebenstufigen Dämonenskala (»weder männlich noch weiblich ... sie zeugen keine Kinder ... Barmherzigkeit und Güte sind ihnen fremd, und sie erhören weder Gebete noch flehentliche Bitten«), die *mutua* oder *batwa* der Afrikaner, die etwa 1,20 Meter groß und einäugig sind und gewebeartige Füße haben, die nach hinten zeigen (erblickt man einen derartigen Dämon, so stirbt man) und die *yara-ma* oder *yara-ma-yha-who* von der Pazifikküste Australiens, die ebenfalls etwa 1,20 Meter groß sind, aber rote und grüne Schuppen haben und ein menschliches Wesen ganz verschlingen können. (Sie stürzen sich auf ihr Opfer aus den Bäumen heraus).

Dämonische Energie

In der Apostelgeschichte des Lukas 19,11-19,16 wird von herumziehenden Beschwörern erzählt, die mit angesehen hatten, wie Paulus im Namen des Herrn Jesu aus Kranken böse Geister austrieb, und die versuchten, es Paulus gleichzutun. So gingen sie zu einigen Kranken und befahlen den bösen Geistern auszufahren. Sie sprachen: »Ich beschwöre euch bei dem Jesus, den Paulus predigt«. Aber einer der Patienten – oder sein Dämon – erwiderte: »Jesus kenne ich wohl, und von Paulus weiß ich wohl; aber wer seid ihr?« Dann stürzte er sich auf sie und richtete sie so zu, daß »sie nackt und verwundet aus dem Haus flohen«.
Das Austreiben von Geistern überläßt man wohl besser den Profis.

Luzifer

Tatsächlich gibt es gar keinen Luzifer.
Der Name »Luzifer« bedeutet im Lateinischen u.a. »Morgenstern« und taucht zum ersten Mal in der Bibel

auf (»wie bist du vom Himmel gefallen, du schöner Morgenstern«, Jesaja 14,12). In der Bibelübersetzung von König Jacob heißt er »Lucifer, son of the morning« (Luzifer, Sohn des Morgens) und in der Douai-Fassung wird aus ihm »Luzifer, der am Morgen aufgeht«. Nach Millers *Harper's Bible Dictionary* (1961) ist dies eine Übersetzung aus dem hebräischen »der Strahlende«, womit man sich nicht auf gefallene Engel bezog, sondern auf den König von Babylon, der sich stolz damit brüstete, er würde in den Himmel hinaufsteigen und Gott herausfordern. Aber der biblische Kampf bezieht sich möglicherweise auch auf den assyrischen König Sargon II., den Vater von Sanherib. Auf jeden Fall gibt es keinen Teufel namens Luzifer, und das Mittelalter war auf dem Holzweg. Luzifer ist nicht Satan.

Luzifer ist auch kein anderer Terminus für Satan.

Auch Tondriau und Villaneuve geben in ihrem *Dictionary of Devils and Demons* recht konfuse Erklärungen ab. Sie bezeichnen Luzifer als den schönsten der Engel, »der wegen seines rebellischen Wesens in ein behaartes Monster verwandelt und als Satan bekannt wurde«. Dann aber fahren sie fort, »Luzifer versucht die Menschen durch Selbstgefälligkeit, Hochmut und Stolz, während Satan sie durch Lust und Begierde versucht«. Später heißt es dann »Luzifer ist der König der Hölle, der sogar noch über dem Satan steht.«

Auch die Verfasser dieses Lexikons befinden sich im Irrtum. Es stimmt zwar, daß der Name »Luzifer« in den mittelalterlichen Dämonen- und Teufelsrepertoires auftaucht, aber er hatte zu keiner Zeit einen realeren Hintergrund als etwa Mammon (»Reichtum«), eine weitere »Person«, die aus einem terminologischen Mißverständnis heraus geboren wurde. Bisweilen erfanden die Menschen einfach Namen für Personen, die in der Bibel gar nicht namentlich benannt sind: Lazarus, die Heiligen

Drei Könige (Kaspar, Melchior, Balthasar) oder der Soldat, der Christus den Speer in die Seite stieß, und in manchen Fassungen den Namen Longinus trägt. Luzifer läßt sich nicht einmal in die Reihe dieser Namen einordnen – Luzifer ist nur ein als Name mißverstandenes Wort.

Sicher ist sicher

Readwald, König der Ostangeln (gest. 627), war zwar zum neuen Glauben bekehrt worden (nachzulesen in der Kirchengeschichte des heiligen Beda Venerabilis), doch er war sehr darum bemüht, die alte Religion nicht aufzugeben. Er schuf eine Kirche, in der die Messe am Hochaltar gelesen wurde, während zu beiden Seiten dem Teufel Opfer dargebracht wurden. Frühchristliche Kirchen schmückten sich oftmals außer mit ihren christlichen Symbolen auch mit Symbolen der alten Religion, die sie vorzugsweise am Nordportal anbrachten. Denn nach altem hebräischen Glauben kam alles Böse vom Norden her.
Wie sagte doch Machiavelli so schön auf seinem Sterbebett, als man ihm antrug, dem Teufel mit all seinen Werken und all seinem Pomp abzuschwören: »In einer Zeit wie dieser kann ich mir keine Feinde leisten.«

Eine ungewöhnliche Vision

Der Teufelsbote von Hieronymus Bosch ist weder königlich – er trägt einen Trichter auf dem Kopf – noch ist er gewöhnlich, denn er wird als Wesen mit einem Vogelkopf dargestellt, das völlig teilnahmslos Leute verschlingt, die am anderen Ende wieder ganz herauskommen.

335

Die Herren der Finsternis

Während de Spina die Dämonen in zehn Kategorien einteilt, spricht Peter Binsfield (1540-1607) in seinem lateinischen Traktat über »Bösewichter und Zauberer« von sieben Dämonen, die er den sieben Todsünden zuordnet. Luzifer ist stolz und hochmütig, Mammon – in Anlehnung an die biblische Vorlage – geizig und habsüchtig. Asmodeus, der lange Zeit mit Zerstörung in Verbindung gebracht wurde, ist bei Binsfield der Teufel der Lüsternheit, Satan verkörpert Jähzorn und Wut. Beelzebub wird mit dem Höllenwächter (Behemont) verwechselt und mit dessen Sünde, der Völlerei, in Verbindung gebracht. Leviathan, der als Lilith Adam verführte und als Schlange Eva versuchte, ist der Teufel der Mißgunst, Belphegor (der Baal der Moabiter vom Berg Phegor) der des Müßiggangs.

Francisco Maria Guazzo und andere teilten sie dagegen folgendermaßen ein: die Geister in den oberen Himmelsregionen, die keine Beziehungen zu den Menschen haben, dann die irdischen Geister, die in den Wäldern, Seen und unter der Erde leben, und schließlich die Dämonen des Tages und die Dämonen der Nacht. Der heilige Atanasius stellte es zwar als Tatsache hin, daß die Welt voller Dämonen sei, doch ich habe den leisen Verdacht, daß zumindest einige Geister nur erfunden wurden, um diese saubere Einteilung in Kategorien, die ganz dem Geschmack des Mittelalters entsprach, vornehmen zu können, wobei man parallel zur Geisterhierarchie auch die himmlischen Heerscharen in Engel, Erzengel, Kräfte, Mächte, Herrschaften, Fürstentümer, Throne, Cherubim und Seraphim einteilte.

Wesen der Unordnung geboren aus dem Wunsch nach Ordnung!

Verwandlungskünstler

Als der Teufel der heiligen Juliana von Izmir (303) erschien, kam er in Gestalt eines Engels zu ihr. Als er der alten Hexe in dem Schauspiel *Die Hexe von Edmonton* (17. Jh.) erschien, tauchte er als Hund auf und stellte sich unter dem Namen Tom vor.

Das Salz der Erde

In Derbyshire, England, ist es üblich, daß die Leute auf Salz, und nicht etwa auf die Bibel schwören. Salz wird bei der Taufe und beim Tod verwendet. Es hält die Hexen fern und – wenn Sie etwas verstreuen und es über die linke Schulter werfen – auch den Teufel. Der Teufel serviert bei seinen Höllenbanketten niemals Salz.

Doppelagent

Der bayerische Maler Hainzmann (gest. 1700) verkaufte seine Seele dem Teufel. 1677 wandte er sich mit der Bitte um Hilfe an die kirchliche Obrigkeit, weil er seinen Vertrag mit dem Teufel brechen wollte. Er wurde exorziert. Hainzmann malte Porträts vom Teufel, der ihm – so schwor er – siebenmal als Drache, schwarzer Hund und in anderen Gestalten erschienen war. Die kirchlichen Autoritäten waren von der Wahrheit seiner Geschichte überzeugt und entzückt, diese »Phantombilder« der meistgesuchten Person zu besitzen. Lange Zeit später wertete Sigmund Freud den Fall Hainzmann allerdings als *locus classicus* einer paranoiden Schizophrenie.

Ein chauvinistisches Vorurteil

Die Kekchi-Indianer haben einen Teufelstanz, um den König der Teufel zu vertreiben, der im Metnal (Hölle der Mayas) Hof hält. Thomas Gann berichtete 1926 in der *London Illustrated News* über diesen König, von dem ihm erzählt worden war, er habe »eine Armee, bestehend aus seiner Frau, seinem Vater und seiner Mutter, vier niederen Teufeln, einem Eber, fünf Säuen, einem Affen und dem Tod« aufgestellt. Als Gann seinem Informanten entgegenhielt, daß dies unmöglich sei, weil er als Anthropologe, der sich auf die Mayas spezialisiert habe, genau wisse, daß es keine Frauen in der Hölle der Mayas gebe, erwiderte der alte Mann *Ah Tat, Ma Xupal Ma Metnal*, was übersetzt – die Damen mögen entschuldigen – soviel heißt wie: »Wenn es dort keine Frauen gäbe, wäre es auch keine Hölle.«

Singles leben gefährlich

Die Zahl der Alleinstehenden hat in starkem Maße zugenommen. Der Talmud rät: »Es ist unvorsichtig, wenn jemand in einem Haus als einziger Bewohner ganz alleine schläft, denn Lilith wird ihn heimsuchen.« Und noch eine Warnung: »Geh nie an einem Mittwoch oder Samstag nachts alleine aus, denn dann sind die Dämonen unterwegs; unter der Führung von Agrath, der Tochter von Machlath, sind achtzehn Legionen von ihnen auf der Suche nach jemandem, den sie verschlingen können.«

Die Dämonen und das Würfelspiel

Der deutschen Überlieferung nach soll der Teufel das Würfelspiel erfunden haben, und in manchen alten Hexenprozessen wurde er auch als Würfelspieler apostrophiert. Doch die Vorstellung, daß das Würfelspiel in irgendeiner Weise mit dem Teufel zu tun hat und unchristlich ist, geht auf den heiligen Cyprianus (200-258 n. Chr.) zurück, der das Würfeln als eine Eingebung des Teufels verurteilte.

Im deutschen Volksgut fand Jacob Grimm (1785-1863) Hinweise auf Teufel und Dämonen, die im Würfel hausen; das ist der Grund dafür, warum sich die Leute vor dem Würfel verneigen, wenn sie ihn aufnehmen.

In Indien glaubt man, daß Dvapara, ein böser Geist, im Würfel steckt, und daß man immer mit einem Würfel gewinnt, der aus den Knochen eines Toten hergestellt wurde. Auch in vielen anderen Kulturen wird der Würfel mit Magie in Verbindung gebracht. So spielt er bei alten Weissagungsritualen oft eine Rolle. Würfel gehörten auch in Form von *urim* und *thurim* zum Bruststück der magischen Kleidung des Hohepriesters der Juden.

Würfel wurden möglicherweise ursprünglich nur für magische Zwecke verwendet und avancierten erst später zum Spielzeug, wurden für das Glücksspiel entdeckt. Das Spucken auf den Würfel, bevor man zum Wurf ansetzt, ist natürlich auch ein magisches Ritual.

Der Kobold von Lincoln

Hoch oben im Chor der Kathedrale in Lincoln, England, kann man ein Wesen – halb Mensch, halb Tier – bewundern, das der Legende nach nicht etwa nur eine steinerne Statue ist, sondern einst ein kleines Teufelchen aus der Hölle war.

Man erzählt sich, daß der Teufel im 13. Jahrhundert zwei Kobolde entsandt habe, um die Erbauer und die Geistlichkeit von Lincoln zu ärgern. Einer von ihnen flog in die

Kathedrale, quälte den Bischof, schlug den Dekan nieder und machte dem Kirchendiener das Leben im wahrsten Sinne des Wortes zur Hölle. Die Engel befahlen ihm, damit aufzuhören und von den Leuten abzulassen. »Haltet mich auf, wenn ihr könnt!« war die aufsässige Antwort. So wurde er zu Stein verwandelt. Seither hat der etwa dreißig Zentimeter große Kobold seinen Platz hoch oben in einer Spalte zwischen zwei Bögen, wo er heute noch als Statue zu besichtigen ist.

Wasserspeiende Fratzen und ähnliche Wesen waren in mittelalterlichen Kathedralen häufig als schmückendes Beiwerk anzutreffen. Man findet sie auch noch gelegentlich in modernen Nachbildungen solcher alten Bauwerke. In vielen ansonsten nüchternen Kirchen sitzen sie da, lauern im Verborgenen, ja »beobachten« sogar die Gläubigen tief unter ihnen. Doch der Kobold von Lincoln ist der einzige seines Zeichens, den ich kenne, der tatsächlich einst ein richtiger lebendiger Teufel gewesen ist – zumindest der Legende nach.

Der Teufel als Helfer

Wenn man William Perkins Glauben schenkt, so stehen alle Hexen und Hexenmeister mit dem Teufel im Bunde. »Ein Hexenmeister bzw. eine Hexe ist ein Zauberer bzw. eine Zauberin, die aufgrund eines offenen oder geheimen Vertrages wissentlich und willentlich die Hilfe und den Beistand des Teufels in Anspruch nimmt, um Wunder zu vollbringen.« (1608) Was war dann aber eine sogenannten weiße Hexe, wenn es ohne des Teufels Hilfe keine Hexerei gab? »Weiße Magie« ist nichts weiter als primitive Pharmazie.

Ein »Hell Fire Club« wird aufgelöst

In Irland gab es ein Gegenstück zu dem berühmten englischen »Hell Fire Club«.

Man erzählt sich nun die Geschichte eines Vikars, der Dublin besuchte und den Wunsch äußerte, an einem Treffen dieser berüchtigten Gruppe teilzunehmen. Er wurde zu einem Galabankett eingeladen. Als er seiner Überraschung darüber Ausdruck gab, daß eine schwarze Katze den Ehrenplatz einnahm und als erste bedient wurde, erfuhr er von den Mitgliedern, daß die Katze »das älteste Mitglied« der Runde sei und ihr deshalb diese Ehre zuteil wurde.

»Nein«, sagte der Vikar, »der Grund dafür ist, daß die schwarze Katze der Teufel ist.«

Damit war ihr Geheimnis gelüftet, und die Miglieder gaben dem Vikar zu verstehen, daß sie ihn töten würden. Vor seiner Tötung billigten sie ihm noch ein paar Minuten zu, damit er seine Gebet sprechen konnte. Als er dies tat, verwandelte sich die Katze in einen Dämon und flog davon, wobei er das Dach des Gebäudes mit sich nahm.

Die Gebete, die der Vikar gesprochen hatte, waren nicht für ihn selbst gewesen, sondern eine Teufelsaustreibung.

Bruder Rausch

Das deutsche Märchen *Bruder Rausch* erzählt davon, wie der Teufel einen Dämon in Menschengestalt auf die Erde schickte, wo er sich in einem Kloster als Küchenhilfe verdingte. Er führte die Mönche in Versuchung und verleitete sie zu Völlerei, Zügellosigkeit und Aufsässigkeit. Doch er wurde entlarvt, hinausgeworfen und in die große weite Welt geschickt, wo er als unheilvoller Kobold sein Unwesen trieb.

Man beachte den Namen unseres »Bruders«. Er hieß *Rausch*, und das ist der Schlüssel zu dieser Geschichte; denn es war die Trunkenheit, die die Mönche zur Sünde trieb.

Der Werwolf

Währwölfe oder Werwölfe gehören gewissermaßen zum Standard der Horrorkost. Hier nun eine Geschichte aus dem Jahre 1590.

Peter Stubb (oder Stump) lebte in Bedburg und besaß als Geschenk vom Teufel einen Gürtel, der ihn in die Lage versetzte, sich – wann immer er wollte – in einen Wolf zu verwandeln. Es war schon schlimm genug, daß dieser Werwolf Kühe und Schafe tötete und auffraß, dreizehn Kinder und zwei schwangere Frauen umbrachte und auch noch seine eigene Schwester schwängerte, obwohl er verschiedene »Konkubinen« und einen Sukkubus vom Teufel für seine Freistunden hatte, doch als er nun auch noch seinen eigenen Sohn tötete und auffraß, hatte das Volk die Nase voll. Die Volksseele kochte über.

Von den aufgebrachten Bürgern verfolgt und über Land gejagt, entledigte sich der wölfische Peter seines Wolfsgürtels und kehrte als normaler Bürger zurück. Doch man faßte, folterte und tötete ihn zusammen mit seiner Tochter und Geliebten.

Teufelsaustreibung

Kürzlich wurde in New York City eine Mutter festgenommen und zu einer Gefängnisstrafe verurteilt, weil sie ihr kleines Kind in den Ofen gesteckt hatte, wobei es verbrannt war. Sie wollte aus ihm den Teufel austreiben, sagte sie aus. Das Austreiben von Dämonen ist schon seit langem eine beliebte Entschuldigung für Kindsmißhandlungen.

Schon seit alters her wurde ein Kind, das zu viel – oder zu wenig – schrie, als Wechselbalg oder als von einem Dämon besessen angesehen. Das mindeste, was es erwarten konnte, auch wenn es noch in der Wiege lag, war eine tägliche Tracht Prügel. Manchmal wurden Kinder regelmäßig geschlagen, ganz gleich ob sie sich schlecht benommen hatten oder nicht, einfach nur aus Prinzip. Auch Königskinder blieben davon nicht verschont. Der kleine Dauphin, der mit acht Jahren als Ludwig XIII. König wurde, wurde von seinem dritten Lebensjahr an jeden Morgen geschlagen. »Ich hätte lieber auf soviel Huldigungen und Ehrerbietungen verzichtet«, sagte er einmal, »wenn man mich nicht geschlagen hätte«.

Säuglinge wurden bei der Geburt bandagiert, das heißt, sie wurden vom Hals bis zu den Füßen so fest gewickelt, daß sie sich nicht rühren konnten; und das alles, um zu verhindern, daß sie teuflischen Machenschaften anheimfielen. Unter diesen Umständen ähnelten sie kleinen Holzklötzen, mit denen die Diener manchmal »Ball« spielten. Wenn die Kinder dann etwa ein oder zwei Jahre alt waren, wurden sie häufig an ihren Stuhl gebunden, damit sie nicht »wie ein Tier« auf dem Boden herumkrabbeln konnten. Und abends erzählte man ihnen Geschichten von Schreckgespenstern, Ungeheuern und vom Schwarzen Mann, um sie einzuschüchtern, damit sie brav waren (und die Mutter nicht ärgerten).

Doch einigen genügte auch das noch nicht. Im Jahre 1771 tauchte in Rußland ein »heiliger Mann« auf, der behauptete der Bruder von Jesus zu sein und die Lehre verbreitete, man müsse, um der Sünde (und zwar speziell der geschlechtlichen Sünde) zu entgehen, die kleinen Jungen kastrieren. Er gründete eine Sekte, die sich Skopsti, »die Kastrierer« nannte.

In den 20er Jahren plädierte in Frankreich eine Frau, die sich selbst Heilige Mutter nannte, für eine strenge Züchtigung der Kinder, um sie gut zu machen. 1926 wurde sie in Bordeaux vor Gericht gestellt, wobei mir allerdings nicht bekannt ist, wie der Prozeß ausgegangen ist.

In den Vereinigten Staaten kam vor ein paar Jahren ein Ehepaar ins Gefängnis, weil es seine beiden Kinder, um sie zu »disziplinieren«, zu Tode geprügelt hatten. Als die beiden im Gefängnis interviewt wurden, waren sie über die Behandlung, die ihnen zuteil wurde, zutiefst empört und planten für die Zeit nach ihrer Entlassung lediglich, in einen anderen Staat umzusiedeln, sich mehr Kinder anzuschaffen und sie zu »disziplinieren«.

Wenn ein Erwachsener ein Kind mißhandelt, um einen Dämon aus ihm auszutreiben, dann fragt man sich wirklich, in wem denn dieser Dämon eigentlich wohnt.

Baphomet

Auf der Fassade der Kirche St. Merri in Paris ist eine Darstellung des Dämons Baphomet zu sehen, die Aleister Crowley als Hintergrund für ein Photo von sich gewählt hat, da Baphomet seit den Zeiten der Templer als nützlich für die Sexualmagie – einer von Crowleys Interessen – angesehen wurde.

Während manche Leute meinen, Baphomet müsse eigentlich als Herme (Hermeskopf und Phallus) dargestellt werden, denken andere mehr an den Ewigen Vater – dreiseitig, dreigeschlechtlich und gehörnt. Wieder andere wollen ihn mit dem Kopf von Mohammed oder mit dem Körper eines Hermaphroditen darstellen, weil sie meinen, die Tempelritter hätten ihre häretischen und homosexuellen Praktiken aus dem Islam übernommen. New Yorker Schwulenhexenzirkel verehren ihn in einer Gestalt, die eine Kombination aus Kitsch und Ken Russells *Lisztomania* ist.

Zahlenspiel

Laut Talmud gibt es 7 405 926 Dämonen. Da die Zahl der Dämonen festgelegt ist, erhöhen sich mit jedem Anwachsen der Weltbevölkerung unsere Chancen gegen den dämonischen Feind.

Gut zudecken!

Die Juden glaubten im Mittelalter, daß ein kranker oder sterbender Mann eine besonders leichte Beute von Dämonen werden könne, wenn ein Arm, ein Bein, eine Hand oder ein Fuß unter der Bettdecke hervorragte.

Armenische Riesen – einst Dämonen

Die Armenier haben in ihrem Sprachgebrauch Ausdrücke wie *devi ooj ounie* (er ist stark wie ein *dev*) oder *devi hasag ounie* (er ist groß wie ein *dev*) oder *devi bes goudeh* (er ißt wie ein *dev*). Ein *dev* ist eine Art Riese, war aber ehemals ein Dämon, der in Gestalt eines wilden Tieres oder einer Schlange oder eines sonstigen Horrorwesens die Menschheit tyrannisierte. »In jenen Tagen gab es Riesen auf der Erde«, heißt es in der Genesis, und es müssen wohl solche Dämonen gewesen sein, mit denen sich die Kinder von Adam und Eva vermählten.
Demzufolge müssen wir alle irgendwelche dämonische

Vorfahren haben. Jeder Genealoge wird ihnen sagen, daß im Stammbaum seltsame Individuen anzutreffen sind; warum sollte es dann nicht auch Riesen und Dämonen darunter geben?

Dämonenkalender

Halten Sie in den einzelnen Monaten nach folgenden Dämonen Ausschau:

Januar:
Belial, Dämon der Päderastie, Chaos, das Tier 666
Februar:
Leviathan, der in verschiedenen Geschlechtern sowohl Eva als auch Adam verführte
März:
Satan (der Widersacher von Gott), kein Dämon, sondern der Teufel höchstpersönlich
April:
Astarte, kein Dämon, sondern die phönizische Göttin der Schönheit
Mai:
Luzifer (der Morgenstern, der feindliche Gott des Lichtes, wurde der Teufel der Juden), Fürst der Dunkelheit, ein gefallener Engel
Juni:
Baalberith, der Herr der Verträge, Sekretär und Bibliothekar der Hölle
Juli:
Beelzebub (Herr der Fliegen), Höllenfürst, Herr des Lebens
August:
Astaroth, Schatzmeister der Hölle, Großfürst des Westflügels der Hölle

September:
Thamuz, der Dämon, der die Artillerie und die Inquisition erfunden haben soll
Oktober:
Baal, Großfürst der Arglist, ein phönizischer Gott, der in einen christlichen Dämon umgewandelt wurde
November:
Hekate, Königin der Hexen, eine Mondgöttin, die auf Abwege geriet
Dezember:
Moloch, ammonitischer Gott, der in einen christlichen (semitischen) Dämon umfunktioniert wurde.

Dämonenmutter

Die Plantagenet-Könige von England stammten von der weiblichen Linie der Familie Wilhelms des Eroberers ab, während die männliche Linien die Grafen von Anjou hervorbrachte. Plantagenet kommt von »plantagenista« oder Ginster, den Geoffrey von Anjou in seinem Helm trug. Die Grafen von Anjou waren ja, wie hinlänglich bekannt, die Abkömmlinge eines Dämons.
Ihr Vorfahre, Graf Fulke – wahrscheinlich 10. Jahrhundert – brachte von einer Reise eine geheimnisvolle Frau, Melusine, als Gemahlin mit nach Hause. Das Paar schien glücklich und hatte miteinander vier wohlgeratene Kinder. Doch der Graf beunruhigte sich darüber, daß sein Weib bei der Messe niemals während der Wandlung, jenem feierlichen Augenblick, wenn Brot und Wein in Christi Leib und Blut verwandelt werden, in der Kirche blieb. Eines Tages gab er seinen Rittern den Befehl, Melusine mit Gewalt zurückzuhalten. Sie stand in der Kapelle mit ihren vier Kindern, zwei auf der einen Seite und zwei auf der anderen. Als der Zeitpunkt der Wandlung kam,

machte sie Anstalten, zu gehen, doch die Ritter standen auf ihrer Robe und versuchten, sie an den Armen zu halten. Als die Hostie hochgehoben wurde, stieß sie einen schrecklichen Schrei aus, wand sich los, ergriff die beiden Kinder zu ihrer Linken und flog aus dem Kapellenfenster.

Damit war offenbar, daß Melusine ein Dämon war. Ihre Kinder erbten ihr Dämonenblut, und so wurde England 331 Jahre lang von den Abkömmlingen des Teufels persönlich regiert.

Dämon, bleib vor meiner Tür

Von chinesischen Restaurants her sind einem die traditionellen chinesischen Symbole für Glück, langes Leben und Reichtum im allgemeinen durchaus vertraut. Wer aber weiß schon darüber Bescheid, daß das Zeichen *shen*, das über dem Eingang hängt, böse Geister an ihrem Eintreten hindern soll?

Aus keinem anderen Grund streichen die Griechen ihre Türen und Fenster rundherum blau an. Es gibt auch Franzosen, die das tun. In New Paltz, New York, gibt es eine Reihe restaurierter Hugenotten-Häuser aus dem 17. Jahrhundert, von denen einige Zimmer blau gestrichen sind, um dem Glück nachzuhelfen – trotz der Tatsache, daß Blau sich nur äußerst schwierig aus pflanzlichen Stoffen gewinnen läßt und in diesem Fall tropfenweise aus Blaubeeren gepreßt werden mußte.

Die Dschinns

Die Dschinns leben in Dschinnistan, nachdem sie der Legende nach von Taymoural, einem persischen Prinzen, nach dort vertrieben worden sind. Ihr Name geht auf Djan ben Djan (Djan Sohn von Djan), einen anderen persischen Herrscher zurück, der als erster entdeckte, daß es zwei Wesensgattungen gibt: Die Guten sind die *peris*, die schlechten die *dives*. Die Hauptstadt von Dschinnistan ist Schadu Kiam. Das Land hat zwei große Wüsten: Badat-Goldare (Wüste der Ungeheuer) und Bidiat-Tealgim (Wüste der Feen). In der Wüste der Feen weht niemals der *safar*, der kalte Wind des Todes.

Toter Hund

Auf der Abbildung ist ein Soldat aus dem 17. Jahrhundert im Marston Moor außerhalb von York dargestellt, wie er gerade einen großen Pudel namens Boy (mit einer magischen Silberkugel) tötet. Doch Boy war kein normales Haustier. Einst ein Geschenk von Lord Arundel an Prinz Rupert, hielt man Boy allgemein für einen Familiar, und es bedurfte schon eines »tapferen Solda-

ten mit viel Geschick in Nekromantie«, um ihn zur Strecke zu bringen.

Er wird hier von einer Hexe betrauert, und nicht etwa von Prinz Rupert, wie man irrtümlich meinte, was die Rundköpfe aber nicht weiter bekümmerte; sie waren vielmehr froh, irgendeiner Magie, die der Sache der Royalisten im Bürgerkrieg nützte, einen erfolgreichen Schlag versetzt zu haben.

Asmodeus

Die Geschichten über den Dämon Asmodeus lassen sich weit zurückverfolgen bis hin zu Aeshma Daeva, einer alten persischen Gottheit, der Gottheit des Zornes und der Verwüstung. Asmodeus taucht auch namentlich in den Apokryphen im Buch Tobias, Kapitel 3 und 7 auf (»ein böser Geist, Aschmodai genannt«), das um 250 vor Christus geschrieben wurde. Er verliebt sich in dieser Geschichte in Sarah, die Tochter Raquels, auf deren sieben Ehemänner er rasend eifersüchtig ist. Er tötet einen nach dem andern in ihrer Hochzeitsnacht. Als nun ein Engel Tobias, dem Vetter von Sarah, verkündet, er werde Sarah heiraten, erschrickt dieser sehr. Doch er befolgt den Rat des Erzengels Raphael, der ihm sagt, er solle das Herz und die Leber eines Fisches nehmen und sie in der Hochzeitskammer auf glühende Kohlen legen. Der Rauch vertreibt den bösen Geist.

Raphael nimmt Aschmodai gefangen und bindet ihn in der Wüste von Oberägypten fest. Doch der kann rechtzeitig fliehen und residiert nun in der Hölle, von wo er kommen wird, sobald man ihn mit Opfern und bestimmten Ritualen ruft.

Asmodeus wird mit drei Köpfen dargestellt (ein Stier, ein Mann mit feurigem Atem, ein Widder), und manche jüdischen Schreiber behaupten, daß er der oberste Dämon der *Shedim* (Dämone mit gefährlichen Klauen, die in Ruinen und Wüsten ihr Unwesen treiben) sei. Es wird auch überliefert, König Salomon habe ihn mit Magie gezwungen, den ersten Tempel zu erbauen. Später soll er Salomon entthront und dessen Platz eingenommen haben; er beging dann die Sünden, die dem König zugeschrieben werden.

Die Dämonologen des Mittelalters waren sehr darum bemüht, die Bewohner der Unterwelt in einer ihrer eigenen Gesellschaft entsprechenden Hierarchie zu organisieren, indem sie Fürsten, Herzöge und sonstige Höllenoffiziere schufen. Aus Asmodeus machten sie eine Art Spielbankmanager. Doch Zauberer würden sagen, daß er weitaus furchteinflößender – und nützlicher – ist, als das. Sie rufen ihn an, um bei Ehebruch behiflich zu sein und um Ehen zu zerstören, geben ihm umgekehrt aber auch die Schuld an Impotenz und Untreue.

Die Kirche und der Teufel

Wenn Gott alles erschuf, warum erschuf er dann den Teufel? Wenn Gott gut ist, warum schuf er dann das Böse?

Der heilige Thomas von Aquin, der »Doctor angelicus«, behauptet: »Das Schlechte nämlich ist der Mangel eines Guten, das einem Seienden von Natur aus zukommt und zukommen soll.« *Gott schuf also nicht das Schlechte.* Doch wir brauchen jemanden, auf den wir das Schlechte, das Böse abwälzen können. Wenn Gott vermenschlicht als ehrwürdiger alter Mann mit einem langen Bart und einem milden Gesichtsausdruck dargestellt wird, warum dann nicht auch der Teufel als vermenschlichter Sündenbock? Mit einem Schwanz.

Das Heilige Offizium (besser bekannt als Inquisition), das heißt die oberste Kardinalskongregation zur Reinerhaltung des Glaubens, hat folgendes bekanntgegeben: »Die Existenz der Welt des Teufels ist im Evangelium als dogmatische Tatsache offenbart« und ist »ein zentraler Glaubensgrundsatz der Kirche und ihrer Sühnelehre«. Die Existenz des Teufels mit seiner Dämonenschar anzuzweifeln, das heißt, ihn nur als Fiktion, als reines Phantasieprodukt abzutun, das allenfalls eine poetische Ausdrucksweise bei der Darstellung der Dinge ermöglicht, heißt, »die Volksseele zu beunruhigen«.

Rosette Dubal hat ihn psychoanalysiert. In ihrer *Psychoanalysis of the Devil* (1953) legt sie den Teufel auf die Freudsche Couch und entlarvt ihn als böse Vaterfigur, als Verkörperung der Naturkräfte, als Personifikation der Libido. Die Freudsche Analyse entdeckt in ihm nicht die interessanteste Person im weiten Erdenrund, als die Milton ihn leider in seinem *Paradise Lost* apostrophiert.

Armer Teufel! Nun macht die Wissenschaft aus ihm auch noch eine Libido, und die Kirche läßt auch nicht zu, daß er sich zur Ruhe setzt, trotz seines fortgeschrittenen Alters!

Ein christlicher Teufelstanz

Die *diabala* (Teufelstanz) der bolivianischen Indianer in der Oduro Mission ist nicht etwa ein Relikt heidnischer Glaubensvorstellungen: Nein, sie wird in christlicher Absicht am Fest der Jungfrau von Sacavon aufgeführt und wurde von den Indianern aus Versatzstücken der spanischen Nacheroberungskultur in Szene gesetzt. Die Tänzer tragen eine Haartracht, die zwar an Tiere erinnert, die aber auch der Form der römischen Helme – wie sie sie von den Kreuzigungsbildern, die ihnen die Patres gezeigt hatten, her kannten – nachempfunden ist.

»In meinem Namen werden sie böse Geister austreiben«

Diese Zeile aus Markus 16,17 ist nur eine von Hunderten von Hinweisen, die die Bibel auf Teufel, böse Geister und Dämonen gibt.

Die Kehrseite des Teufels

Vielen Gerüchten zufolge sollen die Hexen am Sabbat in einer Art Parodie auf die Sitte, dem Papst die Füße, dem Bischof den Ring oder auch dem König die Hand zu küssen, den *osculum infame* auf das Hinterteil des Teufels gedrückt haben. Die Templer wurden ähnlicher Obszönitäten beschuldigt. Eine arme Seele, die wegen Hexerei vor Gericht stand, bestand jedoch darauf, »den Teufel nie von hinten gesehen« zu haben. Diese Aussage schlug sich dann in dem verwirrten Geist von Caesarius von Heisterback in der Behauptung nieder, der Teufel habe keine Hinterbacken, wie man in seinem *Miraculorum* nachlesen kann.

Fütterung der bösen Geister

Mary Henrietta Kingsley (1862-1900) war eine Frau, die sich mit Mut und Ausdauer an die Erforschung des sogenannten schwarzen Kontinents gemacht hat. Unter beachtlichem persönlichen Risiko wagte sie sich in die unzugänglichen Gebiete der Eingeborenen vor, um den Fetischismus Westafrikas zu ergründen. Sie startete ihre Expedition im Jahre 1893. Unter ihren interessanten Entdeckungen über die »vierzehn Ebenen der Weltgeister« finden sich folgende Aufzeichnungen über afrikanische Familiare:

Man ist der festen Überzeugung, daß jemand, der die Fähigkeit besitzt, andere zu verhexen, über einen eigenen willfährigen, nichtmenschlichen Geist verfügt, und daß dieser nichtmenschliche Geist bei den Hexenmeistern der Gruppe der übelwollenden Geister angehört. Der Geist wird bei den reinrassigen Negro Tschwi in einem *suhman* gehalten ...

Ich habe Grund zu der Annahme, daß bei den reinrassigen Negern dieser böse Geist in aller Regel in einer externen Wohnung gehalten wird. Trotzdem hat er mit den anderen Seelen seines Besitzers eine so enge Beziehung, daß er sie, falls sie geschwächt werden, so heimsuchen kann, daß der Besitzer stirbt. Bei allen Bantu-Stämmen, die ich kenne, wird dieser Geist bei dem Hexenmeister zu Hause gehalten. Man ist davon überzeugt, daß er imstande ist, ihn zu töten, wenn er ihn zu lange unbeschäftigt, *ungefüttert*, läßt. Wenn jemand heimgesucht wird, der es allem Anschein nach nicht verdient hat, in irgendeiner besonderen Weise heimgesucht zu werden, jemand, der niemandem Veranlassung gegeben hat, ihn zu hassen, oder wenn plötzlich eine Reihe kleinerer Unglücksfälle, eine Unglückssträhne ein Dorf trifft, dann wird man die Leute untereinander sagen hören: »Ah, jemand füttert gerade seine Zaubermacht.« Dann werden natürlich alle Hebel in Bewegung gesetzt, um herauszufinden, wer derjenige ist, um ihn zu töten.

Der Ritus der Teufelsaustreibung

Exorzismus wurde schon vor Urzeiten betrieben; immer wieder versuchten die Leute, Teufel und Dämonen auszutreiben. Er ist auch heute noch ein integraler Bestandteil der Taufe und bestimmter anderer Sakramente. Allerdings hat die römisch-katholische Kirche in jüngster Zeit diese Praktiken stark reduziert, und manche protestantischen Sekten verzichten ganz darauf. Der Trend geht dahin, Fälle von »Besessenheit« (mit Glossolalie, »in fremden Zungen reden«, Gewalttätigkeit und so weiter) in den Bereich der Psychopathologie zu verweisen und Psychiater zu Rate zu ziehen. Bei der Behandlung verläßt man sich eher auf ärztliche Kunst und Pharmaka, als auf Glocken, Bücher und Kerzen.

Heutzutage sind nur ganz bestimmte Priester, die sich durch besondere Frömmigkeit und Umsicht auszeichnen, von ihren Bischöfen dazu ermächtigt, den Exorzismus zu vollziehen, der früher in den Aufgabenbereich von Männern fiel, die nur drei der kleineren Weihen entgegengenommen hatte. Ein Exorzist war einen Rang unter dem Bischof. Die gewöhnlichen Exorzismus-Riten, die bei einer Totenmesse, bei der Segnung einer Kirche, eines Altars, einer Kirchenglocke usw. stattfinden, sind heute Routinesache, aber dem Exorzismus bei Personen – und Priester exorzieren Nichtkatholiken genauso wie Glaubensbrüder – sind doch engere Grenzen gesetzt als früher.

Wenn es sich als notwendig erweist, Dämonen oder Teufel aus einer bestimmten besessenen Person auszutreiben, ist eine in allen Einzelheiten festgelegte Zeremonie Vorschrift. Dieses Ritual wurde auf Beschluß des Pontifex maximus Paul V. eingeführt, der den Papststuhl von 1605 bis 1621 innehatte. Der Text wurde von Maximilian van Eynatten 1619 in lateinischer Sprache veröffentlicht und war Teil einer 1200 Seiten umfassenden Sammlung, dem sogenannten *Thesaurus Exorcismorum*. Außerdem erschien er mit dem Imprimatur von Francis Cardinal Spellman von New York in der Ausgabe von 1947 des *Rituale Romanum*.

Das Exorzismusritual in seiner gesamten Länge ist zu umfassend und auch zu langweilig, um es hier vorzustellen. Doch jeder, der daran interessiert ist, kann es in dem obengenannten Werk nachlesen - sofern er eine Kopie davon ausfindig macht.

10

Die lieben Nachbarn

Zum Glauben an Dämonen und böse Geister gesellte sich seit eh und je die Vorstellung, daß die unsichtbare Welt – wie auch Felsen, Flüsse, Bäume, Höhlen, Bergwerke, Berge usw. der sichtbaren Welt – von ganzen Scharen anderer übernatürlicher Wesen bevölkert sei, nämlich mit den eifersüchtigen Geistern der Toten (die womöglich wiederkommen könnten) beziehungsweise den überall in der Welt umherschwirrenden hilfreichen Geistern (von denen man sich Hilfe und Beistand erhoffte).

Der Animismus und auch eine Reihe anderer Anschauungen bescherten uns ortsbezogene Fabelwesen, die mit der Zeit in das Pantheon organisierter Religionen Eingang fanden. Als diese Religionen allmählich verschwanden, wurden ihre Götter und Göttinnen in Elfen, Nymphen, Feen, häßliche Gnome, bösartige Kobolde, hilfreiche Heinzelmännchen, Erdmännchen und so weiter umfunktioniert. Einige von ihnen kamen in ihrer Lebensweise menschlichen Wesen sehr nahe. Sie flickten Töpfe, bauten Metalle ab, webten, schusterten, bestellten das Land und ähnliches mehr. Andere führten ein Fabeldasein. Sie bedrohen uns als bösartige Kobolde einerseits und stehen uns andererseits wie gute Nachbarn hilfreich zur Seite.

Das Reich der Feen

Die Feen haben ihren Ursprung möglicherweise in dem Glauben an eine beseelte Natur. Vielleicht sind sie aber auch nur eine Reminiszenz an frühere Rassen, die der Mensch zu einem Dasein im Verborgenen verurteilt hat. Möglich auch, daß in ihnen die Erinnerung an ungetaufte Personen fortlebt, die weder dem Himmel noch der Hölle zuzuordnen waren. Doch worauf auch immer der Feenglaube basiert, man hat sie stets in einem unterirdischen geheimen Reich angesiedelt, in dem sie völlig zurückgezogen leben und aus dem sie sich nur mit Bedacht hervorwagen, um den Menschen einen Besuch abzustatten.
Im 12. Jahrhundert wurde von englischen Chronisten die »Geschichte von den grünen Kindern« als Tatsachenbericht aufgezeichnet. Es handelte sich dabei um ein Geschwisterpaar, das dem Feenreich auf irgendeine Weise entkommen war und sich nun bei Bauern in Wolfpitts in

Suffolk wiederfand. Die Kinder waren verwahrlost, stammelten weinend in irgendeiner fremden Sprache etwas vor sich hin, waren seltsam gekleidet – und grün. Sie wurden im Hause von Sir Richard Calne aufgenommen, wo man sich um sie kümmerte. Doch sie konnten nichts essen, was nicht grün war. Dem Jungen bekam die menschliche Nahrung nicht, er wurde krank und starb. Das Mädchen begann mit grünen Bohnen und gewöhnte sich peu à peu an die normale englische Kost, lernte die Sprache und verlor auch ganz allmählich seine grüne Farbe, wenn es auch – dem Ruf der Feen entsprechend – »zügellos und ausschweifend« blieb. Schließlich vermählte es sich mit einem Menschen in King's Lynn in Norfolk.

Feen, die ja von vornherein zur Hälfte Mensch sind (und zur anderen Hälfte Engel oder Teufel), können sich höchstwahrscheinlich mit Erdbewohnern paaren. Vielleicht fließt in den Adern der Menschen, die das »zweite Gesicht« haben und tatsächlich die Feen mit ihren Körpern aus »gefrorener Luft« und möglicherweise sogar deren Flügel sehen können, etwas Feenblut. Vielleicht sind deren Urahnen ja aus Verbindungen zwischen unserer Welt und dem Reich der Feen hervorgegangen.

Im Jahre 1556 sagte John Walsh, ein Mann aus Dorset, der wegen Hexerei angeklagt war, unter Eid aus, daß er erkennen könne, ob eine Person verhext sei, weil er es in allen Einzelheiten von den Feen erfahre, und er fügte hinzu, daß es drei Arten von Feen gebe, nämlich weiße, grüne und schwarze Feen, zu denen er bei Bedarf auf Anhöhen, wo es große Erdhaufen – so wie in Dorsetshire – gebe, spreche. Aus dem Prozeßprotokoll von John Walsh geht hervor, daß man die Feen zwischen zwölf und ein Uhr mittags oder nachts konsultieren konnte, sich dabei aber vor den schwarzen Feen in Acht nehmen sollte, denn »die schwarzen Feen sind die schlimmsten«.

Andere alte Historiker berichten darüber, wie der Schweinehirt von William Peverell und andere menschliche Wesen Zugang zu der unterirdischen Welt der Feen und Elfen fanden und sich mit ihnen in ihren Reichen verbrüderten.

Doch die Zeiten, da neunmalkluge beziehungsweise naive Bauern in der Lage waren, mit den Feen der Dorset-*hills* zu plaudern, sind heute endgültig passé. Wir warten nicht mehr auf die »Unterirdischen«, sondern vielmehr auf die »Außerirdischen«, die »kleinen grünen Männchen« in ihren Raumschiffen.

Das Feenbanner

Dunvegan Castle auf der Isle of Skye ist das Ahnenschloß der McLeods. Es ist seit über elf Jahrhunderten in Familienbesitz und soll durch ein Feenbanner geschützt werden, das in Zeiten der Gefahr gehißt, ganze Heerscharen von Feen den McLeods zu Hilfe eilen läßt.

Andere Schlösser bergen zwar auch viele Schätze in sich, angefangen beim Horn des *Old King Cole* bis zu den diversen Reliquien herrschaftlicher Persönlichkeiten und schändlicher Bösewichter aus der Vergangenheit Großbritanniens, doch einzig und allein das Schloß der McLeods kann sich einer so übernatürlichen Unterstützung rühmen, wie sie ihm von einem »boggart«, einer speziellen übernatürlichen Kreatur, die vielleicht dem Butzemann vergleichbar ist, zuteil wird.

Ein Geschenk der Feen

Feengestalten arbeiten nachts, so wie auch der heilige Nikolaus nachts seine Geschenke in den Schuh vor der Tür legt. Wenn die Milchzähne ausfallen, legen die Kinden sie manchmal unter ihr Kopfkissen, in der Hoffnung am anderen Morgen ein Geschenk der Zahnfee darunter zu finden.

Die Statue von Sir James M. Barries unsterblichem Peter Pan wurde in der Dunkelheit einer einzigen Nacht errichtet, um die Londoner Kinder glauben zu machen, sie sei von den Feen dort aufgestellt worden. Als im australischen Perth ein Duplikat der Statue aufgestellt wurde, bewerkstelligte man dies ebenfalls über Nacht, und zwar aus demselben Grund.

Feen-Mode

Feen tragen immer einen langen roten Umhang mit einer spitzen Kapuze; Hexen allerdings auch. Der Teufel kleidet sich im allgemeinen in Schwarz, obwohl man ihn in Schottland auch schon in Grün gesehen haben will. Ernsthafte Zauberer benötigen sorgfältig gearbeitete Roben verschiedener Farben je nach Zweckbestimmung und Jahreszeit, vergleichbar den Priestergewändern, die farblich ebenfalls auf den jeweiligen Anlaß abgestimmt werden: rot für die Märtyrerfeste, purpur oder schwarz für die Totenmessen, weiß oder gold für die hohen Feiertage und so weiter. Die irischen *Leprechauns* tragen Grün. Hexenkunst in Vollendung wird splitternackt dargeboten. Heinzelmännchen tragen Braun, zumindest manchmal. Norwegische Elfen sind blau, aber nackt; vielleicht kommt die Farbe von der Kälte. Auf den »Färöer«-Inseln tragen die Elfen ein graues Kostüm und schwarze Hüte.

Bridget Cleary

Im März 1894 verschwand in der Grafschaft Tipperary eine gewisse Bridget Cleary. Als ihr teilweise verkohlter und übel zugerichteter Leichnam gefunden wurde, wurden ihr Ehemann Michael, ihr Vater und sieben andere Männer, die mit einer Ausnahme alle mit ihr verwandt waren, des Mordes an ihr bezichtigt.

Anscheinend hatten Michael Cleary und seine Verwandten geglaubt, Bridget sei eine Hexe oder eine Wechselbalg gewesen – eine Fee, die den Platz der echten Bridget Cleary übernommen hatte. Die Mutter von Michael Cleary »pflegte zu den Feen zu gehen«, und man befürchtete, Bridget habe dies auch getan.

In den *Irish Fairy and Folk Tales* von Yeats kann man nachlesen, daß der Feenglaube auch mit folgenden Vorstellungen befrachtet war: »Manchmal finden die Feen an Sterblichen Gefallen und entführen sie in ihr eigenes Land; sie lassen dann an deren Stelle irgendein schwächliches Feenkind da«; oder sie heiraten sogar Sterbliche, wobei sie allerdings ihren übernatürlichen Charakter geheimhalten oder ihn nur ganz wenigen offenbaren, wenn sie beispielsweise mit Feuer bedroht werden, vor dem sie sich sehr fürchten.

Um Bridget zu einem Geständnis zu bewegen, zwangen Michael und seine Familie sie, Kräuter und Milch zu nehmen, versuchten es mit Gegenzauber, bedeckten den Boden mit einer Mischung aus Urin und Hühnerkot, um den Zauber loszuwerden, und ließen den Priester im Haus eine Messe lesen. (Dieser sagte später aus, er habe keine Ahnung gehabt, daß der Verdacht der Hexerei bestanden habe, sonst hätte er umgehend die Polizei davon unterrichtet.) Als sie trotz all dieser Maßnahmen immer noch zu keinem Geständnis bereit war, übergossen sie sie mit dem Öl der Lampe, verbrannten ihr Gesicht, ihren

Bauch und einen Arm und folterten sie über dem Feuer.
Doch die Frau starb, ohne von ihrer Behauptung abzulassen, daß sie die echte Bridget Cleary sei.
Beim Prozeß erzählten die Verwandten ihre eigenartige, von Aberglauben und Mord geprägte Geschichte. Sie wurden alle des bestialischen Mordes für schuldig befunden und wanderten ins Zuchthaus. Michael Cleary bekam zwanzig Jahre.
Das war Irlands letzter Hexenprozeß – oder vielmehr der letzte Mord wegen Hexerei.

Sylphenbewußtsein

Sylphen, Salamander, Undinen und Gnome waren elementgebundene Wesen, die die Luft, das Feuer, das Wasser und die Erde bevölkerten. Man siedelte sie zwischen den Menschen und den Unsterblichen an, und zwar galten sie als sterblich insofern, als sie essen, trinken, krank werden, Kinder bekommen und sterben konnten, und als übernatürlich insofern, als ihre Körper durchscheinend waren, sie sich mit großer Geschwindigkeit bewegen konnten und sie die Zukunft weissagen konnten.
Ludwig der Fromme, der Sohn von Karl dem Großen, verbannte durch ein königliches Edikt alle »Sylphen« aus Frankreich, was William Woods in seiner *History of the Devil* (1975) folgendermaßen kommentierte:

Indem er ihnen verbot, zu erscheinen, verbot Ludwig dem Volk gewissermaßen, sie zu sehen – woraufhin sie auch nicht mehr gesichtet wurden … [doch] die Feenwelt von Karl dem Großen, die sich zeitlich mit der von König Artus in Britannien fast deckte, ist auch heute in Frankreich noch nicht ausgestorben.

Ignis fatuus

Die Irrlichter können einen ins Verderben führen genauso wie die *ellylldan*, winzig kleine Elfen – nur einen Fuß groß –, die plötzlich auftauchen können, um einen vor eine sehr unangenehme Alternative zu stellen: entweder ein Flug durch die Luft oder eine Rutschpartie über den Boden. Wählt man das erste Angebot, wird man in die Luft gewirbelt und rast unaufhaltsam dahin, nur um dann aus großer Höhe herunterzuplumpsen. Entscheidet man sich dagegen für die feste Erde, wird man in rasantem Tempo durch Dornensträucher und über zerklüftete Felsen geschleift und schließlich von einem der Kliffs oder Steilhänge, die die *ellylldan* ihr Zuhause nennen, hinabgestürzt. Die flackernden Irrlichter sind möglicherweise nur die Geisterkerzen, die irgendeine arme Seele – vielleicht sogar Ihre – zu Grabe geleiten.

In *Folklore in Amercia* (1966) schreiben Coffin und Cohen: »Die Schwarzen fürchten sich sehr vor dem Irrlicht, dem *ignis fatuus*. Sie glauben, daß es in dunkler Nacht sein Opfer, das ihm zwangsläufig folgen muß, entweder in einen Fluß führt, wo es ertrinkt, oder in Dornenbüsche, wo es zerfetzt wird, wobei das Irrlicht die ganze Zeit vor sich hinsummt ›*Aïe, aïe, mo gagnin toi*‹ – ›Aïe, aïe, ich hab' dich.‹«

Doch sie sind nicht die einzigen, die sich davor ängstigen. Das *ignis fatuus* des Sumpfgases hat auch in unseren Tagen schon unzählige Schaulustige dazu veranlaßt, die Polizei zu rufen und Gerüchte über fliegende Untertassen und Invasionen von kleinen Männchen in die Welt zu setzen.

Wo die Feen herkommen ...

Aus den altgriechischen Moïren (Schicksalsgöttinnen) entstanden bei den Römern die *Fata scribunda* (die Parzen, die das Schicksal der neugeborenen Kinder aufschrieben). In diesem Zusammenhang wird in einem 1971 in der *Encyclopaedia Britannica* erschienenen Artikel auf eine interessante Entwicklung verwiesen: Als im gesprochenen Latein das Neutrum verschwand, wurde die Pluralform von *fata* als femininer Singular angesehen, aus dem sich das italienische *fata* und auch das französische *fée* ableitete. Die *Fata scribunda*, d.h. die Parzen, wurden zu Feen.

Wie man zu einer Fee kommt

Das *Ashmolean Museum* in Oxford wurde von einem Altertumsforscher gegründet, der sein Leben lang ein reges Interesse an allem Okkulten hatte, und so nimmt es nicht wunder, daß sich unter seinen seltenen Handschriften auch eine Beschreibung darüber findet, wie man zu einer Fee kommt. Sie stammt aus dem 15. Jahrhundert und hat etwa folgenden Inhalt:

Zuerst besorge man sich einen viereckigen Quarz oder Venusglas mit einer Seitenlänge von 3 Inches; dann lege man das Glas bzw. den Quarz in das Blut einer weißen Henne, und zwar an drei Mittwochen oder an drei Freitagen; dann nehme man es heraus, wasche es mit Weihwasser und beweihräuchere es. Dann nehme man drei Haselnußstöcke bzw. -ruten von einem Jahresbaum, schäle sie glatt und weiß und bringe sie auf eine Länge, die ausreicht, um dreimal auf jeden Stock die Geister bzw. Feen, die man ruft, einzuritzen, nachdem man die Stöcke auf einer Seite abgeflacht hat. Dann vergrabe man sie unter irgendeinem Hügel, den die Feen vermutlich besuchen werden, am Mittwoch, bevor man sie ruft; und am darauffolgenden Freitag hole man die Stöcke wieder hervor und rufe

die Fee zur achten, dritten und zehnten Stunde, da
dann die Planeten und die Zeiten günstig sind; doch
wenn man sie ruft, muß man reinen Gewissens sein
und sein Gesicht gen Osten neigen, und wenn man sie
hat, binde man sie an den Quarz bzw. das Glas.

Dieser Handschrift zufolge kann man sich seine eigene
Fee je nach Bedarf kommen lassen, ob man nun von ihr
eine Geheiminformation haben möchte oder einem Kind
ein gutes Schicksal angedeihen lassen will, oder wenn sie
ein Gebiet schützen oder einem sogar den kostbaren Diamanten, den dem Vernehmen nach manche Feen mitten
auf ihrer Stirne tragen, beschaffen soll.

Noch ein Rezept

Raymond Lamont Brown gibt in seinem *Book of Witch-
craft* (1971) keine Auskunft darüber, wo er das folgende
Zauberrezept her hat, das einem eine Begegnung mit
Feen verspricht:

Man gebe eine Pinte Salatöl in eine Glasphiole; doch
erst wasche man es mit Rosenwasser, wobei die Blüten
gen Osten gesammelt sein müssen. Man wasche es, bis
das Öl weiß wird, dann fülle man es in das Glas und
gebe dazu die Knospen der Rosenmalve, die Blüten
der Ringelblume, die Blüten oder Spitzen des wilden
Thymians, die Knospen der jungen Hasel, wobei der
Thymian in der Nähe des Hügels, wo sich die Feen für
gewöhnlich aufhalten, gesammelt werden muß; man
nehme das Gras eines Feenthrons; all das fülle man in
das Glas und stelle es drei Tage in die Sonne, damit es
sich auflöst; dann verwahre man es für seinen Gebrauch.

Es bleibt anzumerken, daß man bei beiden Rezepten zuerst einmal wissen muß, wo die Feen zu finden sind.

Frauen aus dem Feenland

Viele Adelshäuser schätzten sich glücklich, für jedes Familienmitglied eine Elfe oder eine Fee zu haben, die ihnen mit Rat und Tat hilfreich zur Seite stand und sie durchs Leben geleitete. Robert, Graf von Lusigan, heiratete sogar eine Frau, die halb Mensch, halb Fee war: Ihr Vater war Elinas, König von Albanie, (wobei es sich um Albanien oder Schottland gehandelt haben könnte) und ihre Mutter war Pressina *le Fay*.

In Irland und den Highlands von Schottland pflegten die *bean sith* (Frauen aus dem Feenland) unter den Fenstern eines von ihnen geschützten Hauses laut zu wehklagen und zu jammern, wenn ein Mitglied der Familie auf dem Sterbebett lag.

Diese Klagegeister nennt man dort *Banshees*.

Die Luftfahrt-Kobolde

Diese Kobolde, die die Amerikaner »Gremlins« nennen, sind eindeutig eine Erfindung des 20. Jahrhunderts. Ihre Geburtsstunde fällt in etwa mit den Anfängen der Luftfahrt zusammen. Doch wann sie exakt das erstemal auftauchten und wer letztendlich ihren Namen prägte, ist unbekannt und wird sich vermutlich auch nie mehr genau feststellen lassen.

The Dictionary of Phrase and Fable verfolgt die Spuren »dieser imaginären Elfen, denen die Royal Air Force im Zweiten Weltkrieg alle unerklärlichen Pannen in die Schuhe schob«, zurück in die dreißiger Jahre, und zwar bringt es sie in Zusammenhang mit einem Bomberge-schwader, das an der Nordwestgrenze von Indien im Ein-satz war. Tatsächlich waren die »Gremlins« aber schon früher bekannt.

Der Schriftsteller Roald Dahl, der als Verfasser von Hor-rorgeschichten bekannt ist, behauptete, diese Wortschöp-fung erfunden zu haben. Doch dem ist entgegenzuhalten, daß die »Gremlins« schon ein paar Jährchen früher na-mentlich in einem Gedicht erwähnt werden, das am 10. April 1929 in *The Aeroplane* veröffentlicht wurde, wie B. J. Watson der *Radio Times* (1. Dezember 1979) in einem Leserbrief mitteilte. Zu jener Zeit kam Dahl gerade in das Teenageralter.

Der späte Eric Patridge, ein Fachmann auf allen Gebie-ten des britischen Slangs und Mitverfasser des Buches *Forces'Slang 1939-1945* (1948), merkte an, daß »Grem-lins« zu einem Begriff des englischen Standardwortschat-zes geworden sind. Doch als dieses Wort noch Slang-Cha-rakter hatte, bezeichnete es – wie Watson ausführte – ein Wesen, das Gutes oder Schlechtes bringen konnte. »Gremlins« waren »für alle unerklärlichen Ereignisse ver-antwortlich – sowohl für gute als auch für schlechte.« Heute bringen die »Gremlins« – mit Ausnahme von Aus-tralien, wo der Ausdruck jungen Surfern, speziell, wenn sie eine Show abziehen, vorbehalten ist – den Piloten nur noch schlechte Nachrichten.

Schutzmaßnahmen

Um einem Irrlicht nicht auf den Leim zu gehen, wende man den linken Socken oder seinen Mantel auf links und ziehe ihn wieder an. Wieder das alte Lied von der magi-schen Umkehrung! Im allgemeinen bringt eine Umkeh-rung ja nur Böses (wie die Umkehrung des Vaterunsers

oder der Kreuzweg Jesu rückwärts), doch in diesem Fall
ist sie zu etwas Gutem nütze.

Feenbesitz

Jeder hat schon einmal von Feengold gehört, das man angeblich am Ende des Regenbogens finden soll, das aber
sofort verschwindet, wenn man versucht, es mit nach
Hause zu nehmen. Trotzdem hat der Mensch es irgendwie geschafft – so heißt es jedenfalls –, irgendwelche Be-
sitztümer der Feen an sich zu bringen. Im Victoria-und-
Albert-Museum in London kann man ein Glasgefäß bewundern, das *Luck of Eden Hall* genannt wird und von
der Familie Musgrave in grauer Vorzeit von den Feen gestohlen worden sein soll. Dieses Glas inspirierte Ludwig
Uhland zu seiner Ballade »Das Glück von Edenhall«, bei
der allerdings das Glas in die Brüche geht. Man erzählt
sich auch, daß der unerschrockene Otto Graf von Olden-
burg den Feen das Oldenburg-Horn geraubt hat. In Dänemark steht in der Kirche von Aagerup in Zealand ein
goldener Abendmahlkelch, der ebenfalls den Feen ent-
wendet wurde.
Doch der Besitz von allem, was Feen je gehörte, ist eine
unsichere Sache. Einstiges Feeneigentum verschwindet
wahrscheinlich genauso schnell, wie es einmal aufge-
taucht ist.
Wenn Sie irgendwann einmal bei Feen oder Elfen zu Besuch sein sollten, versuchen Sie, irgendetwas mitgehen
zu lassen (sie bestehlen uns auch ständig), doch hüten Sie
sich davor, eine Erfrischung, gleich welcher Art, anzu-
nehmen. Wenn Sie nämlich mit ihnen speisen, gibt es für
Sie keine Rückkehr in unsere Welt.

Die Überlieferung des Feenglaubens

Die Legenden über Feen, Elfen und ähnliche Wesen gehen möglicherweise tatsächlich auf die überzogenen Berichte primitiver Völker über fremdartige Stämme in ihrer unmittelbaren Umgebung, mit denen sie wenig Kontakt hatten, zurück. Der den Feen zugeschriebene Haß auf Eisen könnte beispielsweise ein Sinnbild für die Eroberung eines Bronzezeitvolkes durch Invasoren mit Eisenwaffen sein.

Die Feenkunde erlebte durch die Märchensammlungen der Gebrüder Grimm (*Kinder- und Hausmärchen*, 1812-1814, und *Deutsche Mythologie*, 1835, begründeten eine ganze Schule) einen gewaltigen Aufschwung, und auch in England gab es einschlägige Pioniere, die des öfteren die alten Geschichten von dem »kleinen Völkchen« aufschrieben und veröffentlichten: Ich denke zum Beispiel an Peter Roberts und seine *Cambrian* [Welsche] *Popular Antiquities* im Jahre 1815 oder an Thomas Keightley mit *The Fairy Mythologie* aus dem Jahre 1828, eine Ausgabe, die 1850 beträchtlich erweitert wurde, und so weiter. Andere fanden in den Erzählungen von Elfen, Feen und Kobolden etwas von unseren frühesten Erinnerungen wieder, etwas, was durch die mündliche Überlieferung unauslöschlich in uns verhaftet ist.

Im übrigen mögen es diese Zauberwesen nicht, wenn wir sie »Elfen« nennen. Daher auch der Titel dieses Kapitels: »Die lieben Nachbarn«. Sie bevorzugen diese oder ähnliche Bezeichnungen, wie »das kleine Volk« und so weiter, entschieden.

Kleine rote Männchen

Die Europäer haben ihre Kobolde und Gnome und Feen. Aber auch die Neue Welt hat ihr »kleines Völkchen«. So findet man zum Beispiel im *Dictionary of Bahamian English* (1982) unter dem Stichwort *Little Red Men* – kleine rote Männchen – folgende Beschreibung:

> Mythische Wesen, die die Insel Andros bewohnen sollen: 1966. Die kleinen roten Männchen sind etwa zwei Fuß groß, haben drei Finger an jeder Hand und sind »glänzend« oder hellhäutig. Sie tragen lange Bärte und schwarze Samtwesten, jedoch keine Hosen. Sie schützen die Tiere und versuchen, den Menschen vom Innern der Insel und von anderen abgeschiedenen Plätzen fernzuhalten. Es heißt, daß sie Vögeln und anderen Tieren, die von Jägern verwundet werden, zu Hilfe eilen. Bewohner der Out Islands halten zum Zeichen der Freundschaft und dafür, daß sie nichts Böses vorhaben, drei Finger über den Kopf, wenn sie durch den Busch gehen.

Bösartige kleine Wesen, die »Hobyah! Hobyah! Hobyah!« schreien – gezeichnet von John D. Barton für die von Joseph Jacobs gesammelten englischen Märchen (More English Fairy Tales, 1894). »Hob« bedeutet »Teufel«.

Socken mit weißen Zehen

In Anlehnung an einen alten irischen Volksglauben werden heute manchmal Socken mit weißen Zehen hergestellt. Sie sollen verhindern, daß man über die »kleinen Leutchen« stolpert und zu Fall gebracht wird.

Tanz der Feen

In England kommen nachts die Feen hervor, um zu tanzen. Wenn sie keinen blankgescheuerten Herd vorfinden, auf dem sie tanzen können, tanzen sie möglicherweise im Freien ihren Reigen. Dort, wo sie tanzen, verdorrt das Gras. Wenn man drübergeht, wird man sehr benommen und fällt womöglich in einen tiefen Schlaf, aus dem man nie mehr erwacht. Doch wenn man dort ein Klümpchen Käse, die Lieblingsnahrung von Elfen und Feen, hinterlegt, sichert man sich ihre Hilfe. In Irland gilt es als töricht, den auf einer Wiese markierten Tanzkreis der Elfen zu stören.
Andernorts, speziell in Nordeuropa, gibt es ähnliche Wesen, die sich *duergar, nokke, droich, pixies, nixies* und *tomte* nennen. Auch Kobolde gehören dazu, die ihren Namen von dem Mineral Kobalt haben.

Tom der Reimer

Feen entführen gern menschliche Wesen in ihr Feenland. In Irland und Schottland gibt es eine Reihe von Geschichten über Jünglinge oder Knaben, die auf ihrem Heimweg zu später Stunde zufällig an einem Feenhügel vorbeikamen, als die Türe offenstand, so daß sie drinnen das muntere Treiben beobachten konnten. Sie wurden dann von den Feen sofort mitgenommen, und man hörte nie wieder etwas von ihnen.

Es soll auch vorgekommen sein, daß Feen ein kleines Menschenbaby geraubt und an seiner Stelle einen bösartigen Wechselbalg zurückgelassen haben. Oder sie haben ganz einfach ein zugängliches menschliches Wesen zu sich eingeladen und es dann später, mit außerordentlichen Kräften ausgestattet, wieder fortgeschickt. An vorderster Stelle sei in diesem Zusammenhang Thomas von Erceldoune (heute Earlstone) aus Berwickshire in Schottland erwähnt, dem tatsächlich ein solches Erlebnis zuteil geworden sein soll. Thomas wurde unter dem Namen Tom der Reimer bekannt, ein Name, den er den erhaltenen Fragmenten seiner gereimten Prophezeiungen verdankt.

Seine berühmteste Prophezeiung bezog sich auf einen großen Sturm, der am 20. März 1286 über Schottland hinwegfegen sollte. Doch als der Tag herankam, zog ein klarer und sonniger Morgen herauf, und Thomas wurde Zielscheibe des Gespötts. Aber während man sich noch über ihn lustig machte, erschien ein Bote mit Neuigkeiten: König Alexander III. war bei einem Unfall ums Leben gekommen und hatte keinen Erben hinterlassen.

»Das ist der Sturm, von dem ich sprach«, sagte Thomas, und in der Tat wurde Schottland noch über das nächste Jahrhundert hinaus durch Dynastiekriege und durch die Invasion der Engländer in seinen Grundfesten stark erschüttert.

Tom der Reimer war eine Figur, die auch in der Literatur häufig eine Rolle spielte. Seine Prophezeiungen wurden sowohl von Sir Walter Scott in *Die Braut von Lammermoor* als auch von Robert Louis Stevenson in *Die feindlichen Brüder* dramaturgisch verarbeitet. Im Jahre 1921 sorgte die britische Regierung höchstpersönlich dafür, daß eine seiner Prophezeiungen in Erfüllung ging. Thomas soll nämlich folgendes vorausgesagt haben:

> ... *Whate'er betide*
> *Haig shall be Haig of Bemersyde*

> Was auch geschehen mag,
> Haig wird immer Haig von Bemersyde bleiben

Die Regierung kaufte das Anwesen von Bemersyde auf, das seit dem 12. Jahrhundert im Besitz der Familie Haig gewesen war und kurz zuvor in andere Hände übergegangen war. Sie vermachte es dem britischen Feldmarschall Sir Douglas Haig, dem Oberbefehlshaber der britischen Streitkräfte in Frankreich während des Ersten Weltkrieges.

11

Magie und Hexenkunst in der heutigen Zeit

Es gibt wahrscheinlich heute mehr aktive Hexenzirkel als je zuvor. Der Aberglaube ist allerorten weit verbreitet. Eliphas Lévi war der führende Kopf auf dem Gebiet der rituellen Magie im 19. Jahrhundert, obwohl er in seinem ganzen Leben nur drei solcher Zeremonien besuchte. In unseren Tagen kann man das in vielen Städten der Welt gut und gerne an einem einzigen Wochenende schaffen. Die Gegenwart ist in hohem Maße vom Erbe der Magie und Hexenkunst geprägt. Wir sind vielleicht der Meinung, daß wir weniger abergläubisch als unsere Vorfahren sind, doch wir unterscheiden uns in vieler Hinsicht ganz und gar nicht von ihnen. Wir machen zwar keine

Jagd mehr auf Hexen und sind über dieses dunkle Kapitel der Vergangenheit hinaus, doch es läßt sich nicht leugnen, daß Magie und Hexerei – wenn auch meist im Verborgenen – auch in der heutigen Zeit weit verbreitet sind. Sicher, die Zeiten haben sich geändert. Die modernen Hexen arbeiten heute mit Rundschreiben, und magische Schwerter werden – wenn auch ungeweiht – mit der Post zugestellt. Es gibt in den Vereinigten Staaten heutzutage weit mehr *Covens* – Hexenzirkel –, als im 17. Jahrhundert, und mehr Leute lassen sich – ob sie es nun offen zugeben oder nicht – eher von der Astrologie leiten, als von den herkömmlichen Religionen. Darüber hinaus gibt es neben den Sonderlingen und Verrückten einen beachtlichen Prozentsatz an hochgebildeten Personen, die in zunehmendem Maße daran glauben, daß an den okkulten Happenings »vielleicht doch irgend etwas dran ist«. Die Zukunft, das ist sicher, hält noch manche Überraschung bereit. Die wundersame Geschichte der Magie und Hexenkunst deutet jedenfalls in mancherlei Hinsicht darauf hin.

Halluzinationen

Es ist bekannt, daß die Hexen für die Zubereitung ihrer Salben und Tränke viele Drogen verwendeten, die visuelle oder akustische Halluzinationen verursachen können. Man fängt plötzlich an, »irgendwelche Dinge zu sehen«, wenn man etwas von diesen Substanzen einnimmt. Viele der »Erscheinungen«, die als Ergebnis ritueller Magie deklariert wurden, sind wohl auf Drogen zurückzuführen, die während der Zeremonien als Trank verabreicht oder inhaliert wurden. Die Verwendung von bestimmten Nachtschattengewächsen und das Abbrennen von Bilsenkraut und ähnlichen Halluzinogenen blieben möglicherweise auch nicht ohne Wirkung. Ja, vielleicht reichte sogar schon die Rauchentwicklung eines Holzkohlenfeuers in einem geschlossenen Raum.

Der »Tempel«, in dem der »Orden der goldenen Morgenröte« agierte, bot den Teilnehmern der Zeremonien nur wenig Platz, und so läßt sich auch nicht ausschließen, daß manch einem von der Hitze und dem Rauch übel wurde. Dazu nahmen einige Leute noch Drogen. Eine nicht unwesentliche Rolle mögen auch die Ingredienzien der Zauberöle gespielt haben, mit denen man sich den Körper einrieb. Echte Magie soll jedoch angeblich etwas mit Realitäten, nicht mit Phantasien zu tun haben, soll sich an objektiven Ergebnissen messen lassen und nicht an subjektiven Halluzinationen. Eine Astralreise und ein Drogentrip sind absolut nicht das gleiche.

Hexenhochzeiten

Meine Recherchen haben ergeben, daß die alten Hexenhochzeiten zwar mit langen Festen einhergingen, daß die eigentliche Hochzeitszeremonie jedoch kurz und bündig ablief. Bei einer spanischen Hexenhochzeit beschränkte sich beispielsweise das Ritual auf den einfachen Satz (übersetzt): »Diese Frau ist gut für dich; nimm diese Frau.«

Heutzutage sind die Hexenhochzeiten meiner Meinung nach viel zu sehr von dem Do-it-yourself-Gedanken beeinflußt, den die Hippies in den sechziger Jahren bei ihren Hochzeiten einführten. Ich muß dazu sagen, daß die Blumenkränze in ihrer Zusammensetzung nicht gerade der Weisheit letzter Schluß sind – für echte Hexen haben die Blumen nämlich individuelle Kräfte und Verwendungszwecke, sie werden nicht einfach nur so kunterbunt zusammengewürfelt – und daß der unvermeidliche Kreis natürlich im allgemeinen die falsche Größe hat.

In den heutigen Hexenzirkeln, die der alten Lehre aus Alexandrien anhängen, gehört es zur Zeremonie, daß die Braut sich lang ausgestreckt nackt auf den Boden im Kreis legt und der Bräutigam sich nackt auf sie legt. Allerdings müssen die Zuschauer bei diesem Ritus in eine andere Richtung schauen, und der eigentliche Vermählungsakt findet dann auch erst später ganz privat statt. Wenn die Alexandriner mehr über das alte Hexenwesen gewußt hätten, dann hätten sie den Gehörnten Gott erst einmal die Braut entjungfern lassen, bevor sie dem Bräutigam gestattet hätten, sich zu ihr zu legen, eine Praktik im übrigen, die lange in Ehren gehalten wurde und auch noch zu Zeiten des Christentums in Form des *Ius primae noctis* gepflegt wurde. Ich glaube, moderne Hexen sind zu selbstbewußt und aufgeklärt, um das mitzumachen.

Weiße Hexen und Hexenmeister

Eine der besten Schriftstellerinnen der Hexenliteratur, Christina Hole, führt in ihrem kurzen aber exzellenten Buch *Witchcraft in England* (1947) folgendes aus:

Der weiße Hexenmeister [witch], oder auch der weise Mann, war der Beschützer der Gemeinschaft; sein krimineller Gegenspieler [der schwarze Hexenmeister] war sein Feind. Er baute zwar wie der schwarze Hexenmeister auch auf Magie, doch er nutzte sie in der Hauptsache für wohltätige Zwecke, um Krankheiten zu heilen, bösen Zauber abzuwenden, Diebe zu entlarven oder gestohlene Dinge wieder herbeizuschaffen und um seine Nachbarn vor jeder Art von Unbill zu schützen. Sein Einfluß war zu allen Zeiten sehr groß und ist auch noch nicht vollständig erloschen. Im großen und ganzen bewirkte er mit seinen Aktivitäten wohl mehr Gutes, als daß er Schaden anrichtete. Als Ärzte noch Mangelware und nicht allzu qualifiziert waren, war er oftmals in der Lage, kleinere Unpäßlichkeiten mit Kräutern und gesundem Menschenverstand unter dem Etikett der Magie zu heilen. Er war gewissermaßen das natürliche Sammelbecken der alten, auf dem Lande überlieferten Volksweisheiten, die gar nicht immer so töricht waren, wie wir heute oftmals annehmen. ...

Einer der übelsten Schreiberlinge auf diesem Gebiet, der sogenannte Schwarze Papst der Satanskirche von San Francisco (eine materialistisch und hedonistisch ausgerichtete Organisiation), kritisiert dagegen die weiße Hexenzunft aufs schärfste. Der »schwule Hexer« Leo Martello zitiert ihn in seinen *Weird Ways of Witchcraft* (1972) folgendermaßen:

Sie sind Kaffeekränzchen-Hexen, unförmige kleine Frauen, die nur herumsitzen und damit drohen, sich gegenseitig in Kröten zu verwandeln. Die meisten von ihnen sind neuheidnische Christen, die mit denselben Begriffen, wie andere Religionen sie haben, herumtändeln; beladen mit Schuld schleichen sie herum und haben Angst, böse genannt zu werden.

Die satanistische »Religion der Fleischlichkeit, der Weltlichkeit, der Sinnlichkeit« scheint mir eine selbstgerechte und ziemlich dumme Version des Pfades zur linken Hand zu sein, da Gemeinsinn und Uneigennützigkeit ein ureigener Bestandteil des Hexenwesens ist: »Tu was du willst, solange es niemandem zum Schaden gereicht.«

Mormonen gegen MTV

1985 wurden in Provo, Utah, die Studenten der Brigham Young University mit neuen Restriktionen konfrontiert:

Mormonen-Bischöfe haben den Studenten, die in kircheneigenen Unterkünften wohnen, das Programm von MTV [ein Fernsehkanal, der Rockmusik-Videos sendet] abgeschaltet, nachdem sie übereingekommen waren, den populären Musik-Kabelsender wegen seines Gehalts an »Sex, Drogen, Hexenkult und Grotesken« zu verurteilen.

Aradia

Eines der bedeutendsten Bücher der modernen Hexengeschichte ist das *vangelo* – das Evangelium – des italienischen Hexenkults, das von einer italienischen Hexe namens Maddalena niedergeschrieben und 1899 von Charles G. Leland unter dem Titel *Aradia: or the Gospel of the Witches* veröffentlicht wurde.

Leland erkannte, daß die Neuzeit mit uralten Relikten einer »alten Religion« befrachtet ist, eine Tatsache, die lange Zeit die westliche Kulturlandschaft ganz offenkundig oder aber auch latent wesentlich beeinflußt habe, wie er meinte. Solange wir uns die Geschichte und das Wesen dieser »alten Religion« nicht voll vergegenwärtigen, bleibt seiner Meinung nach die Geschichte des Establishments nur Stückwerk.

Vorgetäuschte Hexerei

In der Vergangenheit wurden viele Zigeuner hingerichtet, weil sie für schuldig befunden worden waren, Magie zu betreiben. Heute dagegen kommen sie hinter Schloß und Riegel, weil sie vorgeben, Magie zu betreiben. 1939 wurde Bessy Birch, eine Zigeunerin, vom Portsmouther Friedensgericht – auf der Grundlage einer Hexengesetzgebung, die aus den Zeiten Georgs II. stammte – unter Anklage gestellt, weil sie einer Frau Geld und Juwelen abgeschwatzt hatte, indem sie ihr weismachen konnte, sie könne als Zigeunerin den Fluch bannen, der auf dem Schmuck läge.

Das Necronomicon

Der amerikanische Fantasy-Schriftsteller H. P. Lovecraft sowie einige seiner Adepten bauten verschiedene ihrer Kurzgeschichten auf einem imaginären Grimorium auf, das Lovecraft *Necronomicon* nannte. Manche Leute glaubten, beziehungsweise hofften, daß ein derartiges Buch tatsächlich existiere, und schwupp, hatte auch schon jemand eins gewissermaßen aus dem Hut gezaubert. Unglücklicherweise war dieses Necronomicon nicht nur eine Fälschung, sondern die Fälschung einer Fälschung, weil seine modernen Autoren das Agrippa zugeschriebene (doch nicht von ihm verfaßte) *Vierte Buch* einfach abgetrennt hatten.

Hexenkurse

Viele Hexen glauben, daß sie eine Unterweisung in ihrer hohen Kunst nicht in Rechnung stellen dürfen. Eine Lehrveranstaltung *über* Hexenkunst ist dagegen ganz etwas anderes. In Amerika wurden bereits einige solcher Kurse – oftmals zu Phantasiepreisen – angeboten (z.B. an der New York University's School of Continuing Education, der University of Alabama und der University of South Carolina).

Hexen im Vormarsch

Louise Huebner schreibt in ihrem 1969 veröffentlichten Buch über die Hexenkunst: »Der Post nach zu urteilen, die ich ständig erhalte, gibt es in jeder Gemeinde mindestens eine Person, die aktiv Hexerei betreibt. Hexen und Zauberer trifft man in jedem Lebensbereich an.« Sybil Leek behauptete einmal, sie habe davon gehört, daß es »pro Woche tausend Leute« gebe, die Hexen werden wollten.

»Die Leute begreifen nicht«

Die Christen glaubten im allgemeinen, daß die Juden kleine Kinder entführten, um sie bei ihren mörderischen blutigen Ritualen zu opfern. Saint Hugh of Lincoln soll so ein Opfer gewesen sein. Schwarze Magier standen wegen Kinderopfer vor Gericht, und um ein echter Satanist zu werden, muß man zumindest ein Versprechen in dieser Richtung ablegen.

Die Hexe Patty Dean Hawn beunruhigte das Bergvolk von Wartburg in Tennessee durch ihre Zugehörigkeit zum *Wicca*-Kult. Als jedoch in der Gegend Gerüchte aufkamen, daß die Hexenrituale auch die Opferung einer elfjährigen Jungfrau vorsähen, setzte sie sich entschieden zur Wehr:

> Alle Gerüchte sind falsch. Man behauptet, ein Teufelsanbeter bringe Menschen- oder Tieropfer. Wir glauben an keinerlei Opfer. Unser Leben ist in Gefahr, weil die Leute nicht begreifen.

Isaac Bashevis Singer erinnert sich daran, daß er als kleiner Junge von dem Gedanken an das von der alten jüdischen Lehre geforderte Tieropfer sehr beunruhigt war. Ganz gewiß opfern jedoch heute weder Christen, noch Juden, noch »weiße Hexen« irgendein Lebewesen oder gar eine Person.

Besessenheit und Exorzismus

Genauso wie der Geist Gottes in die Menschen einkehren und sie heilig machen kann, so kann auch der Geist des Teufels in sie eindringen und sie böse machen. Auf diesem Gedanken basiert der Glaubenswille an die dämonische Besessenheit. Besessenheit wurde auch für die Wurzel von Geisteskrankheiten und solchen Leiden wie der Epilepsie, bei der das Opfer in periodischen Abständen Attacken erleidet, gehalten. Ebenso machte man sie für verschiedene Formen der Hysterie verantwortlich.
Die Behandlung des Besessenen konnte ziemlich ruppig sein. Er wurde ganz sicherlich gepeitscht, das war das mindeste. Möglich war aber auch, daß man ihn an ein riesiges sich drehendes Rad kettete und ihn dann mit hoher Geschwindigkeit herumwirbelte, bis er das Bewußtsein verlor, womöglich wurde er auch angesengt oder der gleichen Folter wie Hexen unterzogen – und das alles in dem Bemühen, den »Dämon« auszutreiben.
Wenn ein Besessener mit dem Finger auf irgendeinen Nachbarn zeigte und ihn (oder im allgemeinen sie) bezichtigte, die Person zu sein, die den »Dämon« gesandt habe, war der bzw. die Beschuldigte so gut wie tot. (Genau das passierte 1692 in Salem). In Burton-on-Trent, England, erregte 1596 der Fall Thomas Darling Aufsehen. Darling, ein junger Bursche, kehrte eines Tages von der Jagd zurück und wurde fortan von einer Reihe von

Anfällen geplagt, bei denen er vorgab, grüne Engel, eine grüne Katze und einen Nachttopf, aus dem Flammen loderten, zu sehen. In seinen lichten Momenten tischte er eine Geschichte auf, der zufolge er einem alten Weib mit drei Warzen im Gesicht begegnet sei, und deren Feindseligkeit sei der Grund für seine Leiden. Die Nachbarn fanden, daß die Beschreibung auf eine gewisse Alse Gooderidge paßte, die schon lange der Hexerei verdächtig war, und zerrten die arme Frau vor den Richter.

Alse stritt – natürlich – alles ab, wurde aber trotzdem vor Gericht gestellt, der Hexerei für schuldig befunden und ins Gefängnis geworfen, wo sie starb, bevor sie gehängt werden konnte. Thomas hatte während dessen weiter seine Anfälle und Visionen, bis ein gewisser John Darrel, seines Zeichens selbsternannter Fachmann in Fragen der Besessenheit, auf der Bildfläche erschien, über dem Jungen betete und fastete und – einem Bericht aus Peter Hainings *Witchcraft and Black Magic* (1972) zufolge – sich bauchredend mit dem »Dämon unterhielt« – bis er ihn schließlich ausgetrieben hatte.

Viele Kirchen glauben noch immer an die Notwendigkeit bzw. Wirksamkeit des religiösen Exorzismus-Rituals, und gelegentlich praktizieren sie es auch. So haben noch vor gar nicht langer Zeit in Kalifornien Priester und Ärzte einen »besessenen« Jungen namens John (der Nachname wurde nicht angegeben) einer solchen Teufelsaustreibung unterzogen, die William Blatty als Vorlage für seinen Roman *Der Exorzist* diente. Der 14-jährige John wurde über einen Zeitraum von zwei Monaten mehr als zwanzigmal exorziert.

Im 18. Jahrhundert wurde der Exorzismus gelegentlich von Ärzten bei der Behandlung von Geisteskranken eingesetzt. Der Deutsche Joseph Gassner berichtete in diesem Zusammenhang über beachtliche Erfolge. Wahrscheinlich handelte es sich dabei um Hysteriker, die besonders empfänglich für jede Art von Suggestion sind. In Deutschland wurden noch in den 30er Jahren des letzten Jahrhunderts Fälle von Besessenheit von zwei führenden Ärzten aus Schwaben behandelt.

Heute verfügen die Ärzte über weitaus bessere Diagnoseverfahren und ein reiches Spektrum an hochwirksamen Drogen, die es ihnen ermöglichen, viele der Leiden, die früher einer Besessenheit zugerechnet wurden, zu behandeln und auch zu heilen. Medizinische Hypnose ist ein weiterer Weg, den man heute bei der Therapierung psychosomatischer Krankheiten einschlägt. Doch es gibt eben immer noch ein paar obskure Fälle, wie das Beispiel von John zeigt, das, ähnlich wie das Phänomen der Poltergeister, zu dem es verschiedene Analogien gibt, weiterhin ein Rätsel bleibt.

Okkulter Pop

»Coven«, eine Popmusikgruppe aus Chicago, behauptet, den Teufel herbeizubeschwören. Ihr Starsänger heißt Jinx, was soviel wie Unglücksrabe bedeutet. Sicherlich rufen sie einen Lärmteufel an.

Ein moderner Fluch

England hat genauso wie Amerika in den letzten Jahren viele Ulmen verloren, und zwar letztlich, weil sie krank waren. Irgend jemand hat sich nun ins Zeug gelegt, um eine Ulme zu retten, deren Bestand durch einen Bebauungsplan in Sussex gefährdet war. Im März 1966 wurde in der *Evening Argus* darüber berichtet, daß man an den Baum eine öffentliche Warnung geheftet hatte, die sich gegen das Fällen des Baumes richtete. Der Anschlag war mit magischen Symbolen verziert und hatte folgenden Wortlaut (der besseren Verständlichkeit halber in deutscher Übersetzung):

> Leute hört, daß jeder Tor,
> Der gegen diesen Baum geht vor,
> Mit einem Fluch belegt wird glatt,
> Bis er gesühnt den Frevel hat.

Zwar keine poetische Glanzleistung, doch eine nette Idee.

Ganz gewöhnliche Leute

Emile C. Schurmacher, der Verfasser des Buches *Witchcraft in America Today* (1970) stellt folgendes fest:

> Im heutigen Amerika trifft man Hexen in allen Altersklassen und in allen Schattierungen vom weißesten Weiß bis zum schwärzesten Schwarz an. Nur wenige sind vom Aussehen her verrückt oder unheimlich zu nennen oder haben irgendwelche körperlichen Attribute, die den Verdacht nahelegen würden, daß sie sich in irgendeiner Weise von gewöhnlichen menschlichen Wesen unterscheiden.

Schmiede

Die Schmiede wurden in früheren Zeiten oftmals für Leute mit besonderen magischen Fähigkeiten gehalten, wohl weil sie den härtesten aller damals bekannten Stoffe in jede gewünschte Form zwingen konnten. Bis zum heutigen Tag glaubt man in Äthiopien, Marokko und in anderen Teilen Afrikas daran, daß Schmiede sich in wilde Tiere, speziell Hyänen, verwandeln können. Diese *boudas*, wie sie genannt werden, sind so etwas wie unsere Werwölfe und werden für Grabräuber gehalten.

Die Eingeborenen behaupten auch, daß die Schmiede, wenn sie sich in wilde Tiere verwandeln, manchmal nicht dazu kommen, den Schmuck, den sie tragen, abzulegen. Deshalb werden die Zaubertiere, wenn sie erlegt worden sind, manchmal mit Halsketten oder anderem, typisch menschlichem Schmuck aufgefunden.

Rangordnung

Es gibt im Hexenwesen drei Rangordnungen. Zugelassener Lehrling ist die erste Stufe. (Wenn Sie sich dem Kult anschließen, erfahren Sie dann, wie es weiter geht). Philip Emmons Isaac Bonewits besitzt den akademischen Grad eines Bachelor of Arts von der University of California in Berkeley. Hauptfach: Magie – Beurkundung: 16. Juni 1970. Es gibt auch einige Doktorarbeiten in Geschichte und in anderen Fächern, die mehr oder weniger signifikant die Magie und das Hexenwesen berühren.

In einem Hexenzirkel sind alle Mitglieder gleich. An einer Hexentafel sitzt niemand oben oder unten am Tisch. Sie sind alle Schwestern und Brüder.

Wer oder was ist die UNO?

Die Zeugen Jehovas predigen, daß das in der Offenbarung erwähnte »Tier« identisch mit den Vereinten Nationen, der UNO sei.

Um das zu verstehen, muß man wissen, daß beim Tarock das U und das N dem Papst bzw. dem Tod und in der Gematria, das heißt in der Numerologie, den Zahlen 6 bzw. 50 entsprechen. Na, denn, viel Glück!

Die Rosenkreuzer

In den AMORC-(Rosenkreuzer-)Anzeigen tauchte früher sehr oft das Gesicht Benjamin Franklins, der vermutlich ein Mitglied des Ordens war, auf. Jetzt werben sie mit dem Bild von Sir Francis Bacon. Ein jüngeres Mitglied des Rosenkreuzer-Ordens war Sirhan Sirhan. Man hatte ihn zwar bereits einmal aus dem Orden ausgestoßen, weil er seine Beiträge nicht bezahlt hatte, ihm dann aber doch wieder eine Mitgliedschaft angetragen, nachdem er Robert Kennedy ermordet hatte.

Mein Lieblingsrosenkreuzer, der allerdings nie im Anzeigenteil oder sonst irgendwo in der Presse auftauchte, war ein Rechtsanwalt namens Heydon (geboren 1629), zu dessen obskuren Ideen auch die Überzeugung gehörte, daß die Erbsünde des Menschen – das Essen sei. Er empfahl dem Menschen, es aufzugeben. Es gebe nämlich, stellte Heydon fest, genügend Nahrung in der Luft. Für diejenigen, die glaubten, sie müßten mehr im Bauch haben, hatte Heydon einen Kompromißvorschlag parat: Man sollte sich einen Teller mit gekochter Nahrung auf den Bauch stellen und das Aroma einatmen.

Manche Leute würden den modernen Rosenkreuzern gern das Recht auf ihren Namen absprechen. Sie führen ins Feld, daß die echten Rosenkreuzer per definitionem Mitglieder einer Geheimgesellschaft seien. Ein führendes Mitglied der Organisation weist jedoch nachdrücklich darauf hin, daß man über Jahrhunderte hinweg seine Anonymität gewahrt habe, da man alle zehn Jahre umziehe, und außerdem mache man nie Reklame.

Und welchen Beweis hat er dafür, daß dieser superge-
heime Rosenkreuzer-Orden schon seit Jahrhunderten
existiert? Kein Problem, man habe nie eine Spur hinterlassen, deshalb wisse er es.

Masquerade

Kit Williams *Masquerade* war ein Bestseller-Märchen, in
dem es um einen juwelenbesetzten Anhänger geht, den
eine Mondjungfrau ihrem Liebsten von einem Boten namens Jack Hare überbringen läßt. Das 32 Seiten umfassende illustrierte Buch war publizistisch gesehen ein Phänomen.
Williams hatte realiter ein Amulett aus sieben Unzen
Gold angefertigt und mit Gemmen gestückt. Dann hatte
er es in einem Hasen aus Ton eingeschlossen und vergraben (1979), »irgendwo auf den britischen Inseln«, auf öf-
fentlichem Grund und Boden. Es sollte dem gehören,
der die versteckten Schlüsselhinweise seines Buches richtig zu deuten verstand und es entdeckte, wer auch immer
das sei.
»Die Fährtensucher von *Masquerade* bedienen sich von
der Astrologie bis zur Trigonometrie aller nur möglichen
Hilfsmittel, um den mystischen Text und die komplexen
bildlichen Darstellungen zu entschlüsseln«, berichtete
Newsweek in ihrer Ausgabe vom 30. März 1981. »Sie sind
heiß auf die Erringung der Trophäe.« Sie ist zwischen
£ 20000 und £ 36000 Pfund wert, je nach dem augenblick-
lichen Goldkurs. Die Tantiemen des Autors belaufen sich
inzwischen auf über £ 500000 Pfund.
Wer hätte je daran gedacht, daß ein modernes internatio-
nales Quiz einmal Tausende von Leuten motivieren
würde, sich auf die Suche nach einem in einem Märchen
beschriebenen Amulett zu begeben.

Hypnose-Experten

Das sind nach ein paar Tagen Training die Cops von Los Angeles (und anderer Städte). Sie sind in der Lage, Zeugen so zu hypnotisieren, daß sie von ihnen Informationen bekommen, die dem Bewußtsein der Zeugen nicht verfügbar sind: Sie können dann in der Tat das Kraftfahrzeugkennzeichen rekonstruieren oder den Mann mit der Waffe beschreiben, obwohl sie dachten, in der Aufregung nicht darauf geachtet zu haben. Ihr Unterbewußtsein registriert und speichert versteckte Fakten.

Tatsache ist jedoch, daß das Unterbewußtsein auch lügen und die Dinge verfälschen kann, ebenso kann es der Suggestivkraft des Fragestellers anheimfallen. Die internationale Gesellschaft für Hypnotismus und die Gesellschaft für klinischen und experimentellen Hypnotismus haben sich gegen die Beweiskraft von Aussagen unter Hypnose ausgesprochen, und die Gerichte lehnen sie als Beweismittel wohl auch ab. Doch die Polizei sieht in der Hypnose ein nützliches Instrument für ihre Aufklärungsarbeit. Einst nur dem okkulten Sektor zugerechnet, hat die Hypnose also heute neben Fingerabdrücken und sonstigen Methoden auch einen festen Platz in der Kriminalistik.

Das Mantra

Bei der Transzendentalen Meditation (TM) pflegte man den Leuten ein ganz persönliches Mantra zuzuweisen, das den Geist frei machen, die Konzentration erleichtern und die Meditation unterstützen sollte. Dann kam irgend jemand auf die Idee, daß das Mantra, das man bekam, dem jeweiligen Alter entsprechen mußte. Dazu gab es eine Liste.

Die Meditation ist tatsächlich eine gute Sache, und Mantras sind auch sehr hilfreich. Man kann jedes Mantra, das einem gefällt, benutzen, vorausgesetzt es ist einsilbig und die ständige Wiederholung langweilt einen nicht. Man kann *krim* oder *hrim* oder *shrim* nehmen oder auch *vam* oder *gam* oder *ram*, ganz nach Belieben. Ein Bekannter von der Wall Street erzählte mir, daß er mit *cash* arbeite, was ihm ja denn auch allem Anschein nach geholfen hat.

Die Macht des Teufels

In einem Artikel des Magazins *People* über die »fünf Dinge, die George Orwell im Jahre 1984 glücklich gemacht hätten« wurde als erstes folgende Begebenheit aufgeführt:

Gemeindemitglieder der Cornerstone Assembly of God Church in Bowie, Maryland, zerstörten einen Stapel von Schallplatten, die ihrer Meinung nach Ausdruck der »Macht des Teufels« waren. Unter ihnen waren auch Alben von Donny und Marie Osmond.

Das Geheimnis

Der sogenannte Graf von St. Germain geht wieder um. Im 18. Jahrhundert übertraf er sich selbst mit einer Gruppe alchimistischer Magier, die sich angeblich über verschiedene Stufen (wie bei den Freimaurern) bis zu vollgültigen Adepten hochgearbeitet hatten. An diesem Punkt angelangt, galten sie als die Wissenden, als die, die das Geheimnis kannten. Der Graf flüsterte jedem von ihnen zu, daß das *Geheimnis* darin bestehe, daß es kein Geheimnis *gebe*.

Die Assassinen, Anhänger des mörderischen Hassan Ibn al-Sabah im 12. Jahrhundert, erfuhren letztendlich auch, daß nichts wahr ist. Die Tibetaner erfahren nach einer Reihe von Prüfungen und mystischen Experimenten häufig von ihren Lamas, daß alles Schein ist. Doch für viele, so wie für die Anhänger des Grafen, kommt diese Erkenntnis völlig überraschend.

Und nun zu der von Guy Warren Ballard gegründeten Gruppe *Minute Men of St.-Germain*. Ballard verließ vor einigen Jahren Kansas, um in Kalifornien eine neue Religion zu gründen. Sie nannte sich I AM (ich bin), und ihr paramilitaristischer Flügel waren die Minute Men, die laut Ballard mit einer todbringenden Strahlenpistole ausgerüstet waren.

Das Geheimnis ist, daß in kalifornischen Okkultistenkreisen offenbar alles möglich ist.

Wer oder was ist Maud?

Im Jahre 1940, nachdem Dänemark in die Hände der Nazis gefallen war, gab der berühmte Physiker Niels Bohr, der damals in seiner Heimatstadt Kopenhagen an der Kernspaltung arbeitete, an britische Freunde ein Telegramm auf, das folgendermaßen endete: »*TELL COCKCROFT AND MAUD RAY KENT*!«

Der britische Wissenschaftler Sir John Cockcroft ließ sich leicht identifizieren, doch wer oder was war »Maud Ray Kent»? Manche versuchten es mit Anagrammen, und ein Wissenschaftler war sich sicher, daß es bedeutete, U (Uran) und D (schweres Wasser) »*may react*« (»können miteinander reagieren«). Die Briten gründeten ein *Maud*-Komite, das sich mit Atomwissenschaft und Atomforschung im Hinblick auf die Erstellung einer Atombombe befassen sollte.

Erst viel später fand man dann heraus, daß es tatsächlich eine Frau names Maud(e) Ray gab, die in Kent wohnte. Sie war die Erzieherin von Bohrs Kindern gewesen.

Diese kleine Anekdote macht folgendes deutlich: Ignoranz kann dazu führen, in eine Sache etwas hineinzugeheimnissen, das es in Wirklichkeit gar nicht gibt. Das sollten vor allem diejenigen bedenken, die sich mit paranormalen und übernatürlichen Phänomenen beschäftigen. Die einfachste Erklärung ist nämlich meist auch die richtige. Und ich habe so das Gefühl, daß die einfachste Erklärung für viel Magie und Hexerei darin besteht, daß es übernatürliche Dinge gibt.

Toledo

Die Stadt, die sich seit den Tagen, da sie als Zentrum der Magie weltweit berühmt war, vielleicht am meisten verändert hat, ist Toledo in Spanien, das durch die Malerei eines El Greco zu unsterblichem Ruhm gelangte. Sie birgt zwar auch heute noch etwas von der alten maurischen Kraft der Damaszenerklingen in sich, doch sie ist nicht mehr das Mekka der Zauberkunst, das es zu der Zeit gewesen ist, als die Magier von Nordafrika, die Kabbalisten der Juden und die christlichen Gelehrten sich hier ein Stelldichein gaben, um ihr Wissen in Medizin, Mathematik und in dunkleren Künsten zu erweitern.

Auf das Schwert von Toledo pflegten die Männer den großen Eid zu schwören, »den Eid, der tötet«. Zurückgeblieben ist im Englischen nur noch der Slangausdruck »Holy Toledo!«.

Eine Sammlung für die Hexe

Im Jahre 1969 entfloh ein US-Marinesoldat namens Raphael Minichiello seinen Wachen, als er wegen Raubüberfalls dem Kriegsgericht überstellt werden sollte. Er entführte einen TWA-Jet und zwang die Besatzung, ihn 6900 Meilen weit nach Rom zu bringen. Er wurde jedoch von den amerikanischen Behörden gefaßt und wieder zurück in die Staaten gebracht. Vorher hatten jedoch frühere Freunde von ihm in Melito Irpino, einem Dorf in der Nähe von Neapel, eine Sammlung für ihn veranstaltet, mit der sie eine Hexe bezahlten, die ihn aus den Händen des FBI befreien und nach Italien zurückbringen sollte. Der Zauber hat nicht gewirkt.

Magie – das große Geschäft

Daniel Lawrende O'Keefe weist in seinem lehrreichen Buch *Stolen Lightning: The Social History of Magic* (1982) auf einen Punkt hin, der in den Dikussionen um dieses Thema oft vernachlässigt wird:

> Magie ist »big business«. Wenn es den Drahtziehern gelingt, die Steuern dadurch zu umgehen, daß sie ihre Aktivitäten als Religionen oder wohltätige Unternehmungen deklarieren, sind sie aus dem Schneider und machen das große Geschäft. »Magische Produkte« – ein dehnbarer Begriff – interagieren mit allen anderen Gütern und Dienstleistungen auf dem Wirtschaftssektor. Wenn andere Güter bundesstaatlich [in Amerika] bis zu 46 % besteuert werden und darüber hinaus allen möglichen Bestimmungen unterliegen, dann können magische Güter im Einzelfall nicht-magische Güter problemlos aus dem Ren-

nen werfen. Wenn die TM-Bewegung ungestraft Nonsense-Silben zu 150 Dollar das Wort in jedem Bundesstaat verkaufen kann, ohne daß eine einzige Instanz den Finger darauf legt, während eine Produktionsgesellschaft aufgrund der Wirtschaftsgesetze aus sechs Jahrhunderten wegen buchstäblich Tausenden von Verstößen strafrechtlich verfolgt werden kann, ja welches Produkt wird dann wohl mehr Gewinn abwerfen? Und dazu kommen dann noch die kräftigen Kapitalspritzen, die der Magiesektor von verrückten und reaktionären Gruppen des amerikanischen Geldadels bekommt.

Althergebrachte Vorstellungen

»Über die Religion der alten Ägypter wissen wir zwar recht wenig Bescheid«, schrieb William MacQuitty in der ersten Ausgabe des *Museum Magazine* (1980), »doch aller Wahrscheinlichkeit nach waren sie Fetischisten, Leute, die Dinge mit vermeintlich besonderen Eigenschaften anbeteten – einen Stein oder Stock, mit dem ein gefährliches Tier getötet worden war, einen Baum, der Schutz gewährt hatte, und so weiter. Mit der Zeit entwickelte sich daraus eine höherstehende Religion: Bildwerke und Inschriften dokumentieren die Verehrung des Sonnengottes Aton.«
Heutzutage sind viele Leute waschechte Fetischisten, sei es nun, weil sie auf einen »Glückpfenning« bauen, oder in einer Feder, mit der erfolgreiche Verträge unterzeichnet wurden, besondere Kräfte vermuten, oder ein Siegertrikot verehren. Sicherlich gibt es heute mehr Fetischisten als Sonnengott-Anbeter. Was für ein Fortschritt!

Immer noch aktuell

Das Verhältnis, das die meisten Leute heute zur Magie haben, läßt sich wahrscheinlich nicht treffender beschreiben als mit einem Zitat von Plinius d. Ä. (23-79), der in seiner *Naturgeschichte* die Magie als »nichtig und falsch« und »doch mit einem Körnchen Wahrheit ausgestattet« bewertete.

Prügelnde Hexen

»Im Jahre 1969«, schreibt Richard Cavendish in seinem Buch *The Powers of Evil* (1975), wurden in Zürich fünf Männer und eine Frau vor Gericht gestellt und für schuldig befunden, ein 17 Jahre altes Mädchen in dem Bemühen, den Teufel aus ihr auszutreiben, totgeschlagen zu haben.

Das junge Mädchen, Bernadette Hasler, hatte einen Bericht geschrieben, demzufolge sie mit dem Teufel, einem pechschwarzen und pelzigen Wesen, sexuelle Beziehungen gehabt hatte. Die sechs Angeklagten prügelten sie daraufhin am 14. Mai 1966 vier Stunden lang, wobei sie ihr ihre eigenen Exkremente zu essen gaben und sie auch anderweitig demütigten und quälten.

In Hexenzirkeln wird dem Neuling der Teufel eingepeitscht. Die Geißelung ist ein Teil des Initiationsritus, wenn dies auch in vielen modernen Zirkeln vergleichsweise sanft und nur mehr oder weniger symbolhaft geschieht. Es gibt allerdings auch Hexen, die vor ihrer Aufnahme in einen Hexenzirkel ihrem eigenen Bekunden nach regelrecht ausgepeitscht worden sind.

Der Fall Hasler, über den am 7. Februar 1969 in *Time* berichtet wurde, ist nur einer von zahllosen – meist von der Presse nicht beachteten – Fällen, bei denen religiöse Fanatiker buchstäblich versucht haben, die Hölle aus Leuten herauszuprügeln, die ihrer Überzeugung nach vom Satan besessen waren.

The Golden Dawn – Die goldene Morgenröte

Gegen Ende des letzten Jahrhunderts schloß sich eine Gruppe literarisch gebildeter Männer in London zu einer Organisation zusammen, die das Studium der Magie und des Okkulten auf ihre Fahnen geschrieben hatte und sich der »Orden der goldenen Morgenröte« nannte. Die Sekte verwies gerne auf ihre arkanen und einzigartigen Ursprünge, doch okkulte Gruppen für Literaten waren im 19. Jahrhundert nicht unüblich, und so unterschied sich der »Orden der goldenen Morgenröte« wahrscheinlich nicht sehr von der Sekte, die von dem Stückeschreiber und Romancier Edward Bulwer-Lytton geführt wurde.
Die »Goldene Morgenröte« zog ein Sammelsurium von Literaten an – darunter auch A. E. Waite, William Butler Yeats, Arthur Machen und Algernon Blackwood – deren Interesse am Okkulten sich in der einen oder anderen Weise zwangsläufig in ihrem Werk niederschlug und damit an die Öffentlichkeit gelangte. Der Sekte schlossen sich auch der Londoner Leichenbeschauer, ein eigenartiger Mann, der ebenfalls den Rosenkreuzern vorstand, der ziemlich verrückte Allan Bennett, der dem katholischen Glauben im Alter von sechzehn abgeschworen hatte, als er erfuhr, wie Gott die Geburt arrangiert hat, und der noch verrücktere Samuel MacGregor Mathers, der verschiedene okkulte Werke übersetzt hatte, sowie Aleister Crowley an. Die beiden letzteren, zwei ausgemachte Egoisten, gerieten im Kampf um die Vorherrschaft im Orden zwangsläufig aneinander, ständig darum

bemüht, neue Zeremonien auszugraben oder zu ersinnen, um ihre persönliche Macht zu stärken. Im Kampf um die Führungsposition schickte Mathers unter anderem auch einen Vampir zu Crowley, der sich wiederum mit fünfzig Dämonen (einschließlich Beelzebub) revanchierte. Es war ein tödliches Spiel – zumindest in ihren eigenen Augen.

Mathers betrachtete den Orden gewissermaßen als seinen persönlichen Besitz. Denn schließlich war er, Mathers, es ja gewesen, der mit Unterstützung seiner Frau, einer Hellseherin, ein in Geheimsprache abgefaßtes Manuskript entziffert hatte, auf dem die grundlegenden Geheimlehren des Ordens aufbauten. Crowley war ebenfalls fest entschlossen, die erste Geige zu spielen. Doch als Mathers neue Geheimnisstufen und Rangordnungen einführte, bei denen er Crowley nicht berücksichtigen wollte, verließ Crowley frustriert den Orden und gründete seine eigene Gesellschaft, die er *Argentinum Astrum* (»Silberner Stern«) nannte. Er schuf sich seine eigenen »Geheimnisse« und begann damit, die »Geheimnisse« der »goldenen Morgenröte« in seiner Zeitschrift *Equinox* zu veröffentlichen. Mittlerweile war auf dem Kontinent Crowleys vierbändiges Werk mit dem (ziemlich affektierten) Titel *Magick* erschienen. Es wurde wegen seiner Fülle an obszönen Ritualen heftig kritisiert. Kopien davon waren nur äußerst schwer zu bekommen, doch einige von ihnen fanden schließlich doch ihren Weg nach England und auch anderswohin.

Der »Orden der goldenen Morgenröte« brach schließlich und endlich auseinander, und zwar nicht so sehr wegen der bis aufs Messer geführten Machtkämpfe der Mitglieder oder der Veröffentlichung der Ordensgeheimnisse, sondern vielmehr wegen der guten Absichten des Schriftstellers A. E. Waite, eines der am wenigsten ambitiösen und integersten Mitglieder. Waite bemühte sich intensiv, dem Orden christlichere Züge zu verleihen, mit dem Ergebnis, daß die Zahl der englischen Mitglieder zusehens dahinschwand.

Schließlich wurden sogar die streng gehüteten »Geheimnisse« von Aleister Crowley und die internsten »Geheimnisse« des »Ordens der goldenen Morgenröte« von dem einstigen persönlichen Sekretär Crowleys, Francis Israel Regardie (geb. 1907), enthüllt und in einem Buch mit dem Titel *The Golden Dawn* veröffentlicht, übrigens sehr zum Ärger einiger anderer Okkultisten – speziell in Kalifornien, wo Regardie nach dem Verlassen Englands lebte –, die Crowleys *Ordo Templi Orientis* (»Orden der Templer des Orients«) als ihr privates Mysterium behalten wollten. Aber Regardie, Verfasser von *The Tree of Life* und anderer nützlicher Bücher über Magie und Bewußtseinserweiterung (die in Kalifornien hohe Wellen schlug), kannte die Bedeutsamkeit dessen, was er publizierte. In *The Golden Dawn*, ein Buch, das mehrere Auflagen erreichte, könne man »alles darüber nachlesen«.

New York

New York ist gegenüber Hexen schon immer ziemlich tolerant gewesen. Ralph und Mary Hall wurden zwar wegen ihrer Zauberpraktiken in New Amsterdam (1665-1668) vor Gericht gestellt, dann aber freigesprochen, weil man die Anklagepunkte für lächerlich hielt. Es stimmt auch, daß Edgar Cayce und Evangeline Adams sich wegen Wahrsagerei vor Gericht verantworten mußten, doch die Anklage schien eher auf den Verdacht des Betrugs abzuzielen, als auf begründete übernatürliche Aktivitäten.

New York hat eine Fülle von okkulten Bücherläden und sowohl für Anfänger als auch für Fortgeschrittene verschiedene Kurse in Hexenkunst anzubieten. Es gehört auch zu jenen Städten, in denen man sich mit am besten mit den Ingredienzien und dem Zubehör für Magie und Zauberei eindecken kann.

I-ching

I-ching (I-king, I-ging), das »Buch der Wandlungen«, ist laut Louis Pawels und Jacques Bergier (*The Morning of the Magician*, 1968) die einzige Sammlung von Wahrsageformeln, die uns aus der Antike überliefert sind; sie enthält graphische Figuren, bestehend aus drei durchgehenden Linien und drei unterbrochenen Linien, die in allen erdenklichen Konstellationen zueinander angeordnet sind.

Es erübrigt sich, auf dieses alte chinesische Werk hier näher einzugehen, denn *I-ching* ist auch heute noch ein Bestseller, nachdem die psychedelische Revolution der 60er Jahre es für sich neu entdeckt hat. Die meisten Leute, die darauf schwören, kommen gar nicht auf den Gedanken, daß es etwas mit Magie zu tun haben könnte.

Teufel vor Ort

Die folgende Legende, die sich um den Brunnen in der rua Caquende in Sabará, Brasilien, rankt, wurde von dem zeitgenössischen brasilianischen Schriftsteller Fernando Sabino aufgeschrieben:

Man erzählt sich, daß jeden Freitag um Mitternacht ein »kolonialer Teufel« aus dem Brunnen emporsteigt, die Stadt in Richtung Rio Velhas durchquert, kurz in den Fluten untertaucht und dann verschwindet. So weit so gut, doch wehe wenn er eine Frau unterwegs trifft. Wie alle Teufel ist er verrückt nach Frauen. Er schwängert sie, und die Kinder kommen dann als Werwölfe zur Welt.

»Shivaree«

»Shivaree« ist ein alter amerikanischer Brauch, bei dem den Brautleuten in der Hochzeitsnacht ein ohrenbetäubendes Ständchen dargebracht wird. Diese Sitte hat ihren Ursprung in Europa, wo man die veranstaltete Katzenmusik Charivari nannte. Der Sinn des Ganzen bestand ursprünglich nicht etwa darin, dem jungvermählten Paar einen Schabernack zu spielen, sondern darin, irgendwelche Dämonen wegzuscheuchen, die womöglich eine Empfängnis verhindern und die Geburt eines neuen Erdenbürgers hintertreiben könnten.

Eine moderne Variante dieses Brauchs sind die Autokolonnen, die bei einer Hochzeit dem Wagen des Brautpaars unter lautem Gehupte und Getöse von der Kirche zum Hochzeitsempfang folgen.

Kalifornische Hexen

Während einer Unterhaltungsshow im Jahre 1965 im Hollywood Bowl kündigte Louise Huebner, die sich selbst als Hexe bezeichnete, eine Beschwörung »zur Steigerung der sexuellen Vitalität von Los Angeles« an, wozu eigentlich nur schwerlich ein Anlaß bestand.

Die Verteilung von roten Kerzen, von Kreide und Knoblauch rückte die »Nummer« der Louise Huebner allerdings eher in die Nähe von Gruselfilmen, als in den Bereich der rituellen Magie. Jeder, der sich nur ein bißchen auskennt, weiß zum Beispiel, daß man Vampire nur mit Knoblauch*blüten* fernhalten kann, mit simplen Knoblauchknollen hält man sich nur seine Mitmenschen vom Leibe. Nichtsdestoweniger stimmte das Publikum unter Anleitung der silbergewandeten Louise Huebner begeistert in die Beschwörungsformel »*Light the flame, bright the fire, red the color of desire*« ein. (»Licht die Flamme, hell das Feuer, rot die Farbe der Begier.«)

Der Count Supervisor von Los Angeles, Mr. Debs, verlieh ihr dann spaßeshalber als Anerkennung den Titel »Amtlich bestätigte Hexe von Angeles County«. Später nahm er aufgrund der spöttischen Kommentare der Presse diese »Ernennung« wieder zurück. Die Hexe übte Vergeltung und nahm ihrerseits die Beschwörung zurück. Doch Los Angeles hat noch genügend »inoffizielle« Hexen, so daß die dubiose Beschwörung der Louise Huebner eigentlich kaum schmerzlich vermißt werden dürfte.

Fremdenführer

In den 70er Jahren schrieb Ernest Weatherall in *Variety*, der Bibel des Show-Business, über London: »Für den Besucher, der bereits alles gesehen hat, hat die Hotel-Concierge mit ziemlicher Sicherheit die Adresse einer der vielen Hexenzirkel in der Stadt parat, wo nackte Jungfrauen den Geistern ›geopfert‹ werden. Ganz besonders ›in‹ ist heute in London der Besuch einer Exorzismus-Zeremonie, wo man zusehen kann, wie einem der Teufelsjünger die bösen Geister ›schlagartig‹ ausgetrieben werden.«

Doch irgend jemand muß Mr. Weatherall an der Nase herumgeführt haben; denn »nackte Jungfrauen« sind in London nicht ganz so alltäglich, und echte *covens* sind der breiten Öffentlichkeit nicht zugänglich.

»Verhexte« Bahamas

In Amerika haben sich vielerorts europäische Magie- und Hexentraditionen mit afrikanischen Götzenreligionen vermischt, ein Phänomen, das der Entstehung interessanter Bräuche, abergläubischer Vorstellungen und neuer Religionen Vorschub geleistet hat. Als Beispiel mögen die Bahamas dienen, denn sowohl auf New Providence als auch auf den Out Islands spielt die Urwaldmedizin eine große Rolle: Pflanzenkundler (Kräutersammler) praktizieren sie, Hexen, die sich mit *fyak* (Zauberei) beschäftigen, und Medizinmänner, die mit *mojo*-Formeln und -Amuletten, mit *juju*-Fetischen und -Tabus aus Westafrika arbeiten. Darüber hinaus ist auch der Obeah-Kult verbreitet, der allerdings keine Religion im Sinne des Voodoo-Kultes von Haiti darstellt.

Obeah-Männer und -Frauen können schwangere Frauen vor bösen Einflüssen schützen – mit Friedhofserde oder Erde von Straßenkreuzungen oder mit einem Gebräu aus dem Gras, das rund ums Haus wächst. Sie können einen widerspenstigen Ehemann zähmen oder einen Liebhaber übertölpeln (indem sie den Ahnungslosen mit einer Kukkucksblumensuppe mit Menstruationsblut füttern). Sie können mit einem Amulett den Zauber anderer Medizinmänner brechen oder auch einen Geist auf jemanden hetzen, genauso wie sie jemanden aber auch von einem Geist befreien können.

Um böse Geister zu bannen oder sie auszutreiben, kann man sich sein Haus mit *Petiveria alliacea* ausräuchern lassen. Es handelt sich dabei um ein nach Knoblauch riechendes tropisches amerikanisches Kraut, das in Amerika unter dem Namen »Obeah bush«, »poor-man's strength«, »strong-man's weed« oder auch »guinea-hen weed« bekannt ist. Mit einer Obeah-Schlange kann man sein Eigentum vor Eindringlingen und Dieben schützen.

Die gleichen Dienste leistet aber auch eine Obeah-Falle oder irgendein Zaubergegenstand, wie beispielsweise eine Zauberflasche, die man in den Bäumen aufhängt. Es kann nicht schaden, eine Glücksbohne mit sich herumzutragen oder jemanden mit Zauberkräften bei der Hand zu haben, der für einen *macasee* (Magie) betreibt, einen Feind mit einem Fluch belegt, einen Plagegeist vertreibt oder die eigenen Träume nach *King Tut* (ein berühmtes Traumbuch) deutet.

So leben die alten Bräuche, die einerseits von den britischen und anderen »Massas« übernommen wurden und andererseits von den Sklavenvorfahren vom fernen Afrika auf die Inseln gebracht wurden, in dem Wirken der Frauen und Männer, die in der alten Zeit verhaftet sind, weiter fort. Viele der heutigen Hausmittel sind ein vollwertiger Ersatz für pharmazeutische Produkte, deren Anwendung allerdings manchesmal mit magischen Vorstellungen einhergeht (wenn man beispielsweise ein Blatt in einen Schuh legt).

Jumbies sind böse Geister, deren Name afrikanischen Ursprungs ist und eine gewisse Ähnlichkeit mit den haitianischen Zombies hat. Man glaubt, daß sie bestimmte Höhlen, Bäume und so weiter bewohnen; und selbst diejenigen, die solchen Dingen im allgemeinen keine Bedeutung zumessen, sind ängstlich darauf bedacht, sie nicht zu stören.

Der amerikanische Antichrist

Der *Ordo Templi Orientis*, der von Aleister Crowley in Europa gegründet worden war, übte auch auf Amerikaner – vor allem solche, die an Sexualmagie interessiert waren – eine gewisse Anziehungskraft aus. Diese Leute schlossen sich in Kalifornien zu einer Gruppe zusammen, die sie »Agape Lodge« nannten. Das griechische Wort *agape* (Nächstenliebe) hatte allerdings wenig mit ihren tatsächlichen Aktivitäten zu tun, vor allem nicht mit denen, die ein gewisser Jack Parsons, ein brillianter Wissenschaftler auf dem Gebiet der physikalischen Chemie, betrieb. Parsons sexuelle Erfahrungen mit Frauen hatten ihn zu der Überzeugung gebracht, daß er weitaus besser mit einem, mit Hilfe der Sexualmagie heraufbeschworenen, »Elementarweib« fahren würde. Zunächst einmal mußte sich Parson allerdings mit Crowleys Zeremonien bescheiden, die über langweilige rituelle Magie nicht hinausgingen und statt Sex nur Masturbation zu bieten hatten. Doch eines schönen Tages – siehe da! – wurde das »Elementarweib« vorgeführt. Manche Leute behaupteten, sie sei eine Möchtegern-Dichterin aus New York, doch Parson ließ sich nicht davon abbringen, daß es die ihm versprochene Zauberbraut war.

Mit dieser Frau – einer rothaarigen, grünäugigen Schönheit – machte er sich nun daran, Babalon, das Crowleyanische »weibliche Prinzip« per se, in ihrem Schoß zu zeugen. Parsons und seine Freundin mobilisierten all ihre Kräfte, um dem heterosexuellen Anliegen der Sexualmagie zu dienen, doch kein Babalon wurde empfangen.

Später dann, im Jahre 1952, sprengte sich Parsons bei einem Versuch mit Knallquecksilber selbst in die Luft. Man erinnert sich seiner nicht etwa wegen seiner sexuellen und magischen Heldentaten, sondern hauptsächlich wegen seines legalen Namenswechsels, durch den aus »Jack Parsons« ein »Balarion Armiluss al Daijal Antichrist« wurde.

Ist das Zeitalter der Magie tot?

»Viele Menschen geben sich der Täuschung hin, in einem durch und durch rationalistischen Zeitalter zu leben«, schrieb der Verfasser des Artikels »Magic« in *The New International Encyclopedia* (1930), »bis jemand kommt, und in einem Zimmer einen Schirm aufspannt.«

Die alten abergläubischen Vorstellungen sind auch in unserer modernen Zeit sehr wohl noch lebendig. Der eine klopft auf Holz in der Hoffnung, Unglück abzuwenden, der andere weigert sich, drei Zigaretten mit einemn Streichholz anzuzünden, manch einer vermeidet es, unter Leitern hindurchzugehen, so wie andere befürchten, ein zerbrochener Spiegel bedeute sieben Jahre Unglück. Doch ganz abgesehen von solchen Dingen findet sich unsere Magiegläubigkeit auch in unserem Sprachgebrauch wieder, wenn wir zum Beispiel sagen, »wenn mir etwas zustoßen sollte« anstelle von »wenn ich sterbe«, oder wenn wir »den Teufel an die Wand malen«. Dahinter steht ganz einfach der magische Gedanke, daß man mit dem Aussprechen eines Ereignisses dem Eintreffen dieses Ereignisses Vorschub leistet.

Blasphemie

Die Erregung, etwas Böses oder vielleicht sogar Gefährliches zu tun, der Schauder, der damit einhergeht, ist einer der Hauptanziehungspunkte der Hexerei. Blasphemie ist denn wohl auch das Moment, das die Liebhaber des Okkulten den »elektrisierenden Funken« ihrer magischen Rituale nennen.

Blasphemie war auch ein wesentliches Element von Aleister Crowleys Magierepertoire.

Er ließ die Nachricht verbreiten, er habe eine Kröte auf den Namen »Jesus Christus von Nazareth« getauft und sie anschließend gekreuzigt. Das Ritual der Sechsten Ordnung ist bei Crowleys Templern des Orients eine Parodie auf die Christuspassion einschließlich der Geißelung und der Dornenkrone, der Verhöhnung und des Essigschwamms, ja sogar der Kreuzigung. In der einen oder anderen Form gibt es auch heute noch Crowley-Sekten, die teilweise wohl auch noch Kreuzigungen auf dem Hintergrund der Sexualmagie vollziehen, wenn auch meines Wissens in keinem Fall von Tod die Rede ist. Die entsetzlichen »*Texas chainsaw murders*« scheinen eindeutig dem Bereich des Wahnsinns und nicht der Dämonologie zuzuordnen zu sein, aber auch sie sind mit einigen abscheulichen Praktiken – wie das Abziehen der Haut ihrer Opfer, um sich damit zu kleiden – der alten germanischen Magie verhaftet.

Bei der rituellen Magie scheint sich ein Trend zur Mäßigung abzuzeichnen, was sich auch an der wachsenden Zahl der »angezogenen« Hexenzirkel, der »*robed covens*« ablesen läßt (tradionell zelebrieren Hexen ihre Feiern splitternackt). Doch am Rande wird wohl immer noch etwas von dem stattfinden, was wir als Blasphemie sowohl gegenüber der Menschheit, als auch gegenüber der Gottheit verstehen.

Hexensymbole unter der Lupe

103 Jahre lang versahen Proctor & Gamble ihre Produkte mit einem Warenzeichen, das den zunehmenden Mond und dreizehn Sterne zeigte. Das ist heute vorbei. Um 1980 herum kam ein Gerücht auf, demzufolge das Symbol dem Hexenkult entliehen war. P & G zog wegen des Vorwurfs des Satanismus vor Gericht und gewann. Man richtete einen gebührenfreien Telefonanschluß ein, um der Bevölkerung Gelegenheit zu geben, sich über die Harmlosigkeit des Symbols zu informieren. Schließlich mußte man 1985 einsehen, daß es zwecklos ist, sich mit den Leuten herumzuschlagen, wenn diese fest entschlos-

sen sind, die Zahl 666 im Bart des Mannes im Mond zu
sehen oder falschen Berichten zu glauben, denen zufolge
die Gesellschaft öffentlich zugegeben hatte, der Satanskirche den Zehnten zu entrichten.

Das Ende der Hexerei?

Kurz vor seinem Tod schrieb Gerald B. Gardner, den ein
Journalist respektlos als den »selbsternannten Papst des
britischen Hexenwesens« bezeichnet hatte, folgende Zei-
len:

Ich glaube, wir müssen den Hexen Adieu sagen. Der
Kult ist, fürchte ich, zum Tode verurteilt, nicht nur wegen der heutigen Zeitumstände, der Wohnungsknap-
pheit, der modernen Kleinfamilie, sondern hauptsächlich aus Gründen der Erziehung. Das moderne
Kind ist nicht interessiert. Es weiß, daß Hexen durch-
weg Humbug sind.

Wie sich herausgestellt hat, lag Gardner falsch: Das Interesse an Magie und Hexenkulten steigt von Jahr zu Jahr.
Okkult-Shops schießen wie Pilze aus dem Boden, allerorten werden Kurse in schwarzer Magie angeboten, Hexen
als Humbug abzutun, ist immer weniger »in«.

Deutsche Bräuche

Wenn in Deutschland eine Bäuerin glaubt, sie sei vom bösen Blick getroffen worden, kehrt sie sofort zu den Sitten
ihrer alten germanischen Vorfahren zurück. Sie zieht ihr
Kleid über den Kopf aus und wendet es dreimal um (die
Zahl drei geht möglicherweise auf spätere christliche Ein-

flüsse zurück, wenn auch Christen nicht die einzigen sind, die der Drei eine besondere Bedeutung zumessen). Dann hält sie das Kleid auf und läßt dreimal eine glühende Kohle hindurchfallen. Anschließend zieht sie es wieder an.

Die glühende Kohle fällt in die gleiche Kategorie wie Fakkeln, Freudenfeuer, das ewige Licht auf den Tempelaltären und all die anderen Relikte der alten Sonnengottreligion.

Zwei Welten

In dem 1893 erschienen Buch *Philosophical Studies* machte ein gewisser W. Wundt im Zusammenhang mit dem Thema Hypnose und Suggestion folgende Anmerkungen in bezug auf die Magie und ihre Anhänger:

> Es ist offenkundig, daß die Welt, die uns umgibt, aus zwei ganz verschiedenen Welten besteht. Auf der einen Seite gibt es die Welt von Kopernikus, Leibniz und Kant, das heißt, das Universum, das unverrückbaren Gesetzen unterworfen ist und in dem das Große und das Kleine in einem harmonischen Ganzen vereint sind. Auf der anderen Seite existiert neben diesem grandiosen und wunderbaren Universum eine kleine Welt von Geistern, Magiern und »Medien«, die in direktem Gegensatz zu unserem großartigen und erhabenen Universum steht, dessen unverrückbare Gesetze zum Nutzen dieser äußerst vulgären und häufig hysterischen Personen außer Kraft gesetzt werden. Das führt zu dem Glauben, daß die Gesetze der Gravitation, die Wirkung des Lichts und all die Gesetze unserer psycho-physikalischen Strukturen transformiert werden müssen, so-

bald sie mit irgendeiner »Madame Zara« [Zigeuner-Wahrsagerin] in Berührung kommen ..., daß sie in eine Art magnetisch induzierten Schlummer fallen, so daß sie zwar nicht irgendeine große Weltkatastrophe vorhersagen, doch immerhin mutmaßen kann, ob irgendein kleineres Mißgeschick den kleinen Sohn von Herrn Meier treffen wird. ... Selbst wenn man davon ausginge, daß all diese Absurditäten tatsächlich wahr sind, könnte man sich doch wohl nur schwerlich einen Geisteswissenschaftler oder einen Naturwissenschaftler vorstellen, der – unvoreingenommen vor die freie Wahl gestellt – der Evidenz dieser kleinen Welt hysterischer Medien den Vorzug geben würde vor der Evidenz unseres großen Universums, dessen Ordnung auf unverrückbaren Gesetzen beruht.

»Hier kommt der Antichrist

Jeffrey Burton Russell, dessen Bücher *The Devil* (1977), *Statan* (1981) und *Lucifer* (1985) sich mit der Idee von Gottes Widersacher befassen, sieht in der modernen Welt große Anklänge an die Welt, in die der Prophezeiung nach der Antichrist kommen wird. Seinem Gefühl nach ist es eine Welt, in der eine echte Kraft aktiv präsent ist, die zum Bösen drängt. Er zieht daraus folgenden Schluß:

Diese böse Kraft ist allein darauf ausgerichtet, das Gute, den Kosmos und jedes Individuum in diesem Kosmos wirksam zu hassen. ... Für Christen ist dann die Person des Teufels möglicherweise eine Metapher für etwas, was real ist, was tatsächlich jeden Tag Schrecken in die Welt bringt und die ganze Erde zu verwüsten droht.

In unserer modernen Welt, in der wir die nuklearen Mittel vor der Haustür haben, um die gesamte Erde zu zerstören, müssen wir den Teufel mehr denn je fürchten. Denn wir leben in einem Zeitalter, das weit mehr an Schrecken und Angst einflößt, als es die bösen Hexen und Zauberer der Vergangenheit je hätten ersinnen können.

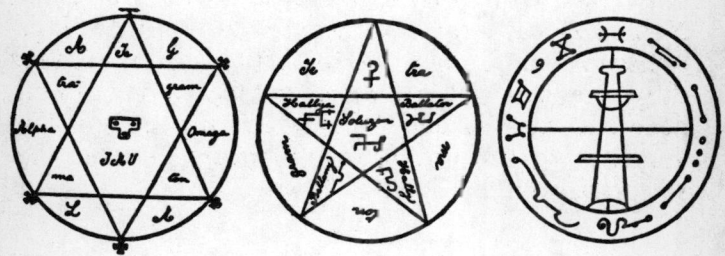

Nachwort

Ein einziges Buch kann niemals das gesamte Spektrum magischer Aktivitäten und deren Hintergründe erfassen. Dieses Buch ist als eine Art Streifzug durch die Welt der Magie zu verstehen, bei dem es galt, aus der Fülle des Materials die Fälle herauszugreifen, die besonders interessant und anschaulich das Thema dokumentieren. Auf der Suche nach solchen markanten Beispielen habe ich meine Fühler weit ausgestreckt, stets hoffend, auch weiterhin noch reiche Beute zu machen.

Vielleicht möchten Sie mir gern Ihre Meinung zu diesem Buch mitteilen? Ich kann zwar nicht versprechen, jeden Brief zu beantworten, doch Sie können sicher sein, daß ich alle Briefe mit regem Interesse lesen werde. Ich unterzeichne mit meinem richtigen Namen samt Adresse.

Leonard ist der Name des Generalinspekteurs der schwarzen Magie, der »Große Schwarze«, der am Sabbat in Gestalt eines riesigen Ziegenbocks mit drei Hörnern und den Ohren eines Fuchses den Vorsitz führt und von *»heirophants«* mit grünen Kerzen angebetet wird. Mein Nachname *Ashley* bezeichnet einen Eschenhain und erinnert an das geheiligte Wäldchen, wo sich die Druiden in dem Glauben trafen, daß Eschen die Geister anziehen. Dennoch sollte ich als Einzelkind – und demnach Erstgeborener – gegen Hexerei immun sein. So fühle ich mich also sowohl den Gläubigen, als auch den Ungläubigen verbunden.

Ich verabschiede mich in der Hoffnung, Ihnen einen sowohl lehrreichen als auch vergnüglichen Einblick in die im wahrsten Sinne des Wortes »wundervolle« Welt der Magie gegeben zu haben.

Gott schütze sie, verdammt nochmal!

Leonard R. N. Ashley

Brooklyn College of
The City University of New York

BIOGRAPHIE

Als Band mit der Bestellnummer 61 096 ist erschienen:

Vor über einem halben Jahrtausend wurde Martin Luther geboren. Der namhafte Historiker Hellmut Diwald zeichnet den Lebensweg des Reformators nach. Seine Darstellung zeigt uns einen anderen Luther als den, der allzuoft in unverbindlichen Gedächtnisfeiern zitiert wird. Für Diwald ist Luther ein Mann, der in unserer eigenen Zeit leben könnte, dessen gewaltige Stimme noch immer zu hören und zu verstehen ist.

BIOGRAPHIE

Als Band mit der Bestellnummer 61 106 erschien:

Helmut Thielicke Zu Gast auf einem schönen Stern

Erinnerungen

Helmut Thielicke, einer der meistgelesenen und meistgehörten Theologen unserer Zeit, erzählt sein langes, erfülltes Leben in anekdotisch aufgelockerter Form, spannend und humorvoll. Sein Lebensbericht ist zugleich ein Zeugnis der bedeutsamsten historischen Entwicklungen unseres Jahrhunderts, ein informativer Einblick in die Geschichte der deutschen Universitäten und in das religiöse Leben dieser Zeit.

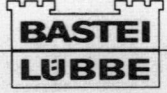

BASTEI LÜBBE